高速铁路安全保障及应急管理机制优化研究

刘连珂　曲思源　张奎贵　陈岗 ◎编著

西南交通大学出版社
·成都·

图书在版编目（CIP）数据

高速铁路安全保障及应急管理机制优化研究 / 刘连珂等编著. --成都：西南交通大学出版社，2024.3
ISBN 978-7-5643-9769-2

Ⅰ. ①高… Ⅱ. ①刘… Ⅲ. ①高速铁路 – 铁路运输管理 – 安全管理 – 研究 Ⅳ. ①U238

中国国家版本馆 CIP 数据核字（2024）第 060339 号

Gaosu Tielu Anquan Baozhang ji Yingji Guanli Jizhi Youhua Yanjiu
高速铁路安全保障及应急管理机制优化研究

刘连珂　曲思源　张奎贵　陈　岗　　编著

责任编辑	罗爱林
封面设计	GT 工作室
出版发行	西南交通大学出版社 （四川省成都市金牛区二环路北一段 111 号 西南交通大学创新大厦 21 楼）
邮政编码	610031
营销部电话	028-87600564　028-87600533
网址	http://www.xnjdcbs.com
印刷	成都蜀雅印务有限公司
成品尺寸	170 mm × 230 mm
印张	21.5
字数	299 千
版次	2024 年 3 月第 1 版
印次	2024 年 3 月第 1 次
定价	88.00 元
书号	ISBN 978-7-5643-9769-2

图书如有印装质量问题　本社负责退换
版权所有　盗版必究　举报电话：028-87600562

PREFACE 前 言

　　铁路是国民经济大动脉、关键基础设施和重大民生工程。自 2008 年京津城际铁路建成通车起，我国高速铁路迅猛发展，至 2022 年年底通车里程超过 4 万千米，位居世界第一。随着高铁路网的快速扩张、运输规模的持续扩大、技术装备的迭代升级，高铁安全工作面临的形势日趋严峻和复杂。党中央、国务院高度重视铁路安全，习近平总书记等中央领导同志多次对铁路安全工作作出重要批示。安全是做好一切工作的前提和基础，是铁路发展必须坚守的底线。高速铁路安全管理是一项极为繁杂的系统工程。高铁是一部特大联动机，设备联网、生产联动、作业联劳，安全问题体现得尤为突出。高速铁路行车事故的不确定性、复杂性和突发性更为深刻，其破坏程度也更大。高速铁路线路长，地形、设备复杂，运行动车组列车种类多，为安全风险管理与应急处置带来很大的挑战。高铁安全事关成千上万旅客的生命和国家巨大财产安全，高速铁路安全管理水平不仅与当前铁路运输安全形势有关，也与铁路现代化的长远发展及国家和民族的形象息息相关。

　　本书从现代安全与事故的关系入手，研习借鉴国际高速铁路安全管理经验，进一步探求和遵循我国高速铁路安全管理的内在规律，从高速铁路安全管理的规章制度、固定设备、高速列车、调度指挥、人员素质、治安环境以及灾害防范等各个方面、各个环节，研究探索高速铁路安全管理的内涵；结合我国现行的高速铁路法律法规及安全技术规范，运用运输安全系统分析方法，对高速铁路安全保障技术进行优化研究，提出进一步优化高速铁路运营安全保障体系的措施；通过对铁路特大、重大事故的分类分析，对高速铁路事故的处理、预防及应急救援预案进行优化研究，进一步探讨优化纵向到底、横向到边的高速铁路运营安全保障体系；通过对我国高速铁路网规模不断扩大、新技术装备大量投入使用、安全基础薄弱所带来的安全风险的研究，阐述了高速铁路安全风险管理和应急管理的内涵、安全风险管理的基本性质和影响因素，论述了高速铁路应急管理应遵循的原则，在深入分析应急预案体系的基础上，提出构建高速铁路应急预案综合评价指标体系，利用模糊层次分析法对高速铁路应急预案进行评价，根据评价结果提出优化我国高速铁路应急预案体系相关的改进建议，并进一步分析了应急预案在高速铁路应急管理体系中的核心地位；结合现场具体的高速铁路突发事件应急处置案例，总结了应急处置的相关经验。

高速铁路安全风险管理和应急管理是保障高铁系统安全运营的重要组成部分。一方面，对有可能引发事故的安全隐患进行预测和预警；另一方面，当事故发生时，能够最大限度地减少事故带来的人员伤亡和经济损失。做好这两方面工作，才能保证高速铁路系统的长久安全运营。认真贯彻落实党的安全生产方针政策、国家安全生产法律法规，从高速铁路运输安全这个复杂的系统工程实际出发，在高度重视高速铁路技术保障体系建设的同时，牢固树立现代安全发展理念，坚持红线意识和底线思维，以防范化解铁路重大安全风险为目标，切实强化高速铁路运营安全风险科学管控。

本书结合国内外高速铁路事故案例，深入浅出地进行综合分析，资料数据和实例丰富，优化研究透彻，对于深入推进高速铁路科学发展、安全发展有借鉴意义。学校给予积极大力支持，已推荐到全国相关铁路及轨道交通高校作为研究学习交流的资料，并被铁路相关企业作为培训、实践的学习材料。

本书的编写分工如下：南京铁道职业技术学院刘连珂，编写第一编、第五编、第六编；中国铁路上海局集团有限公司曲思源，编写第二编；铜陵铁科轨道装备有限公司张奎贵，编写第三编；铜陵铁科轨道装备有限公司陈岗，编写第四编。

（本书为江苏省高铁安全技术工程研究开发中心基金开放项目，项目编号：GTAQ2022.11）

编　者

2023 年 6 月

CONTENTS 目 录

第一编　现代安全管理基础理论

第一章　安全管理概述

第一节　安全基本概念 …………………………………… 3
第二节　安全生产的内涵及系统原理 …………………… 11

第二章　安全管理的原理及方法

第一节　安全管理基本原理 ……………………………… 18
第二节　现代安全管理方法 ……………………………… 25
第三节　新时期安全发展观 ……………………………… 32

第二编　高速铁路安全管理及发展

第三章　铁路运输安全概述

第一节　铁路运输安全的重要性和特点 ………………… 43
第二节　铁路运输安全管理体制 ………………………… 56
第三节　铁路运输安全管理手段 ………………………… 63
第四节　铁路行车安全监督与检查 ……………………… 70

第四章 国内外高速铁路安全管理

第一节 国外高速铁路安全及应急管理分析 …………………… 87
第二节 中国高铁安全发展分析 ………………………………… 94

第五章 高速铁路安全系统管理

第一节 高速铁路安全技术 ……………………………………… 101
第二节 高速铁路安全技术设备 ………………………………… 106
第三节 高速铁路安全系统集成 ………………………………… 118
第四节 高速铁路事故形态及影响因素 ………………………… 122

第六章 电气化铁路劳动安全

第一节 电气化铁路安全知识 …………………………………… 130
第二节 电气化铁路劳动安全概述 ……………………………… 135

第三编 高速铁路安全法律体系

第七章 国家安全生产法律法规体系

第一节 国家安全生产法律法规体系概述 ……………………… 143
第二节 安全生产法律法规重点内容解析 ……………………… 146
第三节 《生产安全事故报告和调查处理条例》重点内容解析…… 171

第八章 高速铁路相关安全法律法规

第一节 《中华人民共和国铁路法》重点内容解析 …………… 182
第二节 《铁路安全管理条例》重点内容解析 ………………… 184

第三节 《铁路交通事故应急救援和调查处理条例》重点
　　　　内容解析 …………………………………………… 186
第四节 《高速铁路安全防护管理办法》重点内容解析 ………… 188
第五节 高速铁路运输安全相关规章制度 ……………………… 191

第四编　高速铁路安全保障体系优化研究

第九章　高速铁路安全管理与保障体系

第一节 高速铁路安全保障体系的构成 ………………………… 199
第二节 高速铁路运营安全保障管理体系的优化 ……………… 209

第十章　高速铁路运营安全技术保障体系

第一节 高速铁路运营安全保障技术体系构建 ………………… 215
第二节 高速铁路运营安全保障技术体系的内涵 ……………… 219
第三节 高速铁路运营安全技术控制体系 ……………………… 233

第五编　高速铁路事故救援及应急管理体系

第十一章　铁路事故调查处理及高速铁路事故救援

第一节 铁路事故调查处理 ……………………………………… 241
第二节 高速铁路事故应急救援 ………………………………… 244

第十二章　高速铁路应急管理及应急预案

第一节 高速铁路应急管理机制 ………………………………… 253
第二节 高速铁路应急预案体系 ………………………………… 258
第三节 高速铁路应急预案评价研究 …………………………… 266

第六编　高铁风险管理及安全评价优化研究

第十三章　高铁风险管理体系优化机制

第一节　世界部分国家铁路轨道运营风险管理现状……………283

第二节　高铁安全风险管理理论基础………………………………293

第三节　安全风险管理基本程序……………………………………299

第四节　高铁安全风险管理体系优化机制…………………………308

第十四章　高铁安全风险管理效果决策评价

第一节　高铁安全风险评估…………………………………………325

第二节　高铁运营安全风险评价……………………………………328

第三节　高铁风险管理效果决策评价………………………………332

参考文献……………………………………………………………334

PART ONE

第一编
现代安全管理基础理论

第一章 安全管理概述

第一节 安全基本概念

一、安全的定义

（一）安全的广义与狭义定义

狭义的安全，是指人类个体与周围环境的相容性。相容性很好，表明生存环境非常宽容，人们幸福安康，娱乐休闲富足。

广义的安全，是指人类的生存环境——地球的生态安全，包括来自宇宙的多种复杂危险隐患的识别。

（二）安全的通俗理解

无危为安，无损为全。

安全可以看作是人、机具及人和机具构成的环境三者处于协调/平衡状态。一旦打破这种平衡，安全就不存在了。当把人的生命比作是"1"时，生活就是在"1"后面加"0"，后面加的"0"越多，说明事业越成功、家庭越幸福。倘若人的生命不存在了，后面加再多的"0"也没有意义。

（三）安全的延伸理解

安全的延伸理解可以是国家安全、政治安全、经济安全、文化安全、国际安全、区域安全以及生态安全、核安全等。

国家安全是国家的基本利益，是一个国家处于没有危险的客观状态，也就是国家没有外部的威胁和侵害，也没有内部的混乱和疾患的客观状态。当代国家安全包括11个方面的基本内容，即国民安全、领土安全、主权安全、政治安全、军事安全、经济安全、文化安全、科技安全、生态安全、信息安全和核安全。

政治安全就是政治主体在政治意识、政治需要、政治内容、政治活动等方面免于内外各种因素侵害和威胁而没有危险的客观状态。

经济安全是指经济全球化时代一国保持其经济存在和发展所需资源有效供给、经济体系独立稳定运行、整体经济福利不受恶意侵害和非可抗力损害的状态及能力,是指一国的国民经济发展和经济实力处于不受根本威胁的状态。

生态安全是指生态系统的健康和完整情况,是人类在生产、生活和健康等方面不受生态破坏与环境污染等影响的保障程度,包括饮用水与食物安全、空气质量与绿色环境等基本要素。

核安全是指对核设施、核活动、核材料和放射性物质采取必要和充分的监控、保护、预防和缓解等安全措施,防止由于任何技术原因、人为原因或自然灾害造成事故发生,并最大限度地减少事故情况下的放射性后果,从而保护工作人员、公众和环境免受不当辐射危害。

(四)安全的基本定义

安全的基本定义可以理解为3个层面的含义:

(1)《现代汉语词典(第七版)》的解释:没有危险;平安。

(2)在生产活动过程中,能将人或物的损失控制在可接受指标的状态。

(3)人类的整体与生存环境资源的和谐相处,互相不伤害,不存在危险或危害的隐患。

(五)安全的相对性

"安全"是相对的安全,绝对的安全是不存在的。

绝对安全观认为,安全指没有危险、不受威胁、不出事故,即消除能导致人员伤害,发生病、死亡或造成设备财产破坏、损失,以及危害环境的条件。由于绝对安全观过分强调安全的绝对性,其应用范围受到了很大的限制,特别是在分析社会—技术系统的安全问题时更是如此。

相对安全观认为，安全是相对的，绝对安全是不存在的。例如，美国哈佛大学劳伦斯教授将安全定义为"安全就是被判断为不超过允许极限的危险性"，也就是指没有受到损害的危险或损害概率低。《英汉安全专业术语词典》中将安全定义为："安全意味着可以容许的风险程度，比较的无受损害之忧和损害概率低的通用术语。"

二、安全相关概念

（一）危险

不安全（危险）指在生产活动过程中，人或物遭受损失的可能性超出了可接受指标的状态。

设危险状态为 W，则有：$W = f(\Delta X, \Delta L)$。可见，危险状态是一个多因素的状态函数，是危险因素偏差导致的结果。危险因素发生 ΔX 的变化，引起人、物、环境、管理、信息偏差，导致后果 ΔL 的变化。该状态是客观存在的，具有潜在性、隐蔽性。同时，危险程度也是可转化的。

（二）风险（危险性）

风险是某一有害事故发生的可能性与事故后果的组合。一般把安全生产的风险定义为：安全生产不期望事件的发生或存在概率与可能发生事故后果的组合。

一般意义上的风险具有概率和后果的二重性，即可用损失程度 C 和发生概率 P 的函数来表示风险。

$$R = f(P,C)$$

可见，损失结果与风险成正比，损失程度越大，风险就越高。为简便，多数文献将风险表示为概率与后果的乘积，即 $R = P \times C$。

上述风险定义中，无论损失或者后果，均是针对事故定义的，包括已发生的事故和将会发生的事故。风险既然是对系统危险性的度量，则仅仅以事故来衡量系统的风险是很不充分的，除非能够辨识所有可能的事故形式。从整个系统的角度看，风险是系统危险影响因素的函数，即风险可表述为：

$$R = f(R_1, R_2, R_3, R_4, R_5)$$

式中，R_1——人的因素；R_2——设备因素；R_3——环境因素；R_4——管理因素；R_5——其他因素。

（三）安全性

从系统的安全性来讲，安全性是衡量系统安全程度的客观量。与安全性对立的概念是描述系统危险程度的指标——风险（又称危险性）。假定系统的安全性为 S，危险性为 R，则有 $S=1-R$。显然，R 越小，S 越大；反之亦然。若在一定程度上消减了危险因素，就等于创造了安全条件。

设安全状态为 D，其是可接受的危险状态$[w]$的范围。即$\Delta D \leq [w]$。

我们认为 D 决定于安全条件，安全条件决定于条件因素，即 $D = f(X_i)$。

设安全条件为 X，安全条件许用值为$[X]$，ΔX 为安全条件的偏差。

则有：$\Delta X = X - [X] = 0$ 安全

$\Delta X = X - [X] > 0$ 比较安全

$\Delta X = X - [X] > > 0$ 非常安全

（四）事故

事故是指在生产活动过程中，由于人们受到科学知识和技术力量的限制，或者由于认识上的局限，当前还不能防止或能防止而未有效控制所发生的违背人们意愿的事件序列。事故的发生，可能迫使系统暂时或较长期地中断运行，也可能造成人员伤亡、财产损失或者环境破坏，或者其中两者或三者同时出现。

对事故的综合理解，可概括如下：

（1）事故是违背人们意愿的一种现象。

（2）事故是不确定事件，其发生形式既受必然性的支配，但也不可避免地受到偶然性的影响。

（3）事故发生的原因，可归结为以下 3 类：① 目前尚未认识到的原因。② 已经认识，但目前尚不可控制的原因。③ 已经认识，目前可以控制而未能有效控制的原因。

（4）事故一旦发生，可能造成以下 4 种后果：① 人受到伤害，物受到损失。② 人受到伤害，物未受到损失。③ 人未受到伤害，物受到损失。④ 人、物均未受到伤害或损失。

（5）事故的内涵相当复杂。从宏观的生产过程来看，事故是安全与危险矛盾斗争过程中某些瞬间突变结果的外在表现形式，是时间轴上一系列离散的点；从微观角度来看，每一个事故均可看作是在极短时间内相继出现的事件序列，是一个动态过程，可以表示为：危险触发—以一定的逻辑顺序出现的一系列事件—产生不良后果。

（五）隐患

隐患是指在生产过程中，由于人们受到科学技术的限制，或者认识上的局限，未能有效控制的可能引起事故的行为和状态。

从系统安全的角度来看，通常人们所说的隐患包括一切可能对人—机—环境系统带来损害的不安全因素。隐患可定义为：在生产活动过程中，由于人们受到科学知识和技术力量的限制，或者由于认识上的局限，而未能有效控制的有可能引起事故的一种行为（一些行为）或一种状态（一些状态）或两者的结合。隐患是事故发生的必要条件，一旦被识别，就要予以消除。对于受客观条件所限不能立即消除的隐患，要采取措施降低其危险性或延缓危险性增长的速度，降低其被触发的概率。

（六）基本概念之间的相互关系

（1）安全与危险是一对此消彼长、动态发展变化的矛盾双方，它们都是与生产过程共存的连续型过程。

（2）描述安全与危险的指标分别是安全性与危险性（风险），两者存在如下关系：

$$安全性 = 1 - 危险性$$

（3）事故与安全是对立的，但事故并不是不安全的全部内容，而只是在安全与不安全一对矛盾斗争过程中某些瞬间突变结果的外在表现。

（4）系统处于安全状态并不一定不发生事故，系统处于不安全状态，也未必完全是由事故引起的。

（5）事故发生，系统不一定处于危险状态，事故不发生，也不能否认系统不处于危险状态，事故不能作为判别系统危险与安全状态的唯一标准。

（6）事故总是发生在操作的现场，总是伴随着隐患的发展而发生在生产过程之中的。事故是隐患发展的结果，隐患则是事故发生的必要条件。图 1-1 为事故发生流程。

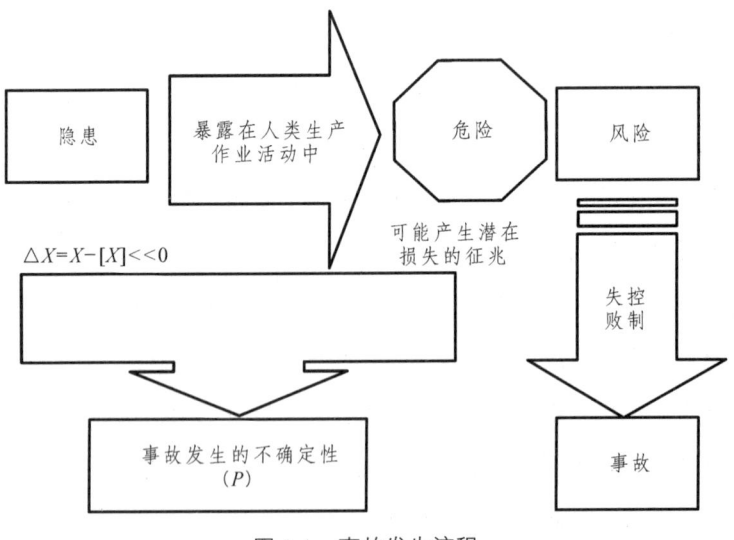

图 1-1　事故发生流程

三、安全的性质与特点

（一）安全的普遍性

伴随生产而存在的安全问题，对于所有的技术系统都具有普遍的意义，城市轨道运营系统也不例外。

（二）安全的系统性

安全涉及技术系统的各个方面，包括人员、设备、环境等因素，而这些因素又涉及经济、政治、科技、教育和管理等许多方面。特别对于像城市轨道运营系统这样的开放系统，安全既受到系统内部因素的制约，也受到系统外部环境的干扰。而安全的恶化状态，即事故，不仅可能造成系统内部的损害，也可能造成系统外部环境的损害。因此，研究和解决安全问题应从系统观点出发，运用系统工程的方法，进行综合治理。

（三）安全的相对性

凡是人类从事的生产活动，都存在安全问题，所不同的只是发生事故的可能性有大有小，危害程度有轻有重而已。安全是相对的，不安全是绝对的，系统发生事故的可能性始终存在。但是，事故是可以预防的，可以利用安全系统工程的原理和技术，预先发现、鉴别、判明各类隐患，并采取安全对策从而防患于未然。

（四）安全的依附性

安全是依附于生产而存在的，它不可能脱离具体的生产过程而独立存在，只要存在生产活动，就会出现安全问题。另外，安全是生产的前提和保障，安全工作搞得不好，生产便无法顺利进行。因此，需要经常持久地抓好安全工作。

(五) 安全的间接效益性

要保证生产安全必须在人员、设备、环境和管理方面有相应适时的安全投入，但安全投入所产生的经济和社会效益却是间接的、无形的，难以定量计算。因此，安全投入往往被忽视，往往在发生了事故、造成了损失之后才意识到安全投入的必要性和重要性。事实上，安全的效益除了包括减少事故的直接和间接经济损失外，更重要的是在提高人员素质、改进设备性能、改善环境状况、加强生产管理等方面所创造的积极的经济和社会效益。

(六) 安全的长期性

人对安全的认识在时间上往往是滞后的，不可能预先完全认识到系统存在和面临的各种危险，而且即使认识到了，有时也会因受到当时技术条件的限制而无法予以控制。随着技术进步和社会发展，旧的安全问题解决了，新的安全问题又会产生。所以，安全工作是一个长期的过程，必须坚持不懈。

(七) 安全的艰巨性

随着现代科学技术的发展，各种技术系统的复杂化程度增加了。以轨道交通运营系统为例，无论是规模、速度还是设备和管理都有了极大的飞跃，一旦发生事故，其影响之大、伤亡之多、损失之重、补救之难，都是传统运输方式不可比拟的。此外，事故是一种小概率的随机偶发事件，仅仅利用已有的事故资料不足以及时、深入地对系统的危险性进行分析，而现代社会的文明进步又不容许通过事故重演来深化对安全的认识。因此，认识事故机理，不断揭示系统安全的各种隐患，是一次艰巨的任务。

四、安全科学的研究目标

安全科学的研究目标是将技术应用过程中所发生损害的可能性或者损害的后果控制在绝对最低限度内，或者至少使其保持在可容许的限度内。

这里所指的损害可以是技术引起的事故，也可以是其他破坏或损失，如技术装备导致的环境污染所带来的破坏或损失。

第二节　安全生产的内涵及系统原理

一、安全生产的内涵

安全生产是指企事业单位在劳动生产过程中的人身安全、设备和产品安全，以及交通运输安全等。

概括地说，安全生产是指采取一系列措施使生产过程在符合规定的物质条件和工作秩序下进行，有效消除或控制危险和有害因素，无人身伤亡和财产损失等生产事故发生，从而保障人员安全与健康、设备和设施免受损坏、环境免遭破坏，使生产经营活动得以顺利进行的一种状态。

从一般意义上讲，安全生产是指在社会生产活动中，通过人、机、物料、环境、方法的和谐运作，使生产过程中潜在的各种事故风险和伤害因素始终处于有效控制状态，切实保护劳动者的生命安全和身体健康。也就是说，为了使劳动过程在符合安全要求的物质条件和工作秩序下进行的，防止人身伤亡财产损失等生产事故，消除或控制危险有害因素，保障劳动者的安全健康和设备设施免受损坏、环境免受破坏的一切行为。

安全生产是安全与生产的统一，其宗旨是安全促进生产，生产必须安全。搞好安全工作，改善劳动条件，可以调动职工的生产积极性；减少职工伤亡，可以减少劳动力的损失；减少财产损失，可以增加企业效益，无疑会促进生产的发展；而生产必须安全，则是因为安全是生产的前提条件，没有安全就无法生产。

二、安全生产的本质

（1）保护劳动者的生命安全和职业健康是安全生产最根本、最深刻的内涵,是安全生产本质的核心。它充分揭示了安全生产以人为本的导向性和目的性。

(2)突出强调了最大限度的保护。所谓最大限度的保护,是指在现实经济社会所能提供的客观条件的基础上,尽最大的努力,采取加强安全生产的一切措施,保护劳动者的生命安全和职业健康。

基于我国安全生产的现状,需要从 3 个层面对劳动者的生命安全和职业健康实施最大限度的保护:一是在安全生产监管主体即政府层面,把加强安全生产、实现安全发展,保护劳动者的生命安全和职业健康,纳入经济社会管理的重要内容,纳入社会主义现代化建设的总体战略,最大限度地给予法律保障、体制保障和政策支持。二是在安全生产责任主体即企业层面,把安全生产、保护劳动者的生命安全和职业健康作为企业生存、发展的根本,最大限度地做到责任到位、培训到位、管理到位、技术到位、投入到位。三是在劳动者自身层面,把安全生产、保护自身的生命安全和职业健康,作为自我发展、价值实现的根本基础,最大限度地实现自主保护。

(3)突出了生产过程中的保护。生产过程是劳动者进行劳动生产的主要时空,也是保护其生命安全和职业健康的主要时空,安全生产的以人为本,具体体现为生产过程中的以人为本。同时,它还深层次揭示了安全与生产的关系。在劳动者的生命和职业健康面前,生产过程应该是安全地进行生产的过程,安全是生产的前提,安全又贯穿于生产过程的始终。两者发生矛盾时,生产必须服从于安全,安全第一。这种服从,是一种铁律,是对劳动者生命和健康的尊重,是对生产力最主要、最活跃因素的尊重。

(4)突出了一定历史条件下的保护。强调一定历史条件的现实意义在于:一是有助于加强安全生产工作的现实紧迫性。二是有助于明确安全生产的重点行业取向。三是有助于处理好一定历史条件下的保护与最大限度保护之间的关系。因此,立足现实条件,充分利用和发挥现实条件,加强安全生产工作,是当务之急。

三、安全生产的管理体制和基本原则

《中华人民共和国安全生产法》(简称《安全生产法》)确定了"安全第一、预防为主、综合治理"的安全生产管理基本方针,在此方针的规约下形成了一定的管理体制和基本原则。

所有生产经营单位在组织生产的过程中,必须把保护人的生命安全放在第一位。

(一)管理体制

目前我国安全生产监督管理的体制:综合监管与行业监管相结合、国家监察与地方监管相结合、政府监督与其他监督相结合。

监督管理的基本特征:权威性、强制性、普遍约束性。

监督管理的基本原则:坚持"有法可依、有法必依、执法必严、违法必究"的原则,坚持以事实为依据、以法律为准绳的原则,坚持预防为主的原则,坚持行为监察与技术监察相结合的原则,坚持监察与服务相结合的原则,坚持教育与惩罚相结合的原则。

(二)基本原则

1. 坚持"以人为本"的原则

要求在生产过程中,必须坚持"以人为本"的原则。在生产与安全的关系中,一切以安全为重,安全必须排在第一位。必须预先分析危险源,预测和评价危险、有害因素,掌握危险出现的规律和变化,采取相应的预防措施,将危险和安全隐患消灭的萌芽状态。

2. 贯彻预防为主的原则

安全生产的方针是"安全第一、预防为主、综合治理"。安全第一是从保护生产力的角度和高度,表明在生产范围内安全与生产的关系,肯定安全在生产活动中的位置和重要性。

贯彻预防为主,首先要端正对生产中不安全因素的认识,端正消除不安

全因素的态度，选准消除不安全因素的时机。在安排与布置生产内容的时候，针对施工生产中可能出现的危险因素，采取措施予以消除是最佳选择。在生产活动过程中，经常检查、及时发现不安全因素，采取措施，明确责任，尽快、坚决地予以消除，是安全管理应有的鲜明态度。

3."谁主管、谁负责"的原则

安全生产的重要性要求主管者也必须是责任人，要全面履行安全生产责任。

4."管生产必须管安全"的原则

该原则指工程项目各级领导和全体员工在生产过程中必须坚持在抓生产的同时抓好安全工作。该原则体现了安全与生产的统一，生产和安全是一个有机的整体，两者不能分割，更不能对立起来，应将安全寓于生产之中。

5."安全具有否决权"的原则

该原则指安全生产工作是衡量工程项目管理的一项基本内容，它要求对各项指标进行考核，评优创先时首先必须考虑安全指标的完成情况。安全具有一票否决的作用，若安全指标没有实现，即使其他指标顺利完成，仍无法实现项目的最优化。

6."三同时"原则

基本建设项目中的职业安全、卫生技术、环境保护等措施和设施，必须与主体工程同时设计、同时施工、同时投产使用。

7."五同时"原则

企业的生产组织及领导者在计划、布置、检查、总结、评比生产工作的同时，同时计划、布置、检查、总结、评比安全工作。

8."四不放过"原则

事故原因未查清不放过，当事人和群众没有受到教育不放过，事故责任人未受到处理不放过，没有制定切实可行的预防措施不放过。"四不放过"原则的支持依据是《国务院关于特大安全事故行政责任追究的规定》(国务院令第 302 号)。

9. 坚持四全动态管理原则

安全管理涉及生产活动的方方面面，涉及从开工到竣工交付的全部生产过程，涉及全部的生产时间，涉及一切变化着的生产因素。因此，生产活动中必须坚持全员、全过程、全方位、全天候的动态安全管理。

10. 安全管理重在控制原则

进行安全管理的目的是预防、消灭事故，防止或消除事故伤害，保护劳动者的安全与健康。在安全管理的四项主要内容中，虽然都是为了达到安全管理的目的，但是对生产因素状态的控制，与安全管理目的的关系更直接，也更突出。因此，必须将生产中人的不安全行为和物的不安全状态的控制，作为动态安全管理的重点。

11. 在管理中发展、提高原则

既然安全管理是变化着的生产活动中的管理，是动态的，则意味着它是不断发展、不断变化的，以适应变化的生产活动，消除新的危险因素。然而更为需要的是，不间断地摸索新的规律，总结管理、控制的办法与经验，指导新的变化后的管理，从而使安全管理不断上升到新的高度。

四、安全生产方针及安全系统原理

（一）党和国家安全生产方针

"安全第一、预防为主、综合治理"的方针，是我国对安全生产工作提出的总的要求和指导原则。

首先，"安全第一"体现了人们对安全生产的一种理性认识。它包含两个层面：第一层面，生命观。"安全第一"就是要让人们懂得珍惜生命、爱护生命、尊重生命和保护生命，而事故意味着对生命的摧残与毁灭。因此，应把保护生命的安全放在第一位。第二层面，协调观，即生产与安全的协调观。从生产系统来说，保证系统正常就是保证系统安全。这是保证生产系统有效运转的基础和前提条件。因此，应把安全放在第一位。

其次，"预防为主、综合治理"体现了人们在安全生产活动中的方法论。

（二）安全系统原理

安全系统原理主要研究两个系统对象：一是事故系统；二是安全系统。

1. 事故要素论

事故包含 4 个要素：人——人的不安全行为；物——物的不安全状态；环——环境状况不良；管——管理欠缺（见图1-2）。

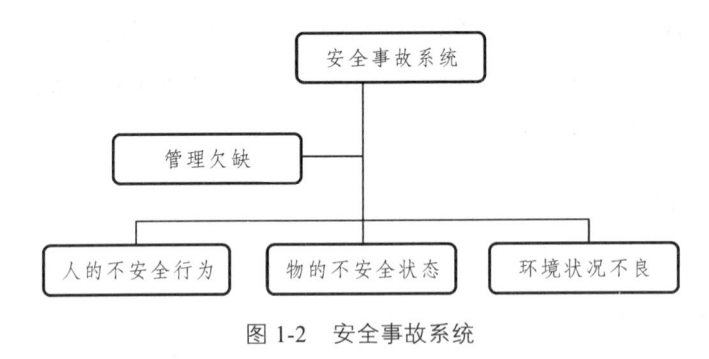

图 1-2　安全事故系统

在人—机两个系列中，任何一条轨迹能够有效中断或控制，事故即可避免。

德国著名心理学家、群体动力理论的创始人勒温曾提出过著名的"群体动力理论行为公式"：行为 $=f（个人 \times 环境）$，即人的行为取决于个性素质和环境刺激。

2. 安全系统论

安全系统包括：人——人的安全素质（心理与生理、安全能力、文化素质）；物——设备与环境的安全可靠性（设计安全性、制造安全性、使用安全性）；能量——生产过程中能的安全作用（能的有效控制）；信息——充分可靠的安

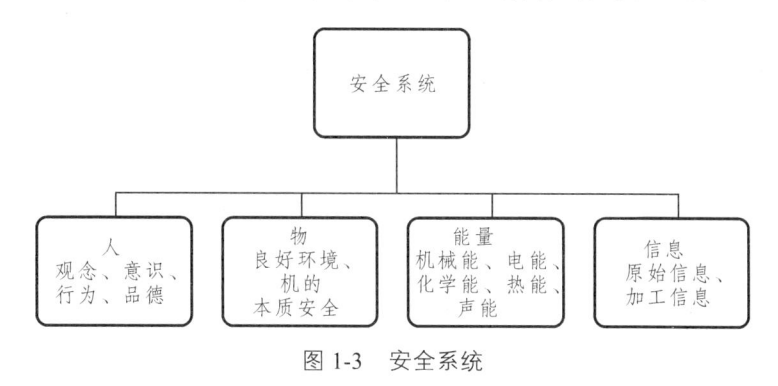

全信息流（管理效能的充分发挥）是安全的基础保障（见图 1-3）。

图 1-3　安全系统

第二章 安全管理的原理及方法

第一节 安全管理基本原理

一、安全管理的概念、意义与作用

(一)安全管理的概念

安全管理(Safety Management)是管理科学的一个重要分支,是企业生产管理的重要组成部分,是一门综合性的系统科学,是为实现安全目标而进行的有关决策、计划、组织和控制等方面的活动。安全管理原理如图 2-1 所示。

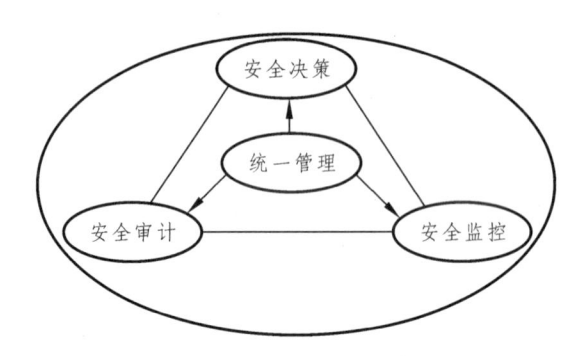

图 2-1 安全管理原理

安全管理是企业生产管理的重要组成部分,是一门综合性的系统科学。安全管理的对象是生产中一切人、物、环境的状态管理与控制,是一种动态管理。安全管理,主要是管理者对安全生产进行的计划、组织、指挥、协调和控制的一系列活动,组织实施企业安全管理规划、指导、检查和决策;同时,又是保证生产处于最佳安全状态的根本环节,以保护劳动者和设备在生产过程中的安全,保护生产系统的良性运行,促进企业改善管理、提高效益,保障生产的顺利进行。

安全管理的内容，大体可归纳为安全组织管理、过程设施管理、行为控制和安全技术管理 4 个方面，分别对生产中的人、物、环境的行为与状态，进行具体的管理与控制。为有效地将生产因素的状态控制好，在实施安全管理过程中，必须正确处理以下 5 种关系：

（1）安全与危险并存。安全与危险在同一事物的运动中是相互对立、相互依赖而存在的。因为有危险，才要进行安全管理，以防止危险发生。安全与危险并非等量并存、平静相处。随着事物的运动变化，安全与危险每时每刻都在变化，进行着此消彼长的斗争。事物的状态将向斗争的胜方倾斜。可见，在事物的运动中，不会存在绝对的安全或危险。保持生产的安全状态，必须采取多种措施，以预防为主。危险因素是客观地存在于事物运动之中的，自然是可知的，也是可控的。

（2）安全与生产的统一。生产是人类社会存在和发展的基础。如果生产中人、物、环境都处于危险状态，生产则无法顺利进行。因此，安全是生产的客观要求，自然当生产完全停止时，安全也就失去了意义。就生产的目的性来说，组织好安全生产就是对国家、人民和社会最大的负责。生产有了安全保障，才能持续、稳定发展。

（3）安全与质量的包含。从广义上看，质量包含安全工作质量，安全概念也内含着质量，交互作用，互为因果。安全第一，质量第一，两个第一并不矛盾。安全第一是从保护生产因素的角度提出的，而质量第一则是从关心产品成果的角度强调的。安全为质量服务，质量需要安全来保证。

（4）安全与速度互保。速度应以安全做保障，安全就是速度。安全与速度呈正比例关系。一味强调速度，置安全于不顾的做法是极其有害的。当速度与安全发生矛盾时，暂时减缓速度、保证安全才是正确的做法。

（5）安全与效益的兼顾。安全技术措施的实施，定会改善劳动条件，调动职工的积极性，激发劳动热情，带来经济效益，以补偿原来的投入。从这个意义上说，安全与效益完全是一致的，安全促进了效益的增长。

（二）安全管理的意义与作用

安全工作的根本目的是保护广大劳动者和设备的安全，防止伤亡事故和设备事故危害，保护国家和集体财产不遭受损失，保证生产和建设的正常进行。为了实现这一目的，需要开展 3 个方面的工作，即安全管理、安全技术和劳动卫生。而这三者中，安全管理又起着决定性的作用，意义重大。

（1）搞好安全管理是防止伤亡事故和职业危害的根本对策。任何事故的发生不外乎 4 个方面的原因，即人的不安全行为、物的不安全状态、环境的不安全条件和安全管理的缺陷。

（2）搞好安全管理是贯彻落实"安全第一、预防为主、综合治理"方针的基本保证。"安全第一、预防为主、综合治理"是我国安全生产的根本方针，是多年来实现安全生产的实践经验的科学总结。

（3）安全技术和劳动卫生措施要依靠有效的安全管理，才能发挥应有的作用。安全技术和劳动卫生措施对于从根本上改善劳动条件，实现安全生产有重大作用。

（4）搞好安全管理，有助于改进企业管理，全面推进企业各方面工作的进步，促进经济效益的提高。安全管理是企业管理的重要组成部分，与企业的其他管理密切联系、互相影响、互相促进。

二、安全管理的基本原理

管理的基本要素是人、财、物、信息、时间、机构、制度等，管理的基本原理就是研究如何正确而有效地处理这些要素及其相互关系，以实现管理的目标。安全管理作为管理的一个分支，要遵循管理的普遍规律，服从管理的基本原理。

（一）系统原理

所谓系统，指由若干相互联系、相互作用、相互依赖的要素组成的具有特定功能和确定目标的有机整体。任何管理对象都是一个特定的系统，包含若干子系统，同时又可看成一个更大的系统的组成部分。现代管理的每一个基本要素都不是彼此孤立的，而是相互关联、相互作用的。为了达到管理优化的目的，必须从整体出发，对企业系统的各个方面进行分析研究，根据企业大系统的总目标，协调各子系统的目标，运用系统理论和方法进行控制、管理。

在应用安全管理系统原理时，要把涉及安全生产的各个要素看作一个系统，并作为整个企业管理系统的有机组成部分，注重安全系统的整体性、目的性和层次性，系统、全面地进行安全分析和评价，制定综合性的安全措施，以实现系统安全为最终目的。

（二）人本原理

管理要坚持以人为本，以调动人的积极性为根本，这就是人本原理。管理作为一种社会活动，是靠人来开展的。人既是管理的主体，又是管理的客体，在一定的管理层次上既管理他人，又被人管理，上下衔接形成一条以人为主体的管理链。因此，一切管理活动均要以调动人的积极性、主动性和创造性为根本，使全体人员能够明确整体目标、各自的职责、工作的意义和相互的关系，从而在和谐的氛围中积极、主动和创造性地完成各自的任务。

安全管理工作中遵循人本原理至关重要，因为安全管理的主要目的之一是保证人的安全。要以人为中心，在为人创造优良、安全的作业条件和作业环境的同时，充分调动人的安全生产积极性，防止见物不见人、见利不见人的错误认识和做法。另外，有效的安全管理也必须是人人管理、自我管理。

（三）能级原理

在企业管理系统中，各种管理的功能是不同的，根据管理功能的不同把管理系统分成级别，把相应的管理内容和管理者分配到各级别中去，各居其位、各司其职，这就是能级原理。

管理能级的层次可分为：① 经营层，确定系统的大政方针；② 管理层，运用各种管理技术来实现经营方针；③ 执行层，贯彻执行管理指令，直接调配人、财、物等管理要素；④ 操作层，从事操作和完成各项具体任务。这 4 个层次的使命不同，标志着 4 个能级的差异，不可混淆。不同的管理层次应有不同的责、权、利，各级管理者应该在其位、谋其政、行其权、尽其责、获其荣、惩其误。各级能级必须动态地对应，做到人尽其才，各尽所能。

（四）整分合原理

企业是一个高效率的有序系统，具有明显的层次性。高效率的管理必须在整体规划下明确分工，在分工基础上进行有效组合，这就是整分合原理。

在这个原理中，整体是前提，不了解整体及其运动规律，分工必然是盲目的；分工是关键，没有分工，整体只是一团没有秩序的混沌物，系统不可能有高效率；只有分工而没有协作，又必导致各行其是，工作上相互脱节，不能保证各个局部协调配合、综合平衡的发展。因此，在管理工作中只有整体把握，科学分解，综合组织，才能保证最佳整体效应的圆满实现。

（五）反馈原理

高效率的管理，必须有灵敏、正确、有力的反馈，这就是反馈原理。面对不断变化的客观实际，系统的管理是否有效，关键在于是否有灵敏、准确和有力的反馈。

反馈控制对安全管理有特别的意义。一个运转中的系统，当受到不安全因素的干扰时可能偏离安全目标，甚至导致事故或损失。为了保证系统的安全，必须及时捕捉、反馈不安全信息，消除或控制不安全因素，以实现安全生产。实际上，安全检查、隐患监控、考核评价等都是反馈原理在安全管理中的应用。重要的是，要建立有效的反馈系统，使反馈控制更加灵敏、准确和有力。

（六）封闭原理

任何系统的管理手段、管理过程等必须构成一个连续封闭的回路，从而形成有效的管理运动，这就是封闭原理。封闭就是把管理手段、管理过程等加以分割，使各部分、各环节相对独立，各司其职，充分发挥自己的功能；同时又互相衔接，互相制约，并且首尾相连，形成一条封闭的管理链。

坚持封闭原理，对于管理机构，不仅要有指挥中心与执行机构，还应有监督机构和反馈机构。这些机构应相互独立、相互制约、权责明确，形成一个闭环回路。对于管理法规，不仅要建立尽可能全面的执行法则，还应该建立监督法则和反馈法则，从而发挥法规的管理威力。对于安全管理来说，执行、监督、反馈、奖惩必须配套实施，缺一不可。对于企业人员来说，必须有职、有责、有权、有奖、有惩，只有这样才能使每个人内有动力、外有压力，积极认真地投入到工作当中。

（七）弹性原理

管理是在系统内部条件和外部环境条件千变万化的形势下进行的，管理工作中的方法、手段、措施等必须保持充分的伸缩性，以保证管理有很强的适应性和灵活性，从而有效地实现动态管理，这就是弹性原理。

弹性原理对于安全管理具有重要意义。安全管理面临的是错综复杂的环境和条件，尤其是事故致因很难完全预测和掌握，因此安全管理必须尽可能保持良好的弹性。一方面，要不断推进安全管理的科学化、信息化，尽可能做到对危险源的预先识别、消除或控制；另一方面，要采取全方位、多层次的事故防范对策，从人、物、环境等方面层层设防。另外，安全管理还应注意协调好各方面的关系，尽可能获得理解和支持，从而在遇到意外情况时容易得到各方面的配合和帮助。

（八）动力原理

管理必须要有强大的推动力，只有正确地运用动力，才能使管理工作持续而有效地进行下去，这就是动力原理。管理动力有如下 3 种基本类型。

（1）物质动力。这是根本动力，不仅包括物质刺激，而且包括经济效益。经济效益是现代管理的最终目标。

（2）精神动力。精神动力既包括信仰和精神激励，也包括日常的思想工作。精神动力不仅可以补偿物质动力的缺陷，而且本身就有巨大的威力。在特定情况下，它可以成为决定性动力。

（3）信息动力。知识、资料、消息、新闻等都可以成为信息动力，甚至爱好、志趣、好奇心等也是一种信息动力。

应综合、灵活地运用管理的 3 种动力，在不同的时间、地点、条件下，要掌握好各种动力的比重、刺激量和刺激频度，并应正确认识和处理个体动力与集体动力的关系。

（九）预防原理

有效的管理和技术手段，可以减少和防止人的不安全行为、物的不安全状态，从而使事故发生的概率降到最低，这就是预防原理。

（十）强制原理

采取强制管理的手段控制人的意愿和行为，使个人的活动、行为等受到管理要求的约束，从而有效地实现管理目标，就是强制原理。

（十一）责任原理

责任原理是指管理工作必须在合理分工的基础上，明确规定组织各级部门和个人必须完成的工作任务、相应的责任。

第二节　现代安全管理方法

一、综合性安全管理方法

综合性安全管理方法是从企业整体出发，能应用于企业安全组织运作之中，对企业在某一时间段的安全管理全过程具有指导作用的管理方法。

（一）全面安全管理

全面安全管理是一种将系统安全管理与传统安全管理相结合的综合管理方法，它由全面质量管理演变而来。其基本思路是以系统整体性原理为依据，以目标优化原则为核心，以安全决策为主要手段，将安全生产过程乃至企业的全部工作看作一个整体，进行统筹安排和协调整合的全面管理。全面安全管理主要包括全员、全过程、全方位 3 层含义。全员安全管理是指上至企业领导，下至每一名员工，人人参与安全管理，人人关心安全，注意安全，在各自的职责范围内做好安全工作。全过程安全管理是指对每项工作、每种工艺、每个工程项目的每一个步骤，自始至终地抓好安全管理。它贯穿于各项工作的始终，形成纵向一条线的安全管理方式。全方位安全管理是指系统的各个要素，从时间到地点，乃至操作方式等方面的安全问题，进行全面分析、全面辨识、全面评价、全面防护，做到疏而不漏，保证安全生产，遍及企业各个角落横向铺开的一种管理方式。

（二）质量管理 PDCA 工作方法

PDCA 法则又称质量环（戴明循环），是管理学中的一个通用模型，是一种按照计划（Plan）、执行（Do）、检查（Check）、处理（Action）4 个阶段不断循环进行管理的方法。它包括方针、目标与活动规划的制定、具体方案的设计、计划执行结果的检查以及对检查结果的进一步处理，其"计划—执行—检查—行动"的方案可有效推进项目安全管理。

PDCA 循环运转的特点：大环套小环，小环保大环，推动大循环；爬楼梯；循环的关键在于处理阶段。PDCA 循环规则如图 2-2 所示。

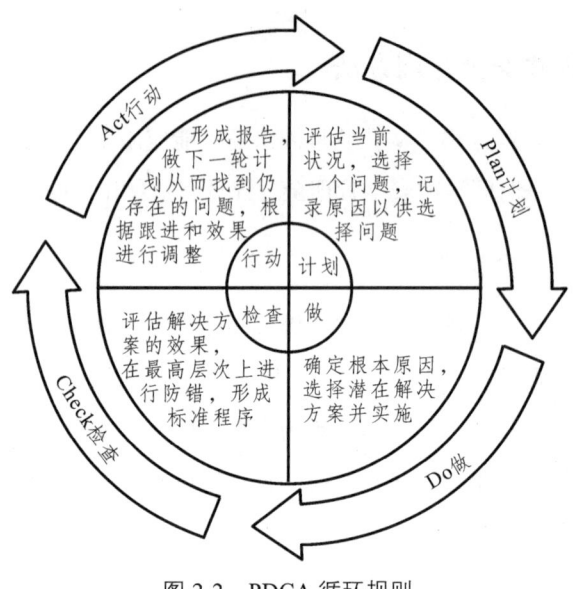

图 2-2 PDCA 循环规则

（三）安全目标管理

安全目标管理是目标管理方法在安全工作中的应用。安全目标管理是目标管理的重要组成部分，是围绕实施安全目标开展安全管理的一种综合性较强的管理方法。安全目标管理的基本内容包括：安全目标体系的设定、安全目的的分解、安全目标的实施、安全目标的考核与评价。

1. 安全目标体系的设定

安全目标体系的设定是安全目标管理的核心，目标设定直接关系到安全管理的成效。目标设定过高，经努力也不可能达到，会伤害操作者的积极性；目标设定过低，不用努力就能达到，则调动不了操作者的积极性和创造性。两者均对组织的安全工作没有推动作用，达不到目标管理的作用。目标体系设定之后，各级人员依据目标体系层层开展工作，从而保证安全工作总目标的实现。

安全目标体系保证措施包括技术措施、组织措施，还包括措施进度和责任者。保证措施大致有以下几方面：① 安全教育措施，包括教育的内容、时间安排、参加人员规模、宣传教育场地。② 安全检查措施，包括检查内容、时间安排、责任人、检查结果的处理等。③ 危险因素的控制和整改。对危险因素、危险点要采取有效的技术和管理措施进行控制、整改，并制定整改期限和完成率。④ 安全评比。定期组织安全评比，评出先进班组。⑤ 安全控制点的管理。制度无漏洞、检查无差错、设备无故障、人员无违章。

2. 安全目标的分解

企业的总目标设定以后，必须按层次逐级进行目标的分解落实，将总目标从上到下层层展开，从纵向、横向或时序上分解到各级、各部门直到每个人，形成自下而上，层层保证的目标体系。这种对总目标的逐级分解或细分解称为目标分解（见图2-3）。目标分解的目的是得到完整的纵横方向的目标体系。

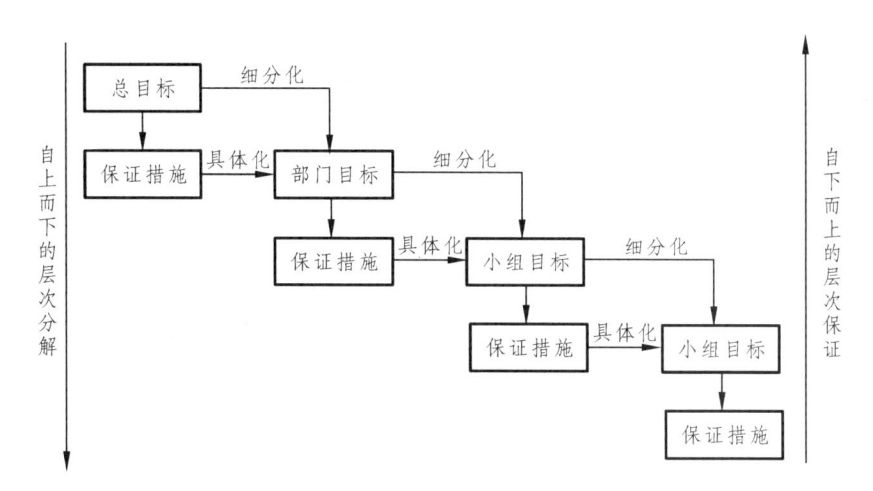

图 2-3 安全目标的分解

3. 安全目标的实施

安全目标的实施是指在落实保障措施、促使安全目标实现的过程中所进行的管理活动。目标实施的效果，对目标管理的成效有决定性作用。该阶段主要是让各级目标责任者充分发挥主观能动性和创造性，实行自我控制和自我管理，辅之以上级的控制与协调。目标实施中的控制又分为自我控制、逐级控制、关键点控制 3 类。

4. 安全目标的考核与评价

为提高安全目标管理效能，在目标实施过程中和完成后都要进行考核、评价，并对有关人员进行奖励或惩罚。考核是评价的前提，是有效实现目标的重要手段。目标考评是领导和群众依据考评标准对目标的实施成果进行客观的测量的过程。对目标的考评内容包括目标的完成情况、协作情况等，还应适当考虑目标的复杂程度和目标责任人的努力程度。考评的标准、内容、对象不同，因此目标考评的方法也不同。但考评方法应简单、易行，具有系统性、综合性、多样性，可采取分项计分法、目标成果考评法、岗位责任考评法等。

二、思考性安全管理方法

思考性管理方法来源于运筹学、价值工程及系统工程等管理技术和科学方法，主要包括关联图法、亲和图法、系统图法等。

（一）关联图法

关联图法是一种对于原因—结果、目的—手段等复杂关系的问题，理清头绪，抓住问题的核心，找出适当解决措施的方法。关联图是一种把显露的问题和要因用圈将文字圈起来，并用箭线表示出因果关系的图（见图 2-4）。

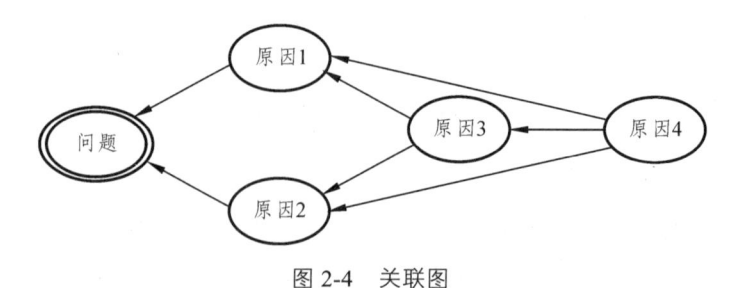

图 2-4　关联图

关联图有 3 种基本形式：① 中央集中型。尽量把重要项目或应解决的问题安排在中央位置，然后把相关因素按相关的程度依次排列在重要项目的周围。②单向集约型。把重要项目或应解决的问题安排在一侧，将各要因按主要的因果关系顺序排列。③关系表示型。用图形简明地表示各活动项目或要因之间的因果关系。

（二）亲和图法

亲和图法又称 KJ 法，是把大量收集到的事实、意见或构思等语言资料，按其相互亲和性（相近性）归纳整理成资料，使问题明确起来，求得统一认识和协调工作，以利于问题解决的一种方法。

亲和图法是脑力激荡法（即头脑风暴法，比喻思维高度活跃，打破常规的思维方式而产生大量创造性设想的状况）、分类法、归纳法的综合运用。

亲和图法在情况问题复杂，起初情况混淆不清，牵涉部门众多，检讨起来各说各话时特别适用，具体作用：可以认识新事物（新问题、新办法）；整理归纳思想；从现实出发，采取措施，打破现状；提出新理论，进行根本改造，"脱胎换骨"；促进协调，统一思想；贯彻上级方针，使上级的方针变成下属的主动行为。

（三）系统图法

系统图法又叫树图法，是将目的和手段相互联系起来逐级展开的图形表示法，能系统分析问题的原因并确定解决问题的方法。它的具体做法是：将要达到的目的、所需要的手段逐级深入。系统法可以系统地掌握问题，寻找到实现目的的最佳手段，广泛应用于质量管理中。系统图法是把要实现的目的、需要采取的措施或手段，系统地展开分析，并绘制成图，以明确问题的重点，并寻找最佳手段或措施的一种方法。因为系统图由方块和箭头组成，形状似树枝，所以又名树形图、树枝系统图、家谱图、组织图等。

系统图主要应用于企业实施安全目标管理的过程中。为了达到预定的目标，需要采用相应的手段和措施。因此，可以利用系统图对安全目标进行分析，使其自上而下层层展开，逐级落实保证措施，形成自下而上的层层保证，使安全目标管理的重点、难点一目了然。

三、实务性安全管理方法

(一) 本质安全化

本质安全化是指操作者在误操作或判断错误的情况下,即使有不安全行为,设备、系统仍能自动地保证安全;当设备、系统发生故障时,它能自动排除,确保人身和设备安全。为了使设备、系统处于或达到本质安全而进行的研究、设计、改造和加强管理的过程,称为本质安全化。

企业要实现符合企业生产、人身安全目的的安全本质化管理,必须站在系统的角度从以下几个方面着手开展经常性工作:①使生产设备、设施符合安全工程学的要求。②强化安全规章制度,建立良好的安全生产秩序。③提倡计划生产、均衡生产。④抓好安全信息管理。⑤抓好班组安全建设。⑥提高全员素质,增强全员安全意识。

(二) 事故预防技术

事故预防技术一般可以按以下优先次序选择:①根除危险因素。②限制或减少危险因素。③隔离、屏蔽或连锁。④故障—安全设计。⑤减少故障及失误。⑥警告。

事故发生后如果不能迅速控制局面,则事故规模可能进一步扩大,甚至引发二次事故。因此,在事故发生之前就应考虑采取避免或减少事故损失的技术措施。避免或减少事故损失的安全技术包括:①隔离,包括缓冲、远离、封闭。②个体防护,包括有危险的作业、为调查和消除危险状况而进入危险区域、应急情况时的个体防护。③接受微小损失。④避难与救援。

四、系统安全评价

(一) 安全评价的概念

安全评价又称危险度评价,是指对系统内存在的危险性及其严重程度以既定指数、等级或概率值为标准进行分析和评估，并针对这些危险制定相应的安全策略，使系统安全性达到社会公众所需求的水平的一种方法体系。概括来说，安全评价就是从数量上说明被评价对象的安全可靠程度。

（二）安全评价项目分类

安全评价项目根据项目的不同阶段分为：安全预评价、安全验收评价、安全现状评价、专项安全评价。

（三）安全评价方法分类

安全评价方法一般有两种分类方式：一种是按评价指标的量化程度分为定性法、定量法以及定性与定量相结合的方法；另一种是按评价对象进行整合，主要有安全管理评价法和系统安全综合评价法。安全评价方法包括：安全检查表分析法、作业条件危险性评价法、预先危险分析法、危险与可操作性分析法、失效模式与影响分析法、故障树分析法、事件树分析、指数分析法。

（四）安全管理评价

安全管理评价就是评价企业的安全管理体系及管理工作的有效性和可靠性，评价企业预防事故发生的组织措施的完善性，评价企业管理者和操作者素质的高低及对不安全行为的可控程度。安全管理评价的内容包括：现代安全管理方法的应用、安全教育形式、规划计划与安全工作目标、职能部门安全指标分解、各级人员安全生产责任制、安全生产规章制度、各工种操作规程、安全档案、安全管理图表、"三同时"审批项目、事故处理"四不放过"、安全工作"五同时"、安全措施费用、安全机构与人员配备。

第三节　新时期安全发展观

一、安全生产工作的基本理念

2014年8月31日,第十二届全国人大常委会第十次会议通过《关于修改〈中华人民共和国安全生产法〉的决定》,明确将"以人为本,坚持安全发展"作为安全生产工作的基本理念,对生产经营单位、生产经营单位主要负责人、监管人员的行政责任等加大处罚力度。2021年6月10日,对《安全生产法》进行了第三次修正。

二、新时期安全发展的理念

安全发展的理念是安全方面衡量对与错、好与坏的最基本的道德规范和思想。

安全发展包括核心安全理念、安全方针、安全使命、安全原则以及安全愿景、安全目标等内容。安全理念是企业安全文化管理的核心要素。

安全发展的理念应该包括以下5个方面:

(一)安全文化

现代企业安全文化建设,要紧紧围绕"一个中心"(突出"以人为本"这个中心)"两个基本点"(安全理念渗透和安全行为养成),内化思想,外化行为,不断提高广大员工的安全意识和安全责任,把安全第一变为每个员工的自觉行为。安全理念决定安全意识,安全意识决定安全行为。因此必须在抓好员工安全理念渗透和安全行为养成上下功夫。要使广大员工不仅对安全理念熟读、熟记,入脑入心,全员认知,而且要内化到心灵深处,转化为安全行为,升华为员工的自觉行动。企业可以通过搞好站场班组安全文化建设来实施,如根据各时期安全工作的特点,悬挂安全横幅、张贴标语、宣传画、制作宣传墙报、发放宣传资料、播放宣传片、广播安全知识，在班组园地和各科室张贴安全职责、操作规程，还可在班组安全学习会上，不断向员工灌输安全知识，将安全文化变成员工的自觉行动。

企业安全文化属于企业文化的一部分。综合国内外先进企业安全管理的成功经验，无不证明了这样一个事实：企业安全文化建设是降低企业意外事故发生率、提高全员安全意识和整体安全管理水平的重要途径，而逐步建立规范化、系统化的安全文化建设的指导准则，则是扎实推进企业安全文化建设，进而促进企业安全生产与发展的必由之路。

企业安全文化研究的是企业安全管理中最重要的一个环节，即"人的安全意识和安全行为"，进行企业安全文化建设的最终目标是将"安全意识和安全价值观"变成人人共有的工作标准和生活习惯，作为企业职工的一种本能，在思考任何问题、从事任何工作之前，都要想到安全，都要做到安全。企业安全文化的研究范畴涉及组织行为学、管理学、心理学、社会学、危机与风险管理、安全工程等众多学科领域。

企业安全文化建设解决的是企业深层次的安全问题，即人的安全价值观念、意识形态和行为规范。它通过将"安全第一，生命至上"的理念根植于人们的意识、观念之中，并潜移默化地影响人的行为表现，来解决法制、管理、技术、经济手段等所无法解决的"人因错误"问题，因而它的作用也是长期而稳固的。

（二）安全法治

要建立企业安全生产长效机制，必须坚持"以法治安"，用法律法规来规范企业领导和员工的安全行为，使安全生产工作有法可依、有章可循，建立安全生产法治秩序。坚持"以法治安"，必须"立法""懂法""守法""执法"。"立法"，一方面，要组织员工学习国家有关安全生产的法律、法规、条例；另一方面，要建立、修订、完善企业安全管理相关的规定、办法、细则等，为强化安全管理提供法律依据。"懂法"，要实现安全生产法治化，"立法"是前提,"懂法"是基础。只有使全体干部、员工学法、懂法、知法,才能为"以法治安"打好基础。"守法",要把"以法治安"落实到安全管理全过程之中,必须把各项安全规章制度落实到生产管理全过程之中。全体干部、员工都必须自觉守法,以消除人的不安全行为为目标,避免和减少事故发生。"执法",要坚持"以法治安",则离不开监督检查和严格执法。为此,要依法进行安全检查、安全监督,维护安全法规的权威性。

(三)安全责任

各层级落实安全责任。企业应逐级签订安全生产责任书。责任书要有具体的责任、措施、奖罚办法。对完成责任书各项考核指标、考核内容的单位和个人应给予精神奖励、物质奖励;对没有完成考核指标或考核内容的单位和个人给予处罚;对于安全工作做得好的单位,应对该单位领导和安全工作人员给予一定的奖励。

(四)安全投入

安全投入是安全生产的基本保障。它包括两个方面:一是人才投入;二是资金投入。对于安全生产所需的设备、设施、宣传等资金投入必须充足。一方面,企业应创造机会让安全工作人员参加专业培训,组织安全工作人员到安全工作搞得好的单位参观、学习、取经;另一方面,可以通过招聘安全管理专业人才,提高公司安全管理队伍的素质,为实现公司安全和谐发展打下坚实的基础。

(五)安全科技

要提高安全管理水平,必须加大安全科技投入,运用先进的科技手段来监控安全生产全过程。如安装闭路电视监控系统、消防喷淋系统、X射线安全检查机、卫星定位仪(GPS)、行车记录仪等,将现代化、自动化、信息化全部应用到安全生产管理中。

三、安全发展理念的重要原则

要应对风险挑战，保证有序健康发展，就必须在新发展理念中坚持安全发展原则，将安全发展原则贯穿于新发展阶段的全过程。

（一）安全发展必须坚持系统思维

安全发展是一个系统性概念和整体性原则，包含着多元要素和多维环节，最重要的是政治安全、人民安全和国家安全。要贯彻安全发展原则，必须坚持系统思维和整体行动，将安全发展的各种要素和环节有机统一起来。要将政治安全、人民安全、国家安全有机统一起来。政治安全、人民安全、国家安全是安全发展中3个重大要素，是安全发展的3个重要价值指向，同时也是安全发展的3个关键环节。三者不是单一存在的，也不是孤立运行的，而是相互联系和交织运行的。政治安全是一切安全发展的前提和保障，历史已经雄辩地证明，没有政治安全，其他安全就无从谈起；人民安全是安全发展的价值指向和最终目标，只有保证了人民安全，安全发展才能真正得以实现，同时，人民安全又是其他安全要素和环节的基础，只有人民安居乐业，政治才会稳定、社会才会和谐、经济才会繁荣；国家安全是安全发展的载体和平台，百年未有之大变局的核心就是国家与国家之间利益关系的调整和重构。在调整和重构中，维护国家安全是各国安全发展的根本保证，国家安全得不到维护，政治安全、人民安全就只能是空想。当今一些国家的混乱现状充分说明，只有在国家安全之下，人民安全才会有保障。

（二）安全发展必须弘扬斗争精神

安全发展是在处理各种复杂关系、解决各种尖锐矛盾过程中实现的。处理好各种关系、解决好各种矛盾，主体才会达到稳健的预期状态。这种状态必须通过积极主动奋斗和争取而来，安全发展绝对不是一个消极被动的过程。要达到安全发展的预期状态，就必须坚持发扬斗争精神。首先要敢于斗争，敢于斗争就是要面对困难，充分发挥主观能动性，坚持担当作为的方法论原则。在复杂困难局面之中，在严峻危机风险之下，必须而且有主动出击、抢占先手的斗争勇气，才能实现安全发展。其次，要善于斗争。如果说敢于斗争是一种勇气，那么善于斗争则是一种智慧。斗争不能盲目蛮干，而是务实巧干，在战略方针确定之后，策略方法是决定安全发展的重要因素。

（三）安全发展必须突出自强意识

安全发展从根本上说，就是要使自身利益得到维护与保障，就是要通过发展，自主自强，使自身处于更加积极主动和健康有序的状态。

四、总体国家安全观的核心要义

总体国家安全观是一个内容丰富、开放包容、不断发展的思想体系，其核心要义可以概括为五大要素和五对关系。五大要素就是以人民安全为宗旨，以政治安全为根本，以经济安全为基础，以军事、科技、文化、社会安全为保障，以促进国际安全为依托。五对关系就是既重视发展问题，又重视安全问题；既重视外部安全，又重视内部安全；既重视国土安全，又重视国民安全；既重视传统安全，又重视非传统安全；既重视自身安全，又重视共同安全。总之，厘清五大要素、把握五对关系，是理解总体国家安全观的关键所在。

五、践行新时期安全发展观的工作重点

（一）牢牢守住安全生产底线

"牢牢守住安全生产底线，切实维护人民群众生命财产安全""生命重于泰山""绝不能只重发展不顾安全，更不能将其视作无关痛痒的事"，既立足当前，又着眼长远和根本，为抓牢抓实安全生产工作指明了方向，提供了遵循。

安全生产是关系人民群众生命财产安全的大事，是经济社会协调健康发展的标志，是党和政府对人民利益高度负责的要求。现阶段，安全生产仍处于爬坡过坎期，各类事故隐患和安全风险交织叠加。近年发生的事故表明，人、机、环、管重新磨合，风险防范面临着前所未有的挑战。一些地方安全发展理念不牢固、复工复产安全把关不严、安全监管检查不到位，一些企业安全投入不足、安全岗位人员缺位、抢进度赶工期，安全风险凸显。越是这个时候，越要保持清醒认识，越要将安全生产紧抓在手。"天下大事，必作于细。"贯彻落实习近平总书记的指示要求，加强安全生产监管，分区分类加强安全监管执法，强化企业主体责任落实，目标要细化、工作要细致、措施要细密，有的放矢、精准到位，以点带面、解剖问题，拿出实招、务求实效。唯有如此，才能牢牢守住安全生产底线，切实维护人民群众生命财产安全。

（二）生命重于泰山，红线不可逾越

生命重于泰山。因为生命才是一切，生命创造一切。有了生命，一切都可能产生，一切都可以创造；生命毁灭了，消失了，一切都将化为乌有。安全就是一条不可逾越的红线，道路千万条，安全第一条；务必把安全生产摆到重要位置，树牢安全发展理念，安全生产工作必须紧跟时代步伐，要针对安全生产事故的主要特点和突出问题，层层压实责任，狠抓整改落实，强化风险防控，从根本上消除事故隐患，有效遏制重特大事故发生。牢牢守住安全生产底线，防范化解重大安全风险。

安全生产直接关系到人民群众生命财产安全，是人民群众最关心、最直接、最现实的利益问题之一，必须自觉站在人民立场上想问题、做决策、做事情、干事业，"绝不能只重发展不顾安全，更不能将其视作无关痛痒的事"。

对"生命重于泰山"这一理念，做到政治认同、思想认同、情感认同，

并在实践中一以贯之、坚定不移,是检验初心使命的试金石。生命最宝贵,安全大于天。只要发生事故,就会在不同程度上冲击人民群众的获得感、幸福感、安全感。让每个人远离危险与伤害,让仅有一次的生命尽量延续和长久,让人民群众放心将自己托付出去,是捍卫生命尊严、践行初心使命的一个逻辑起点。只有做到生命至上、安全第一,才能在更高水平上不断满足人民日益增长的美好生活需要。强调"生命重于泰山",同我们的历史文化相契合,同关爱生命、关注安全的实践相结合,同我们需要解决的安全发展问题相适应,更具影响力、感染力和穿透力,既坚守了"根"与"魂",也进行了丰富和创新。

近年来,安全生产形势持续稳定好转,但风险隐患仍然较多。呵护"重于泰山"的生命,必须以习近平新时代中国特色社会主义思想为指导,牢固树立新发展理念,坚持安全发展,坚守"发展决不能以牺牲安全为代价"这条不可逾越的红线,以防范遏制重特大事故为重点,坚持"安全第一、预防为主、综合治理"的方针,加强领导、改革创新、协调联动、齐抓共管,着力强化企业安全生产主体责任,着力堵塞监管漏洞,着力解决有法不依、执法不严的问题,依靠严密的责任体系、严格的法治措施、有效的体制机制、有力的基础保障和完善的系统治理,切实增强安全防范治理能力,大力提升我国安全生产整体水平,确保人民群众安康幸福、共享改革发展和社会文明进步成果。

(三)一以贯之,树牢安全发展理念

坚持安全发展理念,就是要贯彻以人民为中心的发展思想,始终把人的生命安全放在首位,正确处理安全与发展的关系,大力实施安全发展战略,为经济社会提供强有力的安全保障。只有坚定不移地走安全发展之路,安全生产工作才会被摆到重要位置,人民群众才能安居乐业,经济社会才能持续健康发展。

牢固树立安全发展理念,始终把人民群众生命安全放在第一位,牢牢树

立发展不能以牺牲人的生命为代价这一观念。树立安全发展理念，弘扬生命至上、安全第一的思想，健全公共安全体系，完善安全生产责任制，坚决遏制重特大安全事故。要健全风险防范化解机制，真正把问题解决在萌芽之时、成灾之前；要坚持依法监管，严格规范公正文明执法，提高安全生产法治化水平；要落实人防、技防、物防措施，持之以恒强基固本、系统治理。内外兼修，双管齐下，安全发展理念方可树牢夯实。

（四）强化风险防控，从根本上消除事故隐患

现阶段，安全生产风险是我们面临的重大风险之一，是与百姓密切相关的风险，是易发、多发、频发的风险。铁的事实证明：事故是完全可防可控的，但如果对风险防范重视不够，对隐患视而不见，隐患排查走形式走过场，就可能屡屡被击穿底线，造成无法挽回的损失。

安全生产能力每提升一步，生命的堤坝就加固一分。牢牢守住安全生产底线，就是要牢固树立忧患意识、责任意识，更加主动有效防范化解风险，"宁可事前听骂声，不可事后听哭声"，真正把问题解决在萌芽之时、成灾之前。我们应始终把强化风险防控作为重大政治责任，把握规律特点，抓住每一起重大灾害事故，吸取教训、举一反三，健全机制、完善制度，以大概率思维应对小概率事件，以系统性思维防范化解重大风险；坚持问题导向、目标导向、结果导向，完善各级责任主体和岗位责任清单，层层压实责任，激发内生动力；养成精准思维习惯，在精准实施、精准落实上下功夫，发现问题深入细致、扎实认真，解决问题盯着不放、敢于较真；加快建立健全安全生产责任和管理制度体系、隐患排查治理和风险防控体系，加强监管执法和安全服务，坚决遏制重特大事故发生，切实维护人民群众生命财产安全。

严格落实"三个必须"要求，即管行业必须管安全，管业务必须管安全，管生产经营必须管安全。坚持人民至上、生命至上，统筹发展和安全，始终保持如履薄冰的高度警觉，做好安全生产各项工作，绝不能麻痹大意、掉以轻心。要进一步落细落实各项措施，在全覆盖上下功夫，安全生产和社会稳

定风险隐患排查必须横向到边、纵向到底，不留死角、不留盲区，确保隐患见底、措施到底、整改彻底；在精准性上下功夫，坚持问题导向，深刻吸取各类事故教训，举一反三、标本兼治，务必抓到点子上、治到关键处；在快处置上下功夫，既要有担当精神又要提高处理突发事件的应变能力，对排查出的风险及时防范、对存在的隐患及时排雷拆弹，应急响应必须反应迅速、当机立断、应对得当、处置有力。

PART TWO

第二编

高速铁路安全管理及发展

第三章　铁路运输安全概述

第一节　铁路运输安全的重要性和特点

一、铁路运输安全的重要性

铁路作为国家战略性、先导性、基础性重大基础设施，是国民经济大动脉、重大民生工程和综合交通运输体系的骨干，是我们党执政兴国的重要支柱和依靠力量。党中央、国务院高度重视铁路安全，多次强调"人命关天，发展决不能以牺牲人的生命为代价，这必须作为一条不可逾越的红线""树立安全发展理念，弘扬生命至上，安全第一的思想"，要求所有企业都必须"坚持最严格的安全生产制度，认真履行安全生产责任主体，把安全责任落实到岗位、落实到人头，坚持管行业必须管安全、管业务必须管安全"，做到安全投入到位、安全培训到位、基础管理到位、应急救援到位，确保安全生产，为做好新时代铁路运输安全工作提供了根本的战略指引。

安全是做好一切工作的前提和基础，是铁路发展必须坚守的底线。铁路安全稳定，事关人民群众生命财产安全，事关铁路事业持续健康发展，事关党和国家工作大局，更事关每一位铁路从业人员的切身利益，是铁路最大的政治和最重要的声誉。

（一）铁路安全是国家安全的重要组成，是铁路企业的本质属性，具有广泛和深远的影响

铁路是大众化交通工具，是重大民生工程，铁路运输的根本任务就是把旅客和货物及时安全地运送到目的地。物流和人流选择的主要运输工具就是铁路，其中在人流方面更为明显，比例高达70%以上。就目前铁路发展形势，世界铁路运输行业正处于高速发展时期，我国铁路已成为世界上安全性能最

高的铁路之一。这对开启和实施铁路"十四五"规划,迎来更高安全质量的发展奠定了坚实基础。

实践已经证明,铁路运输安全工作的影响力极为广泛和深远,它不仅影响铁路企业本身的经济效益和生产效率,还对我国社会经济的整体发展有着直接而深远的影响。

(二)铁路运输安全是铁路运输产品质量和工作质量的重要体现

铁路运输生产的全部意义就在于有计划、有目的、有成效地实现旅客和货物空间位置的移动。产品的质量包括安全、准确、迅速、便利等,其中安全最为重要。铁路运输的特点是车站多、线路长、分布广。运输生产系统是由车、机、工、电、辆等单位构成的,像一架庞大的"联动机"昼夜不停地运转。任何一个部门、任何一个环节出了差错,都会影响整个运输生产过程。因此,确保运输安全,对提高运输产品的质量和运输工作的质量,增强铁路运输的市场竞争力有着重要意义。

(三)铁路运输安全是现代化经济建设、铁路改革与发展的重要保证

铁路运输安全对国家重点物资运输、重大工程建设、重大科研及军事运输极为重要,也为地方区域经济开发、招商引资、科技发展带来了生机和活力。如果铁路发生事故,将会给人民群众带来不幸,给国家造成损失。如果安全形势不稳,不断发生事故,势必打乱运输秩序,干扰总体部署,分散工作精力,铁路改革与发展就失去了重要的前提和基础。因此,稳定运输安全局面是铁路一切工作的前提。没有良好的运输安全环境,铁路的改革和发展都无从谈起。为保证铁路改革与发展的顺利进行,必须把铁路运输安全作为首要任务来抓。事实证明,铁路运输安全不仅直接关系到我国社会主义经济的健康发展和改革开放的进程,而且直接影响社会生产、社会生活和社会安定。

（四）高铁是新时代亮丽的"中国名片"，确保高铁和旅客安全是铁路企业的底线

近年来，我国铁路事业快速发展，至 2022 年年底我国铁路通车里程突破 15 万千米，其中，高铁超过 5 万千米，位居世界第一。高铁是新时代最亮丽的"中国名片"，高铁带来的变革，使其在安全保障、运输组织、旅客运输等方面的要求都远远高于传统铁路，一旦高铁出现重大事故，铁路事业必将遭受重大损失。近年来的"4·28""7·23"特大铁路责任事故，就是最深刻的惨痛教训。因此，铁路运输企业始终把高铁和旅客列车安全万无一失作为政治红线和职业底线，认真吸取高铁安全事故教训，认真总结高铁运营实践经验，探索高铁安全规律，构建设备稳定可靠、管理科学严密、人才队伍雄厚的高铁安全保障体系，实现高铁运营安全持续稳定。

（五）铁路运输安全是法律赋予铁路运输企业的义务和责任担当

《中华人民共和国铁路法》《铁路安全管理条例》是保障铁路运输安全的法律手段。为保证铁路运输的安全畅通，避免事故的发生，我国制定了一系列政策和措施，并明确指出"铁路运输企业应当保证旅客和货物运输的安全，做到列车正点到达""铁路运输企业必须加强对铁路的管理和保护，定期检查、维修铁路运输设施，保证铁路运输设施完好，保障旅客和货物的运输安全"。此外，在《中华人民共和国民法典》等法律法规中也对铁路运输企业保证铁路运输安全的义务和责任作出了相应的规定。这些法律法规从法律意义上规定了保障旅客、货物运输安全是铁路运输企业应尽的责任和义务。

安全是铁路的生命线，维护安全是铁路企业的责任担当。要树立铁路安全发展理念，铁路企业要不断强化确保运输安全稳定的政治责任感，强化安全意识和责任意识，着力构建人防、物防和技防"三位一体"的安全保障体系，坚持源头治理、超前防范、主动避险、专项整治的安全工作方法，建立覆盖全面、责任清晰、考核有力的安全生产责任奖罚体系，始终强化使命意识，敢于责任担当。

二、铁路运输安全的特点

由普遍性与特殊性的关系可知，普遍性寓于特殊性之中，特殊性离不开普遍性，可见，铁路运输安全除具有安全的普遍性外，还有其特殊性和特点。

（一）铁路运输安全的系统性

铁路运输系统是一个大联动机，涉及线路轨道（桥梁隧道）、机车车辆（动车组）、通信信号、牵引供电、运营调度、运输组织、设备设施维修养护、检测监测、环境检测等诸多方面，涉及车务（调度）、机务、工务、电务、供电、房建、客运、货运等诸多专业，涉及国铁集团、铁路局集团公司、站段、车间、班组等不同层级，涉及"人、机、环、管"等各个层面。铁路运输安全问题，涉及面广、层次众多、环节繁杂，风险因素无时不在，而且具有传导性和连锁性，牵一发而动全身，如果一个点出事故就会影响一条线，一条线出事故就会波及全面。

（二）铁路运输安全的动态性

机车、车辆在固定轨道上的定向运动，是铁路运输最显著的特点。一系列铁路运输安全问题，如轮轨作用、弓网作用、列车速度控制和进路控制等都是围绕机车、车辆或列车在轨道上的定向运动而展开的。处于高速运动状态的列车，一旦发生设备异常或人的操作失误，可供纠正和避免事故的时间很短，可供选择的应急方式也很有限。加之，铁路线路、机车车辆等硬设备的成本很高，列车对旅客和货物的承载量很大，事故不仅造成巨大的财产损失、人员伤亡和环境破坏，而且由于运输中断会波及路网，打乱运输秩序，影响社会生产和运输的全局。更重要的是，铁路对其运输对象——旅客和货物，没有所有权和支配权，而只提供必要的运输服务，因此事故损失涉及广泛的社会因素，会极大地损害铁路的形象甚至政府的威信，其社会影响的严重性难以估量。

(三）铁路运输安全的反复性

铁路运输生产具有连续性、周期性和季节性的特点，伴随着生产的各种事故和不安全状况常常都是重复发生的；我国铁路年复一年的春运、暑运、防洪、防寒、防暑等安全问题反复存在。由于受铁路总体技术和管理水平的制约，各种事故和不安全状况的产生也具有一定的惯性和反复性，如"两冒错排"（冒进进站和出站信号，错排列车进路）、断轨、断轴等惯性事故，经常成为困扰运输安全的主要问题。

（四）铁路运输安全对管理的依赖性极强

铁路犹如一台大联动机，是一个复杂的人—机动态系统，其运输生产过程是由车、机、工、电、辆等多工种联合的多环节（如货物运输的承运、保管、装卸、运送、途中作业、交付等）作业过程，涉及设备数量庞大、种类繁多，设备布局的网络状态和作业岗位独立分散的特点，使各工种和各环节的协同配合都离不开严格有效的管理。因此，铁路运输安全在很大程度上取决于管理的效能。

（五）铁路运输安全的复杂多变性

铁路运输安全受外部环境的影响很大，难以预测和控制。铁路运输生产是在一个开放的环境中进行的，其过程有较大的空间位移和较长的时间延续。自然环境，如雨、雾、风、雪及各种自然灾害等，对运输安全均有不利影响。社会环境，如社会治安、社会风气及社会政治经济状况等，均与运输安全状况密切相关，而且难以预测和控制。特别是铁路沿线私搭乱建、堆放杂物、非法占地经营等屡整难治问题较为突出，塑料大棚、农用地膜、防尘网、气球、风筝等轻体漂浮物和彩钢瓦等异物在大风天气条件下侵入铁路限界，影响铁路安全秩序，特别是给高铁电气化铁路带来巨大隐患。临近高铁线路或在隧道上方，非法施工，挖砂取土、采石开矿、埋设管线等问题仍未杜绝。无人机、行人非法进入铁路线路，击打列车、恶意置障等问题屡屡发生，因此，铁路运输环境安全的综合治理涉及面广、难度大。铁路安全技术的发展，包括设备安全性能改进、人员安全素质提高、环境安全质量改善和安全管理水平提高，都是以上述对铁路安全的复杂性和多变性为基础的，需要强化防范意识，提升防控能力。

三、行车安全工作

行车安全是铁路运输的主要工作，特别是高速铁路安全。行车过程是最容易产生不安全因素的工作环节，铁路运输中出现的大部分不安全问题多源于行车过程。

（一）行车事故的分类

按照事故的性质、损失及对行车造成的影响，行车事故分为特别重大事故、重大事故、较大事故和一般事故。

1. 特别重大事故

有下列情形之一的，为特别重大事故：

（1）造成30人以上死亡，或者100人以上重伤（包括急性工业中毒，下同），或者1亿元以上直接经济损失的。

（2）繁忙干线客运列车脱轨18辆以上并中断铁路行车48 h以上的。

（3）繁忙干线货运列车脱轨60辆以上并中断铁路行车48 h以上的。

2. 重大事故

有下列情形之一的，为重大事故：

（1）造成10人以上30人以下死亡，或者50人以上100人以下重伤，或者5 000万元以上1亿元以下直接经济损失的。

（2）客运列车脱轨18辆以上的。

（3）货运列车脱轨60辆以上的。

（4）客运列车脱轨2辆以上18辆以下，并中断繁忙干线铁路行车24 h

以上或者中断其他铁路线路行车 48 h 以上的。

（5）货运列车脱轨 6 辆以上 60 辆以下，并中断繁忙干线铁路行车 24 h 以上或者中断其他线路铁路行车 48 h 以上的。

3. 较大事故

有下列情形之一的，为较大事故：

（1）造成 3 人以上 10 人以下死亡，或者 10 人以上 50 人以下重伤，或者 1 000 万元以上 5 000 万元以下直接经济损失的。

（2）客运列车脱轨 2 辆以上 18 辆以下的。

（3）货运列车脱轨 6 辆以上 60 辆以下的。

（4）中断繁忙干线铁路行车 6 h 以上的。

（5）中断其他线路铁路行车 10 h 以上的。

4. 一般事故

造成 3 人以下死亡，或者 10 人以下重伤，或者 1 000 万元以下直接经济损失的为一般事故。

一般事故分为一般 A 类事故、一般 B 类事故、一般 C 类事故、一般 D 类事故。

（二）行车事故的预防

预防行车事故，确保行车安全，必须加强领导，坚持把安全工作摆到各级领导的重要议事日程；加强政治思想工作，教育广大职工牢固树立安全第一、质量第一的思想；严格遵守劳动纪律，认真执行规章制度；加强科学管理，坚持预防为主的方针，开展群众性的安全生产活动，及时消除隐患；加强职工的技术培训工作，发动广大职工努力钻研技术业务，不断提高技术水平；采用新技术、新设备，搞好设备养护维修，不断提高技术设备质量；对长期坚持安全生产、防止事故的有功人员给予表扬和奖励；加强职工心理素质训练，提高安全心理的稳定性；建立安全检察机构，健全安全检察体制。

四、人身安全工作

在铁路运输生产过程中，确保人身安全是日常工作的重要内容之一。因此，除了不断地改善劳动条件和设备条件外，应经常组织宣传、学习、贯彻、落实人身安全的有关规定，以确保人身安全及生产任务的顺利完成。

（一）对人身安全的要求

（1）班前禁止饮酒。班中按规定着装，佩戴防护用品。

（2）顺线路走时，应走两线路中间，作业人员及所携带的工具不得侵入机车车辆限界，并注意邻线的机车车辆和货物装载状态。严禁在道心、轨枕头上行走。不准脚踏钢轨面、道岔连接杆、尖轨、辙叉心等。

（3）横越线路时，应一站、二看、三通过，注意左右机车车辆的动态及脚下有无障碍物。

（4）横越停有机车车辆的线路时，应先确认该机车车辆暂不移动，然后在该机车车辆较远处通过。严禁在运行中的机车车辆前面抢越。

（5）必须横越列车、车列（组）时，严禁钻车。应先确认该列车、车列（组）暂不移动，然后由车辆通过台或两车车钩上越过；越过时勿碰开钩销，上下车时要抓紧蹬稳并注意邻线有无机车车辆运行；经车辆通过台越过应从车梯上下车。

（6）严禁在机车车辆底下坐卧，以及钢轨上、轨枕头、道心里坐卧或站立。

（7）严禁扒乘运行中的机车车辆，以车代步。

（二）人身伤亡的预防

行车事故的发生往往会导致人身伤亡，因此，预防人身伤亡除遵守预防行车事故的有关规定外，还应做到以下方面：

（1）加强铁路沿线的防护设施建设，特别是道口建设。

（2）强化铁路安全常识宣传，普及铁路安全知识。

（3）教育职工遵章守纪，按"人身安全的要求"来要求自己。

五、铁路运输安全生产的方针

《铁路安全管理条例》第二条规定：铁路安全管理坚持安全第一、预防为主、综合治理的方针。"安全第一、预防为主、综合治理"是我国安全生产工作的总方针，铁路安全管理工作属于安全生产工作的重要组成部分，应该遵守这一指导方针。

坚持"安全第一"，就是要求在铁路运输活动中要始终把保证旅客、货主以及广大人民群众的生命财产安全放在第一位。

坚持"预防为主"，强调的是在安全生产活动中要防患于未然，将各种不安全的因素消灭在萌芽状态。

坚持"综合治理"就是要充分调动各方面因素，发挥政府、企业、群众组织、有关单位和个人的积极性，共同维护铁路安全。

（一）"安全第一、预防为主、综合治理"指导方针的作用

安全生产是铁路运输企业管理的一项基本原则。安全是与计划、生产、技术、质量、物资、设备、劳动和财务等管理密切相关并渗透其中的企业管理的首要任务。安全管理是与安全相关的管理内容的综合和发展，并由专门机构和人员负责统一规划、组织协调、监控实施。运输安全管理以"安全第一、预防为主、综合治理"作为指导方针，是安全科学理论与安全生产实践相结合的结果，也是几十年来我国运输安全工作经验和教训的科学总结。这是不以人们意志为转移的客观规律，不仅深刻揭示了安全与效率、安全与效益及安全管理与其他管理工作之间的辩证关系，同时也表明了安全管理自身各项工作应遵守的原则。"安全第一、预防为主、综合治理"指导方针的作用主要有以下4个方面：

1. 导向作用

运输生产中存在各种各样的矛盾，如安全与效率、技术与管理、软件与硬件、局部与整体等。安全与效率始终是主要矛盾，而安全又是矛盾的主要

方面，在任何时候只有抓住了主要矛盾和矛盾的主要方面，也就是对影响安全的不利因素，如隐患、危险等主动出击，预先防止，才能牢牢把握住运输生产的主动权，促使矛盾向有利于安全的方面转化。任何单位和个人违背这一原则，就易造成无法挽回的损失。

2. 规范作用

运输生产是一个动态变化的过程，影响安全和生产的因素很多。凡事预则立，不预则废，把"安全第一"要做的工作，"预防为主"必办的事情落到实处，才能收到预期的安全效果。如从指导思想到奋斗目标，阶段任务到主攻方向，实施方案到具体办法，组织分工到监控反馈等进行周密规划、统一部署，并按变化做出必要调整，形成着眼于现场作业控制的管理落实机制，使运输生产处于有序可控状态。

3. 约束作用

安全需要纪律严明、按章办事、工作高效的个人行为、群体行为、管理行为的联合保证。这就需要有"安全第一、预防为主、综合治理"的共同思想基础，并以此为准则，抵制克服不利于安全的思想和行为。为此，按照"安全第一、预防为主、综合治理"的要求，加强安全教育和培训，制定各级安全责任制，健全安全生产激励机制，使广大铁路职工心往一处想，劲往一处使，共同开创运输安全新局面。

4. 评价作用

用发生事故的数量及其损失大小可以衡量一个生产单位安全状况的好坏。但由于事故具有潜在性和再现性、偶然性和必然性、事发原因的多重性和因果性等特性，为了实事求是地判断运输企业的安全状况和发展趋势，除以事故指标衡量外，还需要考察"安全第一"的思想和"预防为主"的措施落实情况及其效果，即对运输系统中的关键人员、关键岗位、关键作业、关键设备等有无防范举措，安全观念中是否有超前防护意识，作用如何等进行评价。

可见，"安全第一、预防为主、综合治理"不是一句空洞的口号，而是具有丰富的内涵。深刻认识其本质含义并发挥其应有的作用，关键在于认识的深化，决策的正确和扎扎实实地工作。

（二）"安全第一、预防为主、综合治理"是一个不可分割的整体

在铁路运输生产中，"安全第一"主要是由运输生产的特点所决定的，而行车、客运、货运等事故一旦发生，所造成的物质损失就无法挽回。预防事故是主动而为，事故抢救是迫不得已，天灾人祸的事故必须以预防为主，这是运输安全不可动摇的原则。"安全第一"的思想到位，解决好各种各样的矛盾，是"预防为主"的前提，离开这个前提就谈不上"预防为主"。因为不解决好"安全第一"的思想认识和实际问题，职工预防事故的自觉性、主动性和积极性就难以调动和持久。

"安全第一、预防为主"最终还是以清除隐患，预防事故发生为归宿。故应积极采取措施，消除各种不利因素，把事故消灭在萌芽状态，满足"安全第一"的需要。可见，"预防为主"是"安全第一"的重要保证，失去这一保证，"安全第一"就成了一句空话。"安全第一"和"预防为主"的辩证关系与生产实践相结合，共同构成了运输生产的安全屏障，两者密不可分。

"预防为主"就是要对事故发生的原因进行调查研究，系统分析，制定原则，采取对策，真正做到思想上重视，制度上保证，工作上落实，作风上适应，常抓不懈，持之以恒。当"安全第一、预防为主"的指导方针未能得到彻底贯彻落实的时候，影响安全的因素，如人员、设备、环境、管理等，其非正常状态就成为事故发生的原因。

（三）贯彻"安全第一、预防为主、综合治理"指导方针的原则要求

铁路运输生产必须贯彻"安全第一"的原则，采用新技术和新装备，配套发展铁路安全设施，提高运输设备的可靠度，强化安全管理，建立完善的安全保障体系。

铁路运输安全综合治理的原则要求主要包括以下几个方面：

1. 牢固树立"安全第一"的思想，强化"安全第一"的责任意识

这是保障运输安全的重要前提。人的因素是影响运输安全最重要的因素，人的安全思想和意识是安全行为的基础。因此，必须加强以人为中心的管理，持久深入地进行安全生产教育，增强广大职工在市场经济条件下的安全责任感和紧迫感，以及不安全的危机感，营造人人重视安全、事事确保安全的工作氛围。而运输生产中存在的隐患，发生的事故（除不可抗拒的自然原因外），归根结底是人的"安全第一"思想不牢、安全责任意识淡薄所致。在安全工作与其他工作发生矛盾，或安全工作取得成绩的时候，"安全第一"的思想往往被淡化或移位，这是安全措施不落实、安全形势不稳定的根本原因，应坚决克服纠正。

2. 遵守规章制度，严格组织纪律

这是运输安全的重要保证。在长期生产实践中，我国铁路部门根据运输生产规律、事故发生的因果关系和防止事故的宝贵经验，制定了许多保证安全、提高效率的规章制度和作业标准，并根据情况变化及时加以完善和发展。有章必循，就要有严格的组织纪律约束。纪律松弛、有章不循是对运输生产安全的最大威胁。因此，必须加强职工队伍的组织性和纪律性，使"严字当头、铁的纪律、团结协作、雷厉风行"的路风得以发扬光大。

建立健全严格的安全管理制度，最为重要的是各级安全责任制的逐步完善和切实执行。应避免职责不清、分工不明、互相推诿的不良现象发生，并通过各种管理手段做到是非严明，赏罚分明，形成强有力的竞争、激励和约束机制。

3. 加强职工教育培训工作，提高职工队伍安全素质

这是运输安全的重要基础。提高人员安全素质最为有效的途径就是理论联系实际的教育和培训。这在高科技广泛应用于铁路运输的情况下更为迫切和重要。通过各种形式的教育和培训，大力抓好职工队伍的职业道德建设，培养爱岗敬业的精神和遵章守纪的良好习惯，提高实际操作能力，特别是非

正常情况下的作业技能和应急处理能力,全面落实作业标准化。与此同时,也要不断加强干部的技术业务培训,普遍提高干部队伍的业务素质。

4. 不断改善和更新运输技术设备

这是保障运输安全的物质基础。运输设备的质量取决于出厂的产品质量,也取决于运用中的设备能经常得到精心的维护和保养。因此,要坚持设备检修与保养并重,预防与整治相结合的原则,攻克设备隐患,落实维修标准、作业标准和质量标准,努力提高设备的有效性,使设备经常保持良好状态。同时,增加经费投入,改善设备功能,加快实现主要运输装备现代化的步伐。积极发展和完善既能提高运输效率,又能确保各种安全技术设备的安全,这是提高铁路运输安全水平的必由之路。

5. 争取地方政府和人民群众的支持

这是运输安全的坚强后盾。铁道部门的工作没有各地的支持是做不好的。铁路运输安全尤为突出。铁路应主动加强与地方的安全联防和共建,不断改善铁路沿线的治安秩序,积极依靠地方政府和沿线人民群众参与事故救援、抢修等工作。加强路外安全宣传教育,防止人身伤亡和事故的发生,保证铁路运输安全畅通。

《铁路安全管理条例》根据国家安全生产的总方针,再次强调铁路安全管理必须坚持"安全第一、预防为主、综合治理",要求所有铁路建设、运输和设备制造维修企业、从业人员、安全监管部门都要将铁路运输安全作为头等大事,规范管理,强化基础,达到安全生产标准。国务院、地方政府、各种社会组织都要高度重视铁路安全生产,宣传铁路安全生产,采取一切可能的措施保障劳动者及其他人员的人身安全和财产安全,努力防止事故的发生。当生产任务与安全发生矛盾时,应先解决安全问题,使生产在确保安全的前提下顺利进行。"预防为主",是实现"安全第一"的前提,只有做好各种预防工作,才能防止事故的发生,有效保障人民群众的生命财产安全。

"综合治理"就是要充分调动各方面因素,发挥政府、企业、群众组织、有关单位和个人的积极性,共同维护铁路安全。加强铁路安全综合治理,一方面,要综合运用经济手段、法律手段和必要的行政手段,从发展规划、行业管理、安全投入、科技进步、经济政策、教育培训、安全立法、激励约束、企业管理、监管体制、社会监督以及追究事故责任、查处违法违纪等方面着手,建立铁路安全管理的长效机制;另一方面,要充分发挥铁路监管部门、铁路公安和其他相关执法部门、铁路沿线各级地方人民政府、相关单位、铁路建设、运输、设备制造维修企业等各方面的作用,综合治理整顿危及铁路安全的突出问题,共同维护铁路安全。

第二节 铁路运输安全管理体制

铁路运输安全管理体制一般是指运输安全的管理体系和工作制度。确立科学的运输安全管理体制,对我国铁路运输事业的发展具有重要意义。

一、铁路运输安全管理体制的内涵

铁路运输安全管理体制与铁路运输管理体制是一脉相承的。《中华人民共和国铁路法》(简称《铁路法》)第三条规定:"国务院铁路主管部门主管全国铁路工作,对国家铁路实行高度集中、统一指挥的运输管理体制,对地方铁路、专用铁路和铁路专用线进行指导、协调、监督和帮助。国家铁路运输企业行使法律、行政法规授予的行政管理职能。"第七条规定:"铁路沿线各级地方人民政府应当协助铁路运输企业保证铁路运输安全畅通,车站、列车秩序良好,铁路设施完好和铁路建设顺利进行。"这些规定从铁路运输的内部关系和同地方人民政府的外部关系两个方面,确定了铁路运输管理体制,对铁路运输安全管理体制的形成和发展具有重要的导向作用。

(一)国家铁路运输安全管理体制

国家铁路实行高度集中、统一指挥的运输安全管理体制,是由铁路运输生产特点和规律决定的。国家铁路运输生产具有大联动机的性质，技术性和时间性强，管理程序复杂，作业环节众多。通常，一个运输企业不能独立完成旅客和货物安全运输任务，需要其他铁路运输企业的通力协作与配合。无论是远程货物列车还是旅客列车，时空跨度大，沿途有为数众多的铁路职工按照统一的运输法规和作业规定为列车安全运行服务，任何一个作业环节违章操作，都会影响联动机的正常运转。在现行铁路运输体制下，国家铁路局、国铁集团、铁路局对基层生产单位的运输调度指挥工作以命令形式下达，各基层站段必须服从。

（1）《铁路安全管理条例》对铁路安全管理体制的规定。

国家铁路局：由交通运输部管理，行政职责，负责拟订铁路技术标准，监督管理铁路安全生产、运输服务质量和铁路工程质量等。

交通运输部、国家铁路局：依法对中国国家铁路集团有限公司（简称"国铁集团"）进行行业监管。

国务院铁路行业监督管理部门：负责全国铁路安全监督管理工作。

国务院铁路行业监督管理部门设立的铁路监督管理机构：负责辖区内的铁路安全监督管理工作。

国务院铁路行业监督管理部门和铁路监督管理机构统称铁路监管部门。

国务院有关部门：依照法律和国务院规定的职责，负责铁路安全管理的有关工作。

（2）国铁集团与各铁路局集团公司在安全管理方面有下列关系：

① 统一下达运输安全目标、任务、规则和要求，保证铁路运输企业完成运输安全目标任务所需的经费、设施和物资。

② 统一制定运输安全法规，建立运输安全管理体系或网络。

③ 审查批准重大安全技术和管理科研项目，及重大安全技术设备改造计划。

④ 审查批复铁路运输企业对重大事故的处理结果等。

（二）国铁集团对地方铁路、专用铁路和铁路专用线的运输安全进行指导、协调、监督和帮助

《铁路法》规定，铁路运输安全必须遵守的技术管理规程和有关作业标准，由国务院铁路主管部门制定，实行行业统一归口管理，这是社会化大生产的客观要求和选择。地方铁路、专用铁路和铁路专用线因主管部门和工作性质不同，在运输生产规模、运输技术设备、管理方法和人员素质等方面远不及国家铁路强大，需要国家铁路在运输安全生产上给予技术政策和咨询及信息等方面的指导，在安全技术问题上协调处理好各种铁路之间的关系；监督各种铁路执行《铁路法》《铁路技术管理规程》及作业标准情况；在人力、财力、物力上力所能及地支持地方铁路、专用铁路和铁路专用线，包括帮助培训运输业务干部、进行技术改造等。给予指导、协调、监督和帮助，使其他铁路不断提高安全管理水平和安全运输的可靠程度。

（三）铁路沿线地方政府应协助铁路做好运输安全工作

铁路线路穿越南北，横贯东西，四通八达，这就使铁路运输企业比其他一般企业更多地需要取得地方政府的支持和帮助。实践证明，凡是运输畅通无阻、治安秩序好的区段，与地方政府积极支持、整顿秩序、教育群众是分不开的。因此，地方政府协助铁路运输安全工作是铁路运输安全管理体制的重要内容。

二、铁路运输安全管理体系

国铁集团所属企业是18个铁路局集团有限公司，其站段不是运输企业，而是铁路局集团有限公司的一个基层生产单位。铁路局集团有限公司是独立完成铁路运输产品旅客和货物位移的基层运输企业，它所进行的安全生产是整个铁路运输安全的基础。因此，以下着重介绍铁路局集团有限公司运输安全管理体系。

(一) 铁路局集团公司运输安全管理体系的构成

1. 按运输安全管理对象划分

按运输安全管理对象分,铁路局运输安全管理体系由以下几部分构成:

(1)行车安全部分,包括车务、机务、工务、电务、车辆等部门的作业安全。

(2)货运安全部分,包括货运、装卸作业安全。

(3)客运安全部分,包括车站客运作业和客运列车运行安全。

(4)人身安全部分,包括作业人员和管理人员安全。

(5)路外安全部分,包括路外人员和道口安全等。

2. 按纵向组织机构划分

按纵向组织机构分,铁路局集团有限公司运输安全管理体系由铁路局基层站段、业务车间、生产班组和职工构成。

3. 按职能部门和业务分处(室)划分

按职能部门和业务分处(室)划分,铁路局集团公司运输安全管理体系由铁路局安全监察室,运输、机务、车辆、工务、电务、客运、货装和劳保处等,基层站段技术室、安全室、运输室、人劳室、教育室等构成。

(1)监察层指局安全监察机构,主要职责是:监督检查局管辖内所属部门、单位执行上级机关颁发的安全生产方针政策、目标任务、规章制度、命令指示情况;监督检查局发布的有关行车安全的规章制度、命令和措施贯彻执行情况;监督有关部门加强质量管理和安全管理情况;调查处理局管内的险性事故和有争议的一般事故等。

(2)决策层指局及其职能部门,主要职责是:制定年度运输安全工作的指导思想、目标任务和计划安排;发布有关行车安全的规章制度、命令和规定;确定安全技术设备的安装、使用、管理和维修办法;检查站段安全基础建设工作成效等。

(3)执行层指站段及其职能科室,主要职责是:为完成局安全目标任务而制订站段安全管理目标任务和实施方案、计划和措施；按照运输安全法规和局有关要求，制定、修改、完善本站段安全规章制度，并按规定报上级主管部门审批；加强安全基础建设，开展安全攻关和安全联控活动；调查、分析、处理行车一般事故和人身轻伤事故等。

（4）实施层主要指车间、班组和职工，各车间根据站段安全目标管理的要求，制定车间具体安全目标和保证措施，下达到班组和个人执行；督促检查安全目标和保证措施执行情况，并进行分析、评价，找出薄弱环节，以便改进工作。

（二）行车安全管理体系

行车安全是一切与行车有关的各项工作质量的综合体现，这些工作主要有列车安全、作业安全、施工安全、设备安全和路外安全等。换句话说，只有把上述工作做好了，行车安全才能得到真正保证。行车安全管理是铁路运输生产中最根本也是最重要的管理工作。

据图 3-1 分析得知，保证接发列车、调车和道口安全的根本途径就是落实标准化作业；为了确保客货列车运行安全，尤其是把提速客车安全作为重点，避免旅客列车恶性事故发生，必须加强行车组织，调度指挥，并提高旅客运输站、车服务质量；为了确保信号维修、线路养护和线路大修的施工安全管理，应把行车安全放在首位，严格按审定的施工方案和批准的封锁慢行计划组织施工，认真落实各项安全防范措施；为了保障机车车辆、信号通信、线路桥隧等行车基础设备和列车自动停车装置、轴温探测装置等行车安全技术设备的安全，必须不断提高设备的应用和检修质量。所有这些行车安全的保障工作是在行车安全科学管理的基础上实现的。安全系统工程理论和方法在行车安全管理中的应用，是加大安全管理科技含量的重要体现，其理论体系如安全系统分析、安全系统评价和安全系统管理及其在实际工作中的应用，将在本书的后续章节中逐一阐述。

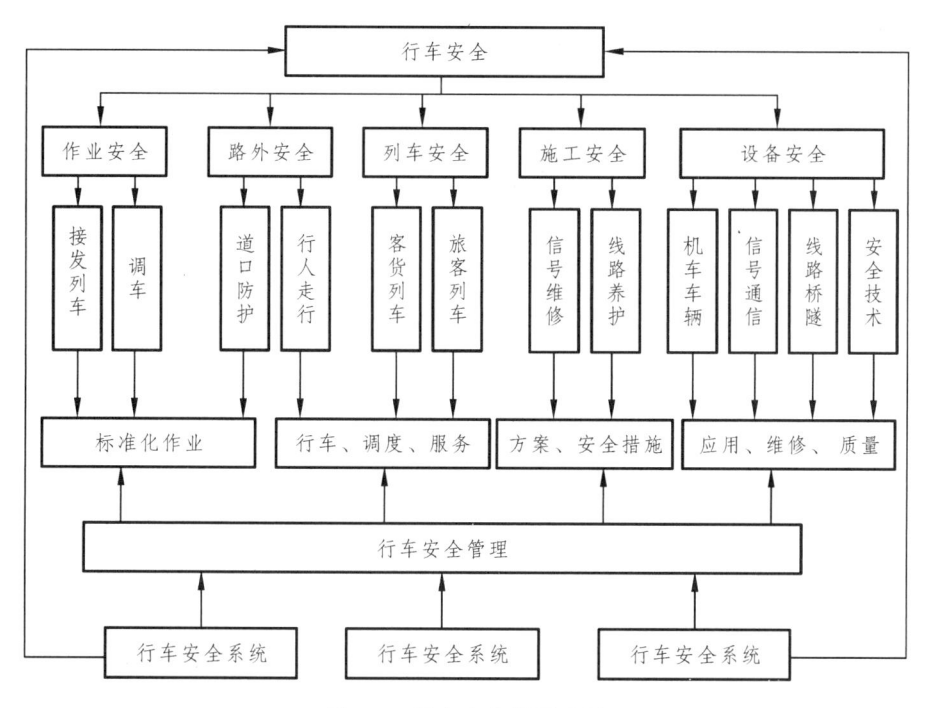

图 3-1 行车安全管理体系

三、运输安全管理制度

实践证明，运输安全管理的意义就是抓紧抓好规章制度和标准化作业的落实。随着铁路经济体制改革的深化，建立健全相应的运输安全管理制度，对加大运输安全管理力度，扭转安全不稳的被动局面具有十分重要的意义。

运输安全管理制度是运输安全管理体制不可或缺的组成部分，是把运输安全法规和作业标准落到实处的重要保证，是使安全管理行为规范化、高效化、科学化的集中体现。各级领导、干部和管理人员应该认真学习，加深理解、接受监督、自觉遵守、身体力行。长期以来，我国铁路一直在执行行之有效的安全监察制度、安全教育制度和安全检查制度等，并随着形势的发展、变化，开创性地制定了许多切合实际、富有时代特征的分层管理、逐级负责制及安全工作落实机制等。

（一）安全生产教育制度

安全教育是提高路内职工安全素质的最佳途径，也是路外人员了解铁路安全常识、强化安全意识的重要手段。

安全生产教育制度是对安全生产教育的内容、对象、形式和方法所做的具体规定。运输部门及其他业务部门基层作业人员、各级管理人员，根据工作需要和规定要求，分期分批地接受不同类型的安全教育或培训。通过安全思想、安全知识和安全技能等方面的学习和教育，牢固树立"安全第一、预防为主"的思想，掌握必需的安全生产技术知识和安全管理知识，提高遵章守纪的自觉性和标准化作业技能，并定期进行考核，实行持证上岗。安全生产教育是安全生产的充分必要条件。《铁路技术管理规程》规定，铁路行车有关人员，在任职、提职、改职前，必须熟悉《铁路技术管理规程》有关内容、本职基本知识技能和技术安全规则，并经考试合格。属于有技术等级标准的人员，还须按其等级标准考试合格。在任职期间，还应定期进行技术考试和鉴定，不合格者，应调整其工作。如今，全面考核、竞争上岗制度已在全路普遍推行。

为了保证运输安全，对路外人员（主要包括旅客、货主、机动车驾驶员，以及铁路沿线群众）进行安全常识、法规等方面的宣传教育，在我国铁路运输安全工作中已经制度化。

（二）安全生产检查制度

运输安全生产检查以各种运输法规为准绳，通过有计划、有目的、有步骤地查思想、查管理、查设备、查现场作业，发现和消除隐患及危险因素，总结交流安全生产经验，推动运输安全工作深入开展。

安全生产检查制度是对安全生产检查的内容、形式和整改要求所作出的切合实际的规定。按照工作需要进行的定期性、专业性、季节性和经常性安全检查，不仅要大兴调查研究之风，增强为现场服务的观点，而且应与干部考核挂钩，使安全检查真正起到鉴别、诊断和预防作用，使检查结果成为领导决策的重要参考依据。

检查是手段，整改才是目的。对安全检查中出现的好经验要及时总结推广，对暴露出来的矛盾，特别是领导不重视、制度不健全、设备不可靠及安全意识淡薄等问题，要定措施、定人员、定期限整改，并做到条条有交代，件件有着落。

（三）分层管理、逐级负责制度

运输安全是一个系统工程，运输安全管理体系实行"分层管理、逐级负责"的制度，是提高安全管理科学性和有效性的重要举措。强化这项制度，要注意把握管理范围和职责，学标、对标、达标和建立健全安全落实机制 3 个重要环节。

分层管理、逐级负责，就要界定管理范围，立标明责，建立安全管理责任制，即界定铁路局、基层站段、各部门，以及各单位、各部门各个职位安全管理的职责和权限，制定管理标准和考核办法。在管理范围界定、责任标准明确的基础上，各单位、各部门组织广大干部和管理人员认真学习职责、标准，对照职责、标准进行有效管理，并努力达到职责、标准要求（即学标、对标、达标）。同时，建立健全安全管理落实机制，促进各级干部和管理人员尽心尽责，使运输安全的各个环节、关键岗点，处于有效的监控之中。

第三节 铁路运输安全管理手段

在运输安全中，人是决定因素。运输安全管理的根本任务是依靠科学技术和科学管理，有效地保护、调动人的主观能动性和积极性，预防事故发生，确保运输安全。

处于社会大环境中的铁路运输系统是一个开放系统，系统中的人—机—环境之间的关系十分密切。而人是能动的、有思想的，人与人之间、人与群体之间、群体与群体之间及领导与群众之间的关系比较复杂。随着经济和社会的发展，人们的主体意识和价值取向呈多元化趋势，利益格局的变化使客观存在的各种矛盾对铁路运输安全工作产生前所未有的深刻影响。为了保障运输安全，并在安全基础上提高作业效率、经济效益和社会效益，迫切需要各级职能部门和人员采取有效的管理手段及方法，努力提高职工队伍整体素质，保护、调动广大职工安全生产的积极性和创造性，使广大干部和职工在充分认识安全是铁路运输生命线的基础上，想安全所想，急安全所急，通过自身努力把安全工作落实到实际行动中去。一个运行稳定、安全可靠的运输生产系统，其主要构成因素之间的关系必定是相对协调平衡的。但在运输生产中，人们对待本职工作、集体利益、预防事故的态度、行为及其结果存在差异，从而使人与人之间的政治关系、经济关系、工作关系及感情关系都变得复杂多样，需要有相应的调节手段促使不协调、不平衡的关系向协调平衡方面转化，以保证运输生产安全稳定。运输安全管理手段实质上是对职工安全生产积极性和创造性的保护、调动手段，同时也是对不安全的人和事进行制约、限制的手段。总之，安全管理手段是人与人、人与事之间关系的调节手段，主要有思想政治工作、经济手段、行政手段和法律手段。

一、思想政治工作

随着社会的不断进步和铁路提速的不断深入，安全生产已不仅事关企业的效益和形象，而且事关社会和大局的发展与稳定，是一项政治任务。

（一）认识思想政治工作在安全生产中的重要性

"安全生产责任重于泰山"，安全是永恒的主题，是我们工作标准的第一特征，是各项综合指标完成的第一要素和前提，其中思想政治工作又是安全生产的重要保证之一。新时期的安全思想政治教育必须坚持党的领导，坚持人民至上、生命至上，树牢安全发展理念，坚持"安全第一、预防为主、综合治理"的方针，坚持"三个必须"原则，以人为本，全心全意为人民服务，坚守安全红线意识和底线思维。因此，必须提高思想政治工作在安全生产中至关重要的认识，通过扎实有效地思想政治工作，把思想政治工作融入安全生产的全过程，把握安全生产中职工的思想行为活动规律，抓住影响职工安全行为的主要矛盾，解决职工思想与行为上的主要问题，强化职工的安全意识和责任意识，为安全生产奠定稳定有序的基础。

（二）把握思想政治工作在安全生产中的导向性

安全生产中的导向问题，直接影响职工在安全生产中的思想和行为。把握好思想政治工作在安全生产中的导向问题：一是要注重舆论的导向。充分利用各种载体、手段、场合，深入进行"安全第一，预防为主""责任重于泰山"的安全教育和各种事故案例的警示教育。二是要注重行为导向。通过安全责任意识强化教育、工效挂钩、竞争上岗、下岗培训等机制的运作，真正体现安全生产实绩，变"要我安全"为"我要安全"，进而形成"人人想安全、个个保安全"的局面。三是要注重个体的导向。职工关注自身在安全生产中行为的同时，更关注管理者在安全管理中形成的个体领导行为。这就要求管理者要身教重于言教，以身作则，影响身边的职工在安全生产中自觉遵章守纪，使思想政治工作在安全生产中产生强大凝聚力。

（三）坚持思想政治工作在安全生产中的经常性

思想政治工作主要体现在以下3个方面：一是全方位覆盖。要层层建立健全安全生产中思想政治工作的骨干网络，形成以专、兼职队伍为骨干的全方位思想政治工作体系，全面落实"一岗双责"和考核机制。二是全过程运作。要通过经常性地对安全生产中职工思想行为信息的分析和研究，把思想政治工作的触角向班上、班下、家庭和社会延伸，使思想政治工作贯穿于安全生产的全过程，营造一个全过程开展思想政治的工作氛围。三是全员参与。要建立以职工队伍为主体，互为对象、互相教育和自我教育相结合的思想政治工作机制，把思想政治工作逐级逐岗落实到人头，体现做思想政治工作人人都有责、事事有人管，保持经常性，形成一个全员参与的格局。

(四)增强思想政治工作在安全生产中的主动性

增强思想政治工作要从以下 3 个方面入手：一要做到预想预防，超前思考。以事先预想为重点，要针对工作安排和阶段性安全重点工作，超前预想可能出现的思想问题和隐患，制定相应对策，提前主动介入，及时化解矛盾，为确保安全生产奠定思想基础。二要做到不回避矛盾，雷厉风行。管理者要及时发现对安全不利的矛盾和问题，当机立断，不回避，不推诿，不失时机做好思想政治工作。三要由人及己，善于借鉴。做思想政治工作要有敏感性，要善于学习别人做思想政治工作的经验，从安全管理的动态中开拓思路，变为自己做思想政治工作的法宝，使思想政治工作始终处于主动状态。

(五)突出思想政治工作在安全生产中的针对性

思想政治工作应该避免一刀切、简单化的方式，针对不同层面的职工群体和个人，采用不同的思想政治工作方式，对职工群体而言，要把思想政治工作的侧重点放在激励先进层、带动中间层、转化后进层上。对职工个人而言，要找准影响职工思想情绪和行为偏差的主要矛盾、对症下药。针对安全生产中不同阶段的特点，采取行之有效的方式方法，如在班前以预想预防为主，在班中以现场提醒为主，在班后以总结经验教训为主，使职工深刻地、经常不断地自省、自警、自查，从而使"安全第一"的思想认识成为职工的共识，增强职工安全生产的危机感和紧迫感以及遵章守纪的自觉性。

(六)讲求思想政治工作在安全生产中的实效性

要提高思想政治工作的实效性，增强影响力。一是要由单一化向多元化转变，采取多样化教育方式如引导式、启发式、互教式、对比式等，有针对性地开展安全形象教育、典型案例教育、规范养成教育、自我警示教育等，从而增强思想政治工作的说服力和感染力。二是由重结果向重过程转变。安全生产重在预防，不能只是重结果、重事后、重处理或以"罚"代教，而是要把思想政治工作向安全生产全过程转移，将着力点放在增强职工安全责任意识、促进岗位尽责上，从而培育职工长期生产必须遵章守纪的思想和行为，形成全员保安全的积极性。三是由重人治向重机制保安全上转变。把思想政治工作贯穿于安全责任机制落实的全过程，关键要抓责任落实和考核，使责任制真正落到实处。

总之，思想政治工作要遵循安全生产的特性和特征，紧紧围绕以人为本的管理，不断探索和研究安全生产的规律，体现思想政治工作在安全生产中的深度和广度，体现思想政治工作在安全生产中的重要性、导向性、经常性、主动性、针对性和实效性，为安全生产提供可靠的思想保证。

二、经济手段

经济手段是指通过工资、奖金、罚款等经济措施以及经济责任制、经济核算制等形式去影响和调动广大职工的积极性，是一种为保证生产任务的完成和安全目标的实现而采取的物质刺激手段。它是通过经济杠杆的作用，即利益分配和实行奖惩来调节的。在运输生产中，每一个人对完成生产任务和实现安全目标所付出的劳动、做出的贡献是不同的，一旦发生人为事故，造成损失或影响生产任务完成时，这种差异更有质的区别。对在运输安全生产中，成绩显著或防止事故有功的人员，以及违章违纪或因违章违纪导致事故和事故苗头发生的人员，均应按照《铁路运输安全奖惩办法》的规定，或给予精神和物质奖励，或给予经济上的处罚。坚持过错与责任相当、干部与职工平等的限制性政策。实践证明，这些政策和办法对减少职工"三违"和干部安全管理失职行为，强化现场作业控制起到了积极作用。

经济上的奖励和处罚不是目的，主要是让职工从中明辨是非、对照比较、调整自我，使优良的风范得到鼓励和发扬，不良的风气受到批评和抵制，促使消极的因素转化为积极因素，从而使职工之间的关系和运输生产系统运作不断在新的起点上趋于相对平衡，使安全和生产处于良性循环状态。实事求是、严肃认真、客观公正地用好经济调节手段，有利于促进广大职工自觉遵章守纪做好本职工作，激励他们勤学苦练，不断提高业务素质，形成人人尽心、个个尽责保安全的主动局面。

经济手段不是一种强制的直接影响被管理者意志的方法，而是以刺激、诱导等方式间接影响被管理者的意识和行动，是通过经济利益的分配，鼓励先进，惩罚落后，从而调动广大职工的积极性，规范他们的行为，把他们的注意力引到安全生产上来，使运输生产的参与者人人关心安全生产、研究安全生产，进而促进安全生产。

三、行政手段

行政手段是通过一定的行政隶属关系，从上而下地对运输生产活动中个人、群体和管理行为表示肯定（应该做什么，怎么做，做好怎么办）和否定（不该做什么，做了怎么办）的认可，是协调人们之间的关系，保持相对平衡的一种重要的调节手段。它主要依靠行政领导机关的职能和权力，采取行政命令、指示、规定、决定（表彰或处分等），规范人的行为，指导和干预铁路运输安全生产。铁路运输是在全运程（旅客及货物由发站运到到站的全部运输里程）和全过程（基本生产和辅助生产中各部门、各单位、各工种的全部作业过程）中进行的。因此，在时间和空间上必须有严格的规定、统一的标准，有关铁路行车组织的命令、指示，运输安全管理条例、规章制度及政策性指令等，因事关运输安全正点和任务完成，广大运输职工必须无条件服从。行政手段有明显的强制性和权威性。

安全在管理、管理在干部。在全路普遍实行的干部安全管理失职行为追究制度，及基层站段干部对安全工作实行"五定"（定时间、定地点、定项目、定数量、定标准）制度，对增强干部管理好安全的责任感和紧迫感，密切干群关系，解决干群矛盾，提高干部的威信具有较大的促进作用。

为使行政手段发挥好应有的效能和作用，各级领导和基层干部应大兴调查研究之风，决策民主化、科学化，并通过落实安全责任制，把管理、监控、服务三者有机结合起来，为畅通、确保安全提供较为宽松的内部环境。

四、法律手段

法律是统治阶级意志的一种表现形式，用它来规定人们必须遵循的行为准则，具有明显的规范性、相对的稳定性和严格的强制性。法律手段是法治社会中普遍用来调整社会关系的一种刚性手段。它通过法定的行为准则来判定是非并强制执行裁决，以使社会关系趋于平衡，保证社会安定。

铁路运输安全管理的法律手段是在其他调节手段已不起作用或无法取代的情况下，用来解决比较复杂的关系和矛盾的。它是通过贯彻执行有关法律条文，规范人们安全生产和保护运输安全的行为，以达到维护法律尊严、保证生产安全的目的。铁路运输安全管理运用法律手段的范围主要有两个方面：

（一）用法律保护铁路运输企业的合法权益

因在运输生产中，人为破坏铁路设施和正常运输条件、危及行车安全的恶性案件时有发生，如有的违反规定携带危险品上车，有的偷盗铁路通信器材，有的关闭折角塞门，有的拆卸鱼尾板等。这些破坏性行为严重危及铁路行车安全，必须依法整治。《铁路法》第六条规定："公民有爱护铁路设施的义务。禁止任何人破坏铁路设施，扰乱铁路运输的正常秩序。"该规定用法律的形式明确了每个公民有保护运输安全方面的义务和责任。

（二）对严重危害运输安全的违法行为，由执法部门依据法律规定执行相应的惩处

如少数职工玩忽职守，对本职工作极不负责，违反有关法律规定或规章制度，不履行或不正确履行自己的工作职责，致使重大事故发生，根据《中华人民共和国刑法》规定，按情节轻重追究刑事责任。

对重大事故的肇事者或责任人依法严惩是从严治路的一个重要方面，也是一种教育方式。2011年7月23日20时30分5秒，甬温线浙江省温州市境内，由北京南站开往福州站的 D301 次列车与杭州站开往福州南站的 D3115

次列车发生动车组列车追尾事故,造成40人死亡、172人受伤,中断行车32小时35分,直接经济损失19 371.65万元。这是一起铁路特别重大责任事故,相关单位54名有关责任人受到党纪、政纪、法纪处分。法律手段固然必不可少,但这是在特殊情况下采用的安全管理手段。经常、大量的安全工作是要培养职工高度的使命感和责任感,坚持高标准、严要求,令行禁止、听从指挥。对此,只能加强,丝毫不能削弱。

五、各种手段的综合运用

综上所述,运输安全管理手段可分为两类:一是柔性调节手段,如思想政治工作(包括情感手段、心理手段、奖励、表彰、晋级、提升等);二是刚性调节手段,如经济处罚、行政规定和处分、追究刑事责任等。经济、行政、思想工作、法律等手段有各自的功能和作用,但也有使用上的局限性。以经济手段为例,它是通过让职工在经济上得到实惠或受到损失,激励他们关心并做到安全生产。但这只对那些有较高物质利益要求的人起作用,对一些期望值超过奖励数额较多且对物质利益不太关心的人来说,就起不到应有的鞭策和激励作用。操作不当还会使一些人只顾眼前利益而忽视长远利益,这就需要综合运用其他调节手段。从调节的作用看,各种管理手段都不是孤立的,更不是互相排斥的,而是紧密联系、相辅相成的。因此,在运输安全管理工作中,实事求是、综合运用好各种管理手段,理顺各种复杂关系,化消极因素为积极因素,让广大铁路职工的安全生产积极性和创造性得到更充分的发挥。

第四节 铁路行车安全监督与检查

一、铁路行车安全监察机制

《铁路安全管理条例》第三条规定:国务院铁路行业监督管理部门负责全国铁路安全监督管理工作,国务院铁路行业监督管理部门设立的铁路监督管理机构负责辖区内的铁路安全监督管理工作。国务院有关部门依照法律和国务院规定的职责，负责铁路安全管理的有关工作。国家铁路局安全监察司设立沈阳、上海、广州、成都、武汉、西安、兰州 7 个地区铁路监督管理局，负责国铁集团下辖的 18 个铁路局公司的铁路安全监督管理工作。

（一）各级行车安全监察机构的任务和职责

各级铁路安全监察机构是维护行车安全法规的监督机关，其任务是：贯彻"安全第一、预防为主"的方针，对行车安全工作实行严格的监察，维护行车安全法规，以促进路风建设，保证安全正点、优质高产地完成运输任务，提高经济和社会效益。

行车安全监察机构对行政领导、同级业务部门、各行车有关单位和有关行车人员执行行车安全法规的情况行使监察职责。如铁路局行车安全监察机构，对铁路局行政领导执行行车安全法规范围内的监督，发现有违反行车安全法规的情况，应如实地提出意见、加以纠正；如有关领导不给予正确解决，则有权向上级行车安全监察机构报告，请求处理。

各级行车安全监察部门应坚持实事求是的科学态度，深入现场调查研究，探索安全生产规律，总结推广运输安全经验，制定预防事故对策，并为宏观安全管理进行科学、民主决策。国铁集团、铁路局集团公司行车安全监察机构的职责在《行车安全监察工作规则》中具体规定。

（二）行车安全监察机构的职权

各级行车安全监察机构作为维护行车安全法规的监督机关，为了全面履行其职责，必须有以下职权：

（1）发现作业上违反行车安全法规时，有权加以纠正；对危及行车安全者，有权立即制止，必要时可临时停止其工作，并责成有关单位议处；对不适合担当行车工作的人员，有权责成有关部门予以调整。

（2）对危及行车安全的技术设备，有权向有关部门提出意见，要求限制解决；情况严重，确有发生严重事故可能时，有权采取临时扣留、封闭措施，并现成有关单位紧急处理。

（3）发现有关规程、规范、规则、细则、办法、设计文件和施工方案违反《铁路技术管理规程》和其他行车安全法规时，有权通知有关单位予以纠正，必要时可停止其实施。

（4）调查处理事故中，在确定性质和责任上有分歧意见时，由各级行车安全监察机构提出结论性意见。

（5）有权建议，即建议对违反行车安全法规或发生行车事故的责任人员和领导干部，给予处分；建议对在安全生产工作中做出成绩和防止事故的有功人员，给予表彰和奖励。

行车安全监察人员在行使职权时，对所发现的问题除向当事人进行帮助教育外，必要时应将存在的问题，提出的具体要求和改进意见，填写在"行车安全监察通知书"中（一式三份），交当事人单位领导两份；对于严重隐患和比较重大的问题，由行车安全监察机构向有关单位领导下发"行车安全监察指令书"（一式三份，送有关单位两份），限期改进。有关单位领导接到通知书或指令书后必须认真对待，及时研究改进，并将改进情况填记在通知书或指令书回执页中，回复填发单位。必要时填发单位应派人进行复查。

当安全和事故同经济利益挂钩时，在一些把眼前利益与根本利益对立起来的单位，出现了清除隐患不真抓实干，出了事故弄虚作假、隐瞒不报，甚至多方说情的现象，这种不良风气给安全监察工作带来了不应有的阻力和障碍。铁路部门的各级领导干部要大力支持行车安全监察人员的工作，保证行车安全监察人员正常地行使职权、履行职责，做好监察工作。任何人不得妨碍行车安全监察人员行使职权。如发现对行车安全监察人员有打击报复行为者，必须严肃处理。要保证行车安全监察人员必要的工作条件，以使行车安全监察人员顺利开展工作，及时迅速地了解事故情况，积极有效地组织抢修、救援工作，准确果断地确定事故性质和事故责任。因此，除为行车安全监察人员提供交通、通信、食宿等方便条件外，还应根据工作需要，配备必要的检测仪表、工具、用品和其他备品，逐步采用先进的检测手段，并通过单位领导，参加或召集有关安全会议，向有关部门和单位查阅案卷、记录、报表，借用必要的工具及仪器，要求指派适当人员协助工作等。

（三）行车安全监察人员的素质要求和工作准则

自上而下的安全监察是原则性、政策性、科学性和权威性很强的安全管理工作，各级行车安全监察机构按规定职责范围所做的一切工作都关系到消除事故隐患，预防事故发生，切实保护国家、企业、职工利益的大问题。其工作成效主要取决于安全监察队伍的整体素质和工作作风，因此，各级行车安全监察机构选配符合规定要求的监察人员，是正确行使安全监察职权，努力做好安全监察工作的重要前提和保证。

各级行车安全监察人员必须身体健康，具有较高的思想政治水平，熟练的技术知识，丰富的工作经验。随着安全科学管理要求和安全技术装备现代化程度的不断提高，面对复杂的社会环境影响，各级安全监察人员应不断提高自身素质，增强使命感，掌握铁路科技新知识，以适应形势发展需要。对安全监察人员及工作要建立考核制度，不断提高各级安全监察人员的整体素质，并保持监察队伍的相对稳定。各级行车安全监察人员必须遵守以下工作准则：

（1）坚决执行党的路线、方针、政策和国家的法令，维护行车安全法规的严肃性。

（2）预防为主，防患于未然。

（3）执法严明，刚正不阿。

（4）秉公办事，不得弄虚作假。

（5）坚持原则，遵守法规。

（6）积极钻研业务，技术上精益求精。

各级行车安全监察人员如有玩忽职守、执法犯法，造成不良影响的，应给予严于其他职工的纪律处分。

二、安全生产监督与检查

铁路安全生产的核心是防止事故,事故的原因可归结为人的不安全行为、物（生产设备、工具、物料、场所等）的不安全状态和管理的缺陷。预防事故应从防止人的不安全行为、防止物的不安全状态和完善安全生产管理3个方面着手。铁路生产是一个动态的过程；在生产过程中，正常运行的设备可能会出现故障，人的操作受其自身条件（如安全意识、安全知识技能、经验、健康与心理状况等）的影响可能会出差错，管理也可能会有失误，如果不能及时发现这些问题并解决，就可能导致事故。所以，必须及时了解铁路生产中人和物以及管理的状况，以便及时纠正人的不安全行为、物的不安全状态和管理中的失误。

（一）安全生产监督检查的目的

铁路安全检查的目的是查隐患、抓整改、堵漏洞、保安全。铁路安全生产检查是为了能及时地发现事故隐患，及时采取相应的措施消除这些事故隐患，从而保障生产安全。它是铁路安全生产管理的重要手段。

（二）安全生产监督检查的内容

针对检查的目的，铁路安全生产检查的内容可分为以下几个方面。

1. 检查物的状况是否安全

检查铁路生产设备、工具、安全设施、个人防护用品、生产作业场所以及生产物料的存储是否符合安全要求。

重点检查危险化学品生产与储存的设备、设施和危险化学品专用运输工具是否符合安全要求。检查在车站、车间、库房等作业场所设置的监测、通风、防晒、调温、防火、灭火、防爆、泄压、防毒、消毒、中和、防潮、防雷、防静电、防腐、防渗漏、防护围堤和隔离操作的安全设施是否符合安全运行的要求，通信和报警装置是否处于正常使用状态，危险化学品的包装物是否安全可靠，生产装置与储存设施的周边防护距离是否符合国家的规定，事故救援器材、设备是否齐备、完好。

2. 检查人的行为是否安全

检查是否有铁路违章指挥、违章操作，违反安全生产规章制度的行为。重点检查危险性大的铁路生产岗位是否严格按操作规程作业，危险作业是否执行审批程序等。铁路交通运营过程中还必须检查动火证、临时用电证、施工许可证等。

3. 检查安全管理是否完善

检查铁路安全生产规章制度是否建立健全，安全生产责任制是否落实，铁路安全生产管理机构是否健全，安全生产目标和工作计划是否落实到各部门、各岗位，安全教育是否经常开展。安全生产检查是否制度化、规范化，检查发现的事故隐患是否及时整改，实施安全技术与措施计划的经费是否落实，是否按"四不放过"原则做好事故管理工作。重点检查铁路所使用的危险化学品储存、运输、废弃处置的人员和装卸管理人员是否都经过安全培训并考核合格取得上岗资格，储存危险化学品装置是否按要求定期进行安全评价并对评价报告提出的整改方案予以落实，危险化学品的运输、装卸、出入库核查登记和剧毒化学品流向和储量记录，以及仓储保管与收发是否符合《危险化学品安全管理条例》的规定，是否制定了铁路事故应急救援预案并定期组织救援人员进行演练。

（三）安全生产检查的形式

铁路安全检查的形式要根据检查的对象、内容和生产管理模式来确定，可以有多种多样的形式。铁路交通运营企业的安全检查形式主要有以下几种：

1. 运营一线岗位的日常检查

铁路运营一线岗位员工每天操作前，对自己岗位进行自检，确认安全才操作，以检查物的状况是否安全为主。检查内容主要如下：

（1）设备状态是否完好、安全，安全防护装置是否有效。

（2）工具是否符合安全规定，个人防护用品是否齐备、可靠。

（3）作业场所和物品放置是否符合安全规定。

（4）安全措施是否完备，操作要求是否明确。

（5）检查中发现的问题应解决后再作业，如自己无法处理或无把握，应立即向班组长报告，待问题解决后才可作业。

2. 安全人员日常巡查

铁路专业安全工程师、安全员等专兼职安全管理人员每日、每班深入对现场进行巡视，检查安全生产情况，主要内容有：

（1）作业场所是否符合安全要求。

（2）操作人员是否遵守安全操作规程，是否有违章违纪行为。

（3）协助生产岗位的员工解决安全生产方面的问题。

3. 专业安全检查

铁路有些检查内容的专业技术性很强，需由懂得这方面知识的专业技术人员进行，如锅炉压力容器、起重机械、电扶梯等特种设备的安全检查，电气设备的安全检查，消防安全检查等。这类检查往往还要依靠一些专业仪器来进行，检查的项目、内容一般由相应的安全技术法规、安全标准作出规定。这些法规、标准是专业安全检查的依据和安全评判的依据。专业安全检查可以单独组织，也可以结合定期综合性检查进行。

4. 季节性安全检查

不同季节的气候条件会给铁路安全生产带来一定的影响，比如：春季潮湿气候会使电气绝缘性能下降而导致触电、漏电起火、绝缘击穿短路等事故；夏季高温气候易发生中暑；秋冬季节风高物燥易发生火灾；雷雨季节易发生雷击事故。季节性检查是检查防止不利气候因素导致铁路事故的预防措施是否落实，如：雷雨季节前，检查防雷设施是否符合安全标准；夏季检查防暑降温措施是否落实、线路防三折；冬季检查机车、锅炉防寒防冻等。事故主要发生在一线岗位上，一线岗位日常检查和安全人员日常巡查的周期短、检查面广，能够及时发现一线岗位上的不安全问题，对预防事故有重要作用，应认真做好。

（四）检查工作的组织领导

铁路安全检查要取得成效，不流于形式，不出现疏漏，必须做好检查的组织领导工作，使检查工作制度化、规范化、系统化。

1. 明确检查职责

铁路安全检查的面广、内容多、专业性强，有不同的检查主体和检查周期，如果职责不清检查工作就难以落实。

要通过制度明确规定各项检查的责任人。比如，铁路岗位日常检查工作可纳入岗位安全操作规程，由操作工负责。安全人员日常巡查工作在安全人员岗位责任制中具体规定。铁路专业安全检查的职责可按"管生产必须管安全，谁主管谁负责"的原则，按设备设施的管辖确定检查职责，如设备维修部门分管的起重设备的专业检查由设备维修部门负责。

2. 有可行的检查方案

铁路检查要有专业方案，具体规定检查的目的、对象、范围、项目、内容、时间和检查人员，以保证检查工作高效、有序进行，避免漏检。检查方案由检查的组织者制定，检查的具体项目、内容、要求、方法等专业技术方面的内容应先编制安全检查表。检查时对照检查表逐项检查，做出检查记录，保证检查质量，提高工作效率，也能避免漏检。检查人员要熟悉业务，在现场检查中能识别危险源和事故隐患，并掌握相应的安全技术标准。

3. 做好跟踪验证

要做好铁路整改和分析总结工作，整改中发现的问题要定出具体的整改意见（包括整改内容、期限和责任人），并对整改结果进行复查和记录。要根据检查所了解的情况、发现的问题进行分析、研究、评估，以便对总体的安全状况、事故预防能力有一个正确的认识，制定进一步改善安全管理、提高铁路安全防护能力的具体措施。

（五）安全检查表

安全检查表是安全检查的工具，是一份检查内容的清单。使用检查表进行检查有利于提高检查效率和保证检查质量，防止漏检、误检。

1. 检查表的种类

1）按检查的内容分类

（1）检查安全管理状况的检查表。这类检查表还可细分为安全制度建设检查表、安全教育检查表、事故管理检查表等。主要检查安全生产法规贯彻执行情况，检查管理的现状、管理的措施和成效，以便发现管理缺陷。

（2）检查安全技术防护状况的检查表。按铁路专业还可分为车务安全检查表、机务安全检查表、工务安全检查表、电务安全检查表、车辆安全检查表、电气安全检查表、消防安全检查表、职业危害检查表等。主要检查职业安全标准执行情况；检查运输生产设备、作业场所、行车岗点是否符合安全要求；检查危险源是否采取了有效的安全防护措施，安全防护设施是否运转正常，使危险源得到可靠的控制，以便发现物的不安全状况。

2）按检查范围分类

按检查范围划分，分为全公司的检查表，路局公司的检查表，站段的、车间的、班组的、岗位的检查表。

3）按检查周期分类

按检查周期划分，分为日常检查的检查表和定期检查的检查表。

2. 检查表的编制

铁路安全管理状况检查表是依据国家安全生产法规，并结合铁路企业安全生产规章制度来编制的，检查内容就是法规对企业安全生产管理的要求，即检查企业安全生产的各项管理工作是否都按法规的要求做好。铁路安全技术防护状况检查表的编制，是一项专业性很强的工作。要编制一个能全面识别检查对象各种危险性的检查表，需做好以下工作：

（1）组织熟悉检查对象情况的人员，包括铁路设备、工艺方面的专业技术人员、管理人员、操作人员共同参与编制工作。

（2）全面详细地了解检查对象的结构、功能、运行方式、工艺条件、操作程序、安全防护装置，以及常见故障和已发生事故的过程、原因、后果。

（3）以铁路检查对象为一个系统，按其结构、功能划分为若干单元，逐个分析潜在危害因素，将危险源逐一识别出来并列出清单。

（4）依据铁路安全技术法规、铁路职业安全卫生标准、技术规范的要求，对识别出来的铁路危险源逐一确定危害控制的安全要求、安全防护的措施以及危险状况识别判断的方法。

（5）综合铁路危险源分布状况和危险源危害控制的要求列出检查表。安全检查时就是将列出的全部危险源进行逐一检查，查看其安全防护措施是否符合安全要求，不符合的予以整改。编制出的检查表还需经实践检验，不断完善。

（六）安全检查技巧

要达到铁路安全检查的应有效果，就必须在"懂、活、新、细、严、狠、恒"上下功夫。

1. 懂，即要懂业务

检查组成员必须是铁路安全管理、安全生产技术方面的内行。常言道"行家一伸手，就知有没有""内行看门道，外行看热闹"。

2. 活，即方法要活

安全检查要能及时发现问题，并找出铁路存在问题的关键，其中很重要的一点，就是检查的方式方法要灵活多变，做到常规检查与突击检查、专项检查与全面检查、平时检查与节日检查、纵向检查与横向检查交替进行，不固守一种模式，以增强检查的实效性。

3. 新，即人员要新

检查组成员要进行不断调整，采用铁路各检查组之间相互交流和经常补充替换的办法，保证每一次检查都有新人出现，从而能在检查中打破常规的思维定式，体现新思想、新办法、新要求。

4. 细，即检查要细

铁路要坚持做到不检查则已，要检查就要做到认认真真、仔仔细细，远与近兼顾、重点与一般兼顾、条件好的地方与条件差的地方兼顾，横向到边，纵向到底，不留死角，全面覆盖。

5. 严，即要严谨分析

对查出的问题，要进行科学严谨的分析，找出存在问题的根源，分析问题可能带来的后果，提出防范再次出现类似问题的办法，让大家从中掌握知识，学到经验，吸取教训。

6. 狠，即要狠抓整改

对铁路查出的事故隐患，要落实整改措施、整改时间、整改标准和整改责任人，建立整改反馈和复查考核制度，狠抓整改不放松，不达目标不罢休，绝不让安全隐患有藏身之处，用制度和机制来提高安全检查的执行力。

7. 恒，即要持之以恒

铁路安全工作的长期性、复杂性、艰巨性和反复性，决定了安全检查必须做到持之以恒，切不可忽冷忽热，想起来就做一次，工作闲下来就抓一回，上级督促安排了就动一下。如果这样就难以达到警钟长鸣的目的，难以形成稳定的安全生产环境。

三、质量控制与标准化管理

（一）质量、安全与标准化的关系

根据历年来经验教训，以及对许多铁路安全事故发生的内在原因进行分析得知：如果我们从质量管理的角度去认识安全问题，用质量管理理论和方法来解决安全问题，将会更加有效地避免铁路安全事故的发生。

1. 质量与安全的地位

从大量的铁路安全事故本身的原因来看，我们发现这样一个事实：安全事故多发生在铁路运营组织过程中，而且许多安全问题的根源就是质量问题。如驾乘人员在驾驶过程中，违反操作规程、安全操作规程，就可能发生安全事故；有些员工对发生的质量问题处置不当，这也是造成铁路安全事故的主要原因之一。处置不当与违规操作虽然不同，但都属于工作质量问题。质量和安全不是一对矛盾的两个方面，也不是同一范畴的不同层次的概念，不存在"谁在第一位"的问题。即使在哲学范畴内，"质量第一"和"安全第一"也是相对的。铁路交通运营企业的质量与数量，具体来说，是与满意度、满意率、完好率、准点率等比较而言的，也就是说，质量和数量这对矛盾中，质量占着第一的地位。安全和生产是一对矛盾，也就是说，与生产相比较，应当把安全放在第一的地位。质量与安全是有密切关系的。例如列车部件脱落事故，就是典型的维护质量问题引发的安全事故。又比如某铁路施工单位在胶济线因不按设计施工，挡土墙施工质量存在严重的质量问题而引发安全事故。还比如某铁路施工单位在既有线路改造施工中，因架设的接触网导线未达到标准高度，致使导线挂车影响行车问题，正是因为作业人员工作质量问题而引发的行车安全事故。以上事故均是工作质量问题导致了铁路安全事故发生。铁路工作质量是安全的最基本的、最起码的、最重要的要求。这个问题不解决，安全问题就得不到根本解决。

2. 安全与体系标准的关系

在不安全的条件下，操作者心理紧张，心理压力加重，必然影响其操作的规范性，也就必然危及工作质量。正因如此，ISO9000 质量管理体系标准才将基础设施和工作环境作为重要的质量管理体系要素。在 ISO9004—2000

质量管理体系业绩改进指南标准中，明确规定管理者应当"营造适宜的工作环境"，包括考虑"安全规则和指南""人类工效""热度、湿度、光线、空气流动""卫生、清洁度、噪声、振动和污染"等。其目的是使铁路管理规范化、程序化、制度化，为保证质量、安全提供人性化的工作环境。

在一些铁路项目管理中，存在为了赶进度，为了节约成本，而违规生产和违章操作的情况。在赶进度的时候，易忽视对铁路材料、设备的检验，忽视铁路生产工艺，交叉施工不注重接口、节点施工的协调和把关，相互抢点，野蛮施工，以保开通为目的，严重忽视产品质量、工程质量和工作质量管理的基本环节，抱着"以后整改"的心态，这也是造成各类铁路安全事故的根本原因。安全问题均与工作质量有直接或间接关系。质量管理是一个系统工程，需要一个体系。铁路安全管理也是一个系统工程，完全可以参照建立和保持质量管理体系的方法建立、实施和保持安全管理体系。铁路交通运营企业建立的健康、安全与环境（HSE）管理体系，就运用了质量管理的理论和方法。如在安全运输生产条件不具备的情况下，员工有拒绝生产的权力，还应有监督他人特别是领导干部违反铁路安全管理规章制度的权力。特别是发现铁路重大安全隐患时，安全监督员应有权暂停运行，并应对一些严重影响铁路安全或可能造成重大安全事故的过程进行记录，保证生产严格按照 HSE 管理体系要求实施各项安全管理工作。

3. 质量与安全的共性

1）全员参与

铁路全面质量管理的基本要求就是全员参与，也就是上至铁路总经理，下至普通员工，人人关心服务质量，人人做好本职工作。安全，首先是人的安全，每个员工都存在安全的不确定因素，公司要求所有员工都遵守规章制度，特别是安全规则，从而避免安全事故发生。

2）领导重视

质量管理体系的八项基本原则，第二项就是"领导的作用"，如果铁路各级领导不重视安全工作，就是极大的安全隐患。各级领导不下决心，安全隐患就不能从根本上消除，铁路安全事故就可能随时发生。

3）影响兴衰

质量和安全对铁路具有生死兴衰的作用。如某铁路施工单位在过去几年里，因连连发生重大安全事故，导致投标停牌，给企业的发展带来了致命的打击，短期内很难翻身。

4）双管齐下

质量与安全都必须从技术和管理两方面下功夫。如果铁路技术和管理不到位，就存在相应的质量和管理问题。就像一台年久失修的列车，既不能保证车辆本身质量要求，也不能保证行车的工作质量，更不能保证驾车、乘车人员的人身安全。

5）按章办事

质量和安全都强调标准化作业，即按规章制度办事。违反铁路规章制度和操作规程，不仅可能引发质量问题，而且可能引发安全事故。因此，质量工作和安全工作都必须严格执行铁路标准化作业流程，每个员工做的每件事情，都必须严格按铁路规章制度和操作规程办事，遵守作业标准。

6）持续改进

不管是质量还是安全，一旦出了问题，都可能造成严重后果。谁都不希望铁路事故发生，特别是不希望重复发生。不管质量事故还是安全事故，都应及时总结事故经验教训，持续改进。

4. 安全就是质量

1）统一管理

对于铁路交通运营企业来说，安全就是质量，质量工作和安全工作关系密切，两者完全可以相互借鉴，联合开展工作，尤其应对某些双方都要管的工作进行统一部署和安排。例如，运营现场的整洁文明，列车运行的平稳安全，从质量管理角度看，环境是影响服务质量的一个重要因素，因此要做好环境保障工作；从安全角度看，乱堆和乱放、疾驰和紧急制动，正是事故隐患之一，因此也要整顿。

2）相互支持

工程技术管理部门和安全管理部门要互相学习，互相支持。如环保管理的 5S 理论（整理、整顿、清扫、清洁、素养）和质量改进所采取的一些统计技术等，安全工作也可以采纳。在安全管理中采用安全现场监督管理、安全检查服务、专兼职安全员制度、安全标准作业现场、安全一票否决等，质量管理工作也可借鉴。在进行铁路服务质量整顿时，安全监督人员可以参与进来，反之亦然。当然，这就要求质量管理人员要掌握安全监督必要的知识和技能，安全监督人员也应有必要的质量管理能力。

（二）安全生产标准化

安全生产标准化是指安全生产工作的规范化和标准化。铁路安全标准化工作在形式要求、基本内容、考评办法等方面做出了比较一致的规定。同时，为调动铁路企业的积极性和主动性，结合企业安全生产工作的共性特点，制定出操作性较强的铁路安全生产工作规范。铁路企业自我检查、自我纠正、自我完善这一动态循环的管理模式，更好地促进了铁路企业安全绩效的持续改进和安全生产长效机制的建立。

1. 安全标准化建设内容

1）作业标准化

作业标准化包括操作作业标准化；检修作业标准化；行车作业标准化；调车作业标准化；客运作业标准化等。

2）作业现场标准化

作业现场标准化包括现场安全设施标准化；设备着色标准化；要害部位管理标准化；安全标志标准化。

3）安全管理标准化

安全管理标准化包括安全检查标准化；安全教育标准化；安全宣传标准

化；安全活动标准化；安全会议标准化；安全制度标准化；防护用品标准化。

2. 安全标准化标准制定

根据岗位作业内容，全面系统地考虑铁路技术、设备、环境等作业条件，合理地编制程序，即"对该项工作应先干什么、后干什么的具体规定"。

按铁路作业内容和技术、设备、环境条件，规定作业"怎么干"及"干到什么程度"的工作质量标准。

由于运营过程实际情况千变万化，应针对具体情况制定切合实际的安全作业标准。要本着全员参与的原则，充分调动、发挥每个成员的积极性和聪明才智，积极参与制定铁路本工种、本岗位的作业标准。在标准中要包括纠正不良操作习惯的条款。

3. 安全生产标准化体系

1）安全教育体系

在铁路实际工作中，许多人由于长期沿袭的不良习惯，一时难以纠正。比较常见的问题有：

（1）不知道正确的操作方法。

（2）虽然知道正确的操作方法，但有时为了个人或局部的利益而省略了一些必要的步骤。

（3）按自己的习惯操作。

为了克服这些问题，要建立铁路安全教育体系，从 4 个方面进行教育和培训：① 安全思想教育；② 安全知识教育；③ 安全技能教育；④ 安全态度教育。

认真推行标准化作业，按科学的作业标准来规范人的行为。

2）安全检查体系

（1）基本任务：发现和查明各种危险和隐患，监督铁路安全生产各项标准的实施，制止违章指挥、违章作业，违反劳动纪律，制定隐患整改措施。

（2）组织形式：实行公司（段站）、车间、班组三级检查制度。

（3）检查内容：分为综合性检查、季节性检查、专业性检查及日常检查。

（4）隐患整改：各级检查组织和人员对查出的隐患，要逐项分析研究并落实整改措施，做到定项目、定时间、定人员。

3）安全奖惩体系

任何好的标准的贯彻执行，都要有好的行为来保证，为此，建立严格的铁路安全奖惩体系，把铁路安全标准执行的情况直接与部门、班组和个人的经济利益挂钩，使每个员工明白，违反标准作业要受到经济处罚，形成"安全生产光荣，违章可耻"的良好氛围。

（1）安全奖惩体系的组织，由公司安全生产委员会、经济责任制委员会、标准化建设委员会组成。

（2）安全奖惩标准的制定，由单位根据实际情况制定具体的扣分或扣款标准。

（3）奖惩标准的实施，由公司组织检查，由主管部门进行考核和奖惩。

4. 安全生产标准化建设的效果

铁路安全责任制、安全技术操作规程及设备维护保养制度等得以落实，促进了安全管理，减少了人为失误和违章现象；物的不安全状态得到控制，不良环境有了明显的改善，建设了一个安全、文明、舒适的铁路作业现场；调动了全员安全生产的积极性和自觉性，实现了铁路"要我安全"向"我要安全""我会安全"的转变，从而达到群防、群治、群控的目的。通过着标准装、上标准岗、干标准活，职工的作业质量有了提高，改变了多年沿袭而成的不良作业习惯，把安全、操作、技术三大规程按作业程序和安全要求紧密衔接起来。作业有程序、动作有标准，从传统的经验安全管理迈向铁路现代安全管理。

第四章 国内外高速铁路安全管理

我国对于高速铁路的定义主要分为两部分：一是根据《高速铁路设计规范》(TB 10621—2014)，中国高速铁路是设计速度每小时 250 km（含预留）以上、列车初期运营速度每小时 200 km 以上的客运专线铁路；二是根据《中长期铁路网规划（2016 年）》，中国高速铁路网由所有设计速度每小时 250 km 以上新线和部分经改造后设计速度达标每小时 200 km 以上的既有线铁路共同组成。

第一节 国外高速铁路安全及应急管理分析

一、世界高速铁路安全发展历程

自 1964 年日本成功建成世界第一条高速铁路——东海道新干线以来，高速铁路以其速度快、运能大、效益高、全天候、节能、环保、安全等显著特点，在世界各国得到迅速发展。目前，日本、德国、法国、西班牙、意大利、瑞典、韩国、英国、荷兰、比利时、丹麦、瑞典、中国等国家和地区已拥有不同长度、不同速度的高速铁路。从世界范围来看，一些发达国家，如美国、德国、法国、日本、俄罗斯等，在长期的历史积淀基础上，通过持续的创新，形成了各具特色的铁路系统和发展模式。

回顾世界高速铁路发展历程，大致可以分为 4 个阶段。

（一）20 世纪 50 年代——高速铁路建设研究阶段

从 20 世纪 50 年代开始，美国铁路协会开始酝酿建设 Pueblo 高速铁路试验场。当时提出的高速铁路的理念主要为：铁路速度要提高，应该在 28 km 每小时以上；动力要分散，不能只集中在机车上；轨道要精准，宜采用整体道床；高铁要成网，不能高速重载混合跑。

（二）20 世纪 60 年代至 20 世纪 80 年代末期——高速铁路网建设的第一次高潮

1959 年 4 月 5 日，世界上第一条真正意义上的高速铁路东海道新干线在日本破土动工，经过 5 年建设，于 1964 年 3 月全线完成铺轨，同年 7 月竣工，1964 年 10 月 1 日正式通车。东海道新干线从东京起始，途经名古屋，京都等地终至（新）大阪，全长 515.4 km，运营速度高达 210 km/h，它的建成通车标志着世界高速铁路新纪元的到来。随后法国、意大利、德国纷纷修建高速铁路。1972 年继东海道新干线之后，日本又修建了山阳新干线、东北新干线和上越新干线；法国修建了东南 TGV 线、大西洋 TGV 线；意大利修建了罗马至佛罗伦萨的高速铁路。以日本为首的第一代高速铁路的建成，大力推动了沿线地区经济的均衡发展，促进了房地产、工业机械、钢铁等相关产业的发展，降低了交通运输对环境的影响，铁路市场份额大幅度回升，企业经济效益明显好转。

（三）20 世纪 80 年代末至 90 年代中期——高速铁路网建设的第二次高潮

高速铁路建设在日本和法国取得的成就，影响了其他很多国家。20 世纪 80 年代末，世界各国对高速铁路给予高度关注和研究，酝酿了高速铁路的第二次建设高潮。第二次建设高峰，形成于 90 年代的欧洲，涉及的国家主要有：英国、瑞典、荷兰、比利时、西班牙、意大利、德国、法国等。1991 年，瑞典开通了 X2000 型号的摆式列车。1992 年，西班牙引进德、法两国的技术，建成了 471 千米的马德里—塞维利亚高速铁路。1994 年，英国和法国，通过吉利海峡隧道连接在一起，这是第一条高速铁路国际连接线。1997 年，从巴黎开出的"欧洲之星"，又将德国、荷兰、比利时、法国连接在一起。在这一时期内，意大利、德国、法国以及日本，对高速铁路的发展，进行了全面规划，推动了第二次建设高潮。

（四）20世纪90年代中期形成至今——高速铁路建设的第三次高潮

20世纪90年代中期，形成了高速铁路建设研究的第三次高潮。这次高潮延伸到大洋洲、北美、亚洲以及整个欧洲，形成了铁路交通领域的一场复兴运动。1992年以来，荷兰、英国、澳大利亚、韩国、俄罗斯、中国等国家和地区，均先后开始建设高速铁路新干线。根据不完全统计，为了配合欧洲高速铁路网的建设，东部和中部欧洲的罗马尼亚、希腊、捷克、奥地利、波兰以及匈牙利等国家，正在全面改造干线铁路。

二、国外高铁安全技术及应急管理经验

世界上几乎所有的国家的高速铁路，都把确保行车安全放在突出的位置，作为衡量铁路运输安全管理水平的一个十分重要的质量指标。

（一）日本高铁安全及应急管理经验

1. 日本新干线安全技术

1964年10月，日本先于其他国家开通了世界第一条高速铁路——东海道新干线，运营速度高达210 km/h，采用0系电动车组，最高试验速度为256 km/h，最高运行速度为210 km/h。日本加速修建这条标准较高的客用专线是由于日本工业生产迅速增长且绝大部分工业集中在东海岸地区。1992年开始开发超高速电动车组，取名为STAR21型电动车组，创意为21世纪用的时速350 km的高级豪华列车。2011年3月采用最新型高速列车"隼"号，运行速度300 km/h，2012年达到320 km/h。由于日本铁路的既有线路弯曲较多，所以铁路高速化的途径是新建准客运专线，而不是利用既有线路改造。

日本新干线的列车自动控制系统（ATC）采用机器优先的运作方式，只有当机器发生故障时才由人干预，安全成效极佳。日本的新干线具有很高的安全管理水平，在运行开始之前，其相关部门会对高铁实际运行可能遇到的问题进行考量，并给出相应的应对方案，排除了高铁运营的安全隐患。日本新干线拥有目前较成熟的高速铁路商业运行经验。

2. 应急管理经验

坚持两个基本原则：一是凡涉及安全运行的关键地方尽量排除人的介入而由机器自动操作；二是一旦发生事故，便要彻底查清事故原因，并提出相应的解决措施，绝对不允许同样的事故再次发生。

日本高铁一旦出了故障，就必须进入应急管理状态，然而更重要的是平时的多重技术保障：① 普及自动列车控制装置（防止相撞）；② 确保持续供电；③ 防止脱轨装置；④ 特别注重安全意识教育。

日本的新干线都装备了紧急地震监测报警系统，紧急地震监测报警系统的反应时间已从诞生之初的 3 s 缩短到目前的 1~2 s。

（二）德国高铁安全及应急管理经验

1. 德国高速铁路安全技术

德国高速铁路即城际高速铁路（Inter City Express，ICE），是连接城市，解决人员、货物运输的交通工具。它将德国国内 130 多个大小城市连为一体，对人员和信息的往来与交流，以及经济建设发挥了极其重要的作用。德国从 1991 年建成汉诺威—维尔茨堡高速铁路以来，陆续修建了曼海姆—斯图加特、汉诺威—柏林、科隆—法兰克福、纽伦堡—英戈尔施塔特等高速铁路，以及科隆—迪伦、拉斯塔特—奥芬堡、莱比锡/哈雷—格勒伯斯等高速段，运行速度均为 250 km/h 及以上，其总里程已达 1 057 km。其中，2002 年建成的科隆—法兰克福高速铁路的运行速度最高，为 300 km/h。德国高速铁路的运输模式分为两类：一类为客货共线，如汉诺威—维尔茨堡，采用旅客列车与货物列车分时段运行，最高运行速度为 250 km/h；另一类为纯客运，如科隆—法兰克福高速铁路。

德国采用的是以西门子为代表的高铁技术。德国的列车运行控制系统 LZB 系列和 FZB 系列，是实现高速度的安全核心技术。德国的 ICE 列车诊断系统，不仅可以检测机车车辆、电气及机械方面的故障，而且可以实现列车故障诊断单元在发车前对每个系统进行安全可靠性和功能测试，以有效地缩短整备时间。

2. 应急管理经验

德国发展高速铁路未采用修新线的方式,仅对原技术状态较好的线路进行改造和加固,必要时才修几段新线,使其形成几条高速运行线。其中最长的两条是汉诺威—维尔茨堡和曼海姆—斯图加特。与日本、法国两国新修专用线的做法明显不同,德国高铁属于改造旧线实现高速的模式。

德国将高铁作为"最安全舒适的交通工具"。德国铁路公司设有培训中心,专门培训紧急状况经理,在全国范围内设有 7 个险情控制中心;各州各社区消防队开展铁路抢险救援培训。

一旦出现高铁安全事故,德国的做法是:① 严惩责任方;② 设有独立的安全主管调查部门;③ 迅速应急响应及应急预案,全国范围内设有 7 个险情控制中心;④ 法律是铁路安全支柱。

（三）法国高速铁路安全及应急管理经验

1. 法国高速铁路安全技术

1981 年,法国高速铁路后来居上,将高速铁路的发展推上一个新台阶,同时带动了欧洲高速铁路的发展,意大利、德国、西班牙等国先后投入建设高速铁路的行列。法国在发展高速列车方面一直居世界领先地位,曾在 1990 年创造了每小时 515.3 km 的世界最高时速纪录。2007 年 4 月 3 日,在刚刚竣工的巴黎—斯特拉斯堡东线铁路进行了 TGV 试验,列车时速达到 574.8 km。现有铁路总长 29 273 km,其中高速铁路线 1 884 km,居欧洲第二位。

法国高速线上采用的电动车组在牵引动力上的布置与日本不同。日本采用的是动力分散式,而法国采用的是动力集中式,法国是创造铁路列车试验速度最高的国家。法国第一条铁路线（巴黎东南新干线）于 1972 年动工,1983 年投入使用,最高运行速度为 270 km/h。在巴黎东南新干线通车后,法国继续扩大高速铁路线,1990 年大西洋新干线正式开通,最高行驶速度可达 300 km/h。为了扩大高速铁路网和开通国际联运高速线,法国又修建了第三条新干线——北方新干线,最高运行速度可达 300～350 km/h。法国实行按铁路高速化时，不利用既有线路，采用新建造新专用线的方法，与日本同属一个类型。

法国的 TVM、TGV 系列高速列车运行控制系统在近 30 年的运营中事故率极低，这得益于其强大的监控预警系统。该高铁线使用的是自动安全信号系统，列车驾驶员可通过这套系统了解前方的线路情况，从而对整个列车运行可能发生的突发情况进行提前判断，大大降低了事故发生的可能性。而且，列车上还装设了多种先进的电子设备，能够对各种突发事件如火灾、地震等进行报警。

2. 应急管理经验

（1）在设计建造过程中严格把关；

（2）制定铁路标准并严格执行；

（3）重视试运行和人员培训；

（4）铁路运行监管；

（5）降低事故伤亡率；

（6）对高速铁路的运行速度有严格规定。

3. 安全保障技术的重点

（1）监测报警系统；

（2）采用自动安全信号系统；

（3）旅客报警系统；

（4）防范司机打瞌睡的监视器；

（5）火灾报警系统；

（6）道路灾情报警系统。

法国高速列车还设有司机防睡监视器、火灾报警系统、道路灾情报警系统。在全国高速铁路沿线动用 48 架警用直升机沿线巡逻，及时发现异常情况，第一时间排除故障，抢救伤员。

（四）世界高铁安全技术的应用

世界高铁安全科学管理理论的应用，实现了安全系统工程、风险评价理论、多目标决策理论、控制理论、人机工程学和安全心理学等，与各国高铁安全生产结合更加紧密，并形成各自的特点，使高铁安全生产周期得以延长。

（1）采用现代技术，强化技术设备的安全功能。

新型牵引方式、轻型高速车辆、高性能稳定的线路结构、先进的通信信号设备、运行调度指挥自动化系统等现代技术的应用。

（2）重视人的作用，实现人机系统的完美结合。

高速铁路技术设备先进，具有很高的自动化程度和科学严密的联控特性，在很大程度上可以代替人的部分活动，特别是对于操作人员疏忽大意或违反作业程序的误动作，能给予有效的防止。

（3）针对高速线路的不同特点，采取重点安全防护措施。

高速线路所处自然环境、地形特征、运营条件不同，对保证高速列车行车安全也提出了不同要求。根据各自特点，在铁路修建和运营时有重点地采取了各种安全防护措施。

（4）加强安全监督，健全维修体制。

对设备的正常工作、人员的操作状况、外界影响变化因素实行有效的监控。

（5）制定安全法规，创造保证高速列车运行安全的良好环境。

为了排除外界不安全因素对高速列车行车安全产生干扰，除了在高速铁路修建时采用高架线路，取消平交道口，在一定距离设置行人、牲畜通道，沿线广设防护栅栏等外，对于人为蓄意破坏高速铁路技术设施及直接影响正常安全运行的行为，在有关法律和法令中都有严厉的处置规定。

（6）掌握规律，开展高速行车安全技术的研究。

铁路科研机构广泛进行有关建立高速列车安全保障体系，包括人、机、环境及管理等各种问题的试验研究和开发，并为此投入了大量资金。

第二节　中国高铁安全发展分析

一、我国高铁安全发展经验

我国高速铁路的发展根据国内经济发展水平以及现有的铁路运营模式，采用了对既有线路的改造和引进国外先进的高速铁路建设技术，以及建设新干线，以逐步推进我国高速铁路的发展。

（一）探索试验阶段——既有线路的改造提速建设

为了探索我国高速铁路的发展模式，我国高速铁路的发展是从既有线路提速开始的。20世纪90年代，我国铁路面临着与高速公路和航空运输的竞争，为了吸引客流量，提速势在必行。1991年，我国对广深（广州—深圳）铁路进行技术改造，于1994年完工。1994年，中国第一条时速160 km的准高速铁路——广深准高速铁路正式建成通车，并逐渐扩大范围，实现了160 km/h的行车速度，符合我国当时的机车车辆、线路、通信信号等设备的实际情况，并为我国铁路向高速发展及既有线提速提供了宝贵经验。紧接着1997—2004年进行了5次大面积的提速，基本形成了京沪、京哈、京广、京九铁路组成的"四纵"以及陇海加兰新、沪杭加浙赣铁路组成的"两横"的快速铁路网络，总长达16 000 km，最高时速200 km的线路里程达1960 km。自2007年4月，我国铁路实施第六次大面积提速和新的列车运行图，"和谐号"动车开始进入人们的生活，其在既有线路上的最高运行速度可达250 km/h，这也是既有线路提速能达到的最高速度。

1999年，我国第一条客运专线——秦沈（秦皇岛—沈阳）客运专线开工建设，于2003年正式开通运营。该线路设计速度为200 km/h，并预留250 km/h的提速条件，其中山海关站至锦州南站一段限速200 km/h，锦州南站至沈阳北站一段限速160 km/h，而山海关站至绥中北站之间的线路可进行300 km/h的试验。秦沈客运专线是我国第一条真正意义上的高速铁路。

（二）引进国外先进技术——消化吸收、再创新

为了实现高速铁路技术的快速发展，我国先后从法国、德国、日本、加拿大等国引进先进动车组技术。当时，铁道部引导组织铁路机车车辆生产企业、科研单位，联合了一批高校，以掌握核心技术为目标，把原始创新、集成创新和引进消化吸收再创新结合起来，以产、学、研为一体开发制造了 CRH 系列动车组。

200 km/h 级别：CRH1、CRH5、CRH2-200。

300 km/h 级别：CRH3、CRH2-300。

CRH1：产地为庞巴迪—四方—鲍尔，原型为庞巴迪 Regina，能力为定员（人）670，最高运营速度 200 km/h，最高试验速度 250 km/h。

CRH2：产地为南车四方（联合日本财团），原型为日本新干线 E2-1000，能力为定员（人）610，最高运营速度为 200 km/h（具备提速到 300 km/h 的条件），最高试验速度为 250 km/h。

CRH3：产地为唐山+长春，原型为德国西门子公司 ICE3，能力为最高运营速度 330 km/h，最高试验速度 380 km/h。

CRH5：产地为北车集团长客股份公司，原型为法国阿尔斯通，能力为定员（人）602+2（残疾人），最高运营速度 250 km/h（具备提速到 300 km/h），最高试验速度 250 km/h。

通过引进、消化、吸收、再创新，具有自主知识产权的和谐号动车组正式批量下线，并成功运用于高速铁路的运营。

（三）发展成熟阶段——建设新的干线

几年来，通过原始创新、集成创新和引进消化吸收再创新，我国高速铁路技术取得了迅速发展，在技术上与运营上积累丰硕。

1999 年 8 月秦沈客运专线全面开工，2003 年 10 月 12 日正式运营。该客运专线是中国自己研究、设计、施工的时速 200 km 的第一条快速客运专线。

2003 年，中国高速铁路确立"市场换技术"基本思路，与外国企业合作建设发展中国高铁技术。

2004年1月21日，中国国务院审议通过《中长期铁路网规划》，规划建设"四横四纵"客运专线，设计速度200 km/h以上。

2005年6月11日，石太高速铁路开工建设，中国正式进入标准化建设高速客运专线铁路阶段。此后，一大批干线高速铁路和城际高速铁路项目相继启动，当时的中国高铁工程以"客运专线"或"城际轨道交通"的名义立项。

2007年1月5日，台湾高速铁路通车试营运，成为中国第一条投用的设计速度300 km/h级别高速铁路。4月18日，中国铁路第六次大面积提速启动，部分路段列车最高运营速度 250 km/h，中国首次在全国局部地区初具规模开行运营速度200 km/h动车组列车，中国铁路开始迈入高速时代。

2008年8月1日，具有自主知识产权、最高时速350 km的CRH3和CRH2-300和谐号动车组正式在京津城际铁路投入运营。京津城际铁路是我国最早开工建设并最先建成的第一条高标准铁路客运专线。

2009年12月26日，京广高速铁路武广段开通运营，列车最高运营速度350 km/h，首次打破了中国铁路春运瓶颈。高铁运输在干线铁路上占据重要地位，是中国正式进入高铁时代的标志。

2011年6月30日开通的京沪高铁，不仅成为经济发展的重要引擎，也为中国铁路的运维创新积累了经验。京沪高铁虹桥站率先在全国高铁车站应用行车电子揭示、列车作业安全风险卡控、视频监控录像自动诊断、智慧消防等系统，实现数据集成、信息共享和过程监控，完善安全技防手段，将智能化、大数据融入安全管理的典范。

京沪高速铁路主要依靠自主创新技术：第一，首次实现全线无砟轨道，避免了可能存在的路基下沉问题，保证铁路线长时间安全运行；第二，首次全线以桥代路，既保证了运行效率，又节约了土地；第三，采用全程智能化操作；第四，量子安全技术的应用。

京沪高铁采用了"最高安全标准"，用"三个全"——全封闭、全覆盖和全天候来概括京沪高铁的运营管理体系：京沪高铁实行了"全封闭"的线路建设标准，铁路全线安设最高标准的防护网，来阻挡行人以及一些大型牲畜的进入，所有的交叉道口都采取立交方式，杜绝平交道口的存在；在安全防护上，监测系统做到了"全覆盖"，全线均设置了视频监控系统，沿途 24 个车站全部安装先进的安全检查系统；人员保障上，做到了"全天候"运行，按照每千米一个人的标准，安排安保人员在运营时段不间断地对线路进行巡守和防护。

2017 年 12 月 28 日，石济高速铁路开通运营。至此，中国铁路"四横四纵"快速通道全部建成通车。

2010—2019 年，中国已在长三角、珠三角、环渤海等城市群建成高密度高铁路网，使东部、中部、西部和东北四大板块区域之间完成高铁互联互通。

二、我国高速铁路的未来规划

国家"十四五"规划，在"十三五""四纵四横"高速铁路的基础上，增加客流支撑、标准适宜、发展需要的高速铁路，部分利用时速 200 km 铁路，形成以"八纵八横"主通道为骨架，区域连接线衔接、城际铁路补充的高速铁路网，实现省会城市高速铁路通达、区际之间高效便捷相连。

"八纵"通道为：沿海通道、京沪通道、京港（台）通道、京哈—京港澳通道、呼南通道、京昆通道、包（银）海通道、兰（西）广通道。

"八横"通道为：绥满通道、京兰通道、青银通道、陆桥通道、沿江通道、沪昆通道、厦渝通道、广昆通道。

三、我国高铁安全技术创新应用

近年来，我国铁路持续加大科技创新投入、创新人才培养力度，加快关键技术产品研发和创新成果推广应用，科技创新引领作用日益凸显。作为时速 350 km 及以上的高速铁路，我国采用的是基于 GSM-R（铁路无线通信）的 CTCS-3、CTCS-4 列控系统。该系统由车载子系统和地面子系统组成，可以实现移动闭塞，列车位置及列车移动授权由 GSP 和 GSM-R 传输解决，列车完整性检查和定位校核分别由车载设备和点式设备实现，使室外设备减至最少。目前我国已经成为世界上高速铁路运营规模最大、技术最全面、管理经验最丰富的国家，特别是成功研制具有完全自主知识产权、达到世界先进水平的"复兴号"中国标准动车组，并在京沪高铁按时速 350 km 安全运营。

依托复兴号动车组的成功研制，我国高铁的自主创新能力实现新的跃升，迈出从追赶到领跑的关键一步；以京张、京雄、浩吉铁路为代表的智能铁路建设运营，还将带来云计算、物联网、大数据、人工智能、5G 等现代技术和新型基础设施的全面融合与应用，进一步提升铁路关键技术水平。

目前我国已成功研制具备工作状态自感知、运行故障自诊断、导向安全自决策功能的智能型复兴号动车组，并成功应用于京张高铁，实现了时速 350 km 自动驾驶功能，而其他国家在智能客车方面仍处在试验阶段。

中国高速铁路营业里程居全球第一（涵盖了 200、250、300、350 四种速度等级）。截至 2022 年年底，中国铁路营业里程已达到 14.6×10^4 km 以上，其中高铁 4.5×10^4 km，居世界第一。我国高铁安全发展树立了世界高铁安全运营时速新标杆。

四、高速铁路安全面临的新问题

（1）地面信号显示与线路状态辨认困难；

（2）列车牵引功率大，制动困难；

（3）设备标准高，可靠性要求高，技术要求高；

（4）列车-线路系统作用强度大，技术要求高；

（5）克服空气阻力难；

（6）列车密度大，行车组指南；

（7）弓网关系复杂，稳定供电难；

（8）隧道"活塞效应"大，防灾难；

（9）设备维护要求高，检修难；

（10）障碍物、侵入物与列车的冲撞及自然灾害的袭击后果严重；

（11）突发事故应急处理难。

五、我国高速铁路安全性的保障

（1）技术和设备先进可靠，完全符合国际公认的安全标准，并经过了充分联调联试和试运行。

（2）系统设计严格遵循故障导向安全的理念，当设备发生故障时，系统自动采取降速慢行、关闭信号、停车等故障导向安全的措施。

（3）建立了一整套完善的运营管理、安全管理、设备维护、应急措施等管理制度体系和运行机制。

（4）建立了一支经过不同层次技术培训、适应高铁岗位要求的运营管理及维护队伍。

（5）装备了功能全面、精确可靠的防灾报警监控和视频监控系统，能对异物侵线、大风、地震、雨雪等自然灾害及治安综合情况进行实时监测监控，通过列控系统和调度指挥及时进行防范。

可见，中国的高速铁路是以一整套高科技体系来保障的：核心支持——无砟轨道安全；供电——高铁运行的"血液"；软件支撑——高精度的运营控制系统；自然灾害侵袭——防灾安全监控系统护驾。

六、我国高铁安全管理的方针对策

"安全第一、预防为主、综合治理"是我国高速铁路安全生产工作的方针。安全第一是目的；预防为主是方法；综合治理是措施。

高铁安全生产工作，必须坚持标本兼治，治标是治本的基础和前提，治本是治标的最终结果。高铁建设和安全运营要着眼建立源头治本的长效机制。以人为本，强化高铁安全管理，做到标本兼治。

（1）强化高铁源头质量控制。严把高铁车辆设计、施工关，严把产品准入与认证关，优化和规范新线开通条件，抓紧规范高铁技术管理。

（2）强化高铁运营初期安全控制。必须留有充分的安全冗余，同时必须采取超常规措施，确保运营初期安全平稳。运营初期要集中排查整治设备缺陷，强化应急处置工作，加强检查指导。

（3）强化高铁设备安全控制。尽快规范完善高铁维修体制，加强高铁信号系统安全管理，确保动车组运行安全，提高供电安全管理水平，加强高铁线路设备检测和整治，加强防灾系统建设和管理。

（4）强化高铁行车安全控制。加强调度指挥工作，加强非正常行车的组织指挥，严防异物侵限，全面加强高铁治安综合治理工作。

（5）健全高铁安全管理机制。要加强组织领导，铁路各级领导要切实承担起安全第一责任人的责任，提高安全管理的执行力。要推行高铁标准化管理，夯实安全生产基础。

（6）加大培训力度。要加强高铁队伍建设，加大培训力度，提高培训实效。

（7）加强高铁应急救援体系建设。要加强高铁应急救援体系建设，全面提升高铁应急救援能力。

（8）严格责任追究。要严格高铁事故管理和责任追究，严格执行"四不放过原则"，即"事故原因不查清不放过、责任人员未处理不放过、整改措施未落实不放过、有关人员未受到教育不放过"，以此来确保高铁可持续发展。

七、我国高速铁路发展趋势

随着经济的发展和社会的需求，我国将进一步推动高速铁路的快速发展，其主要体现在以下几个方面：

（1）不断提高运行速度；

（2）提高高速列车可靠性、可用性、维修性和安全性；

（3）降低高速列车的寿命周期费用；

（4）动力配置方式向动力分散式方向发展；

（5）高速列车更加注重环保。

第五章　高速铁路安全系统管理

第一节　高速铁路安全技术

一、高速铁路安全技术的特征

高速铁路是一种新型的交通运输工具，与民航、公路、水运、普速铁路相比，其在速度、运能和便利性等方面，都有自己的错位优势，正好满足了市场上不同群体的不同需求，填补了既有交通运输方式之间的空缺。与既有交通运输方式相比，高速铁路具有以下明显的安全技术经济特征。

（一）列车运行速度快

列车运行速度快是高速铁路最主要的标志，也是其最显著的优势，各个国家都在不断提高列车的运行速度。目前，很多国家的高速列车运行时速达到 300 km。高速列车运行速度快，大大缩短了乘客的旅行时间，因此受到很多乘客的欢迎。例如，我国高速动车组最高运行时速达到 350 km，法国和日本均为 320 km，德国为 300 km，俄罗斯与美国分别为 250 km 和 241 km（见图 5-1）。

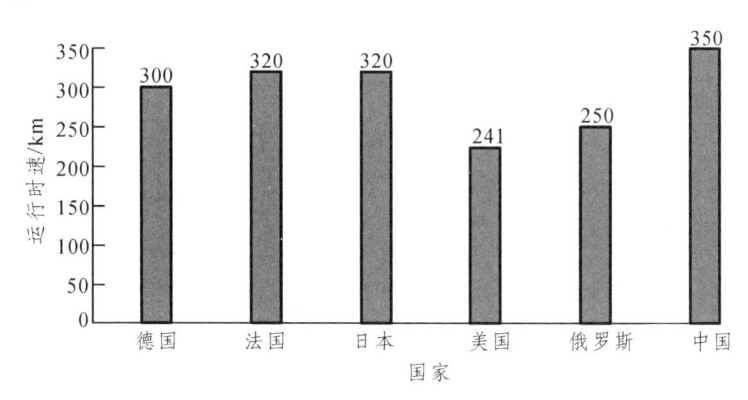

图 5-1　各国高速铁路最高运行时速

（二）列车运行准点率高

高速铁路的安全保障系统不但保证了高速列车的运行安全，而且使铁路运输全天候的优势得到了更充分的发挥，保证高速铁路能够准时、准点地运行。高速铁路线路采用全封闭的结构，具有自动控制系统和自动驾驶系统，取消了地面信号，一般情况下不受天气变化的影响，可以做到安全运行，按图行车；在较为严重的自然灾害条件下，可以采用减速运行的方式维持行车，不会像公路运输和航空运输那样对大雾、暴雨、大雪、雷电、大风天气敏感。从国外实际运营情况看，在高速线上运行的列车普遍具有很高的正点率，终到误差时间小于 5 min 的概率都在 90%以上。其中，中国高铁出发和到站的准点率分别为 98%和 95%，"复兴号"的两项数据更是高达 99%和 98%。

（三）运输能力大

高速铁路运用了先进的通信信号和列车运行控制技术，可以采用高密度、公交化开行方式，各国高速铁路几乎都能满足最小行车间隔 4 min 的要求，具有非常大的运输能力。例如，2019 年年底，我国铁路客运量为 366 002 万人，其中高速铁路客运量为 235 833 万人，占铁路客运量比重的 64.4%（见图 5-2）。

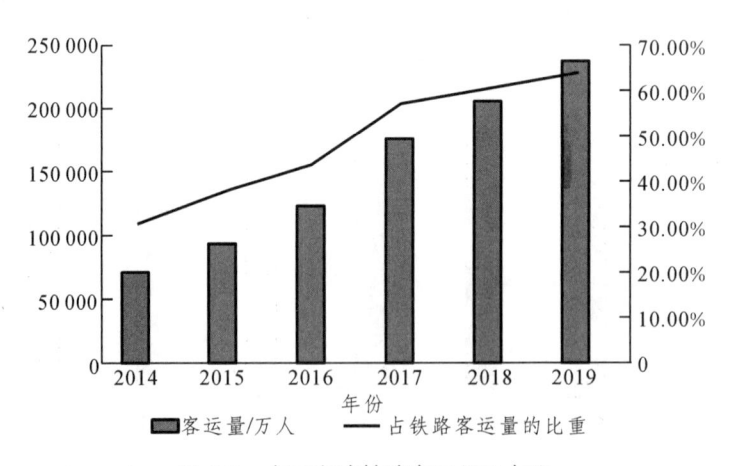

图 5-2 中国高速铁路客运量及占比

(四)舒适性好

高速铁路车厢宽敞、整洁,座位空间大,各类服务设施齐全。列车运行平稳,噪声小,旅行途中安全稳定。在高速铁路列车的设计中很好地融入了大量的高科技成果,全自动呼叫服务器、LED 光源等设备的应用,大大提升了列车的科技化程度。高速铁路还根据不同人群的出行需求设置了不同等级的座位和铺位,为旅客提供个性化的服务,以更好地满足旅客对舒适度的要求。

(五)安全性好

高速铁路是在全封闭环境中自动化运营,并且有一系列完善的安全保障体系,因此,其具有非常好的安全性。国铁集团建立了贯穿高速铁路系统全生命周期的安全保障体系,在高速铁路运营前,从源头质量上保障高速铁路安全;在高速铁路投入运营后,从运营管理上保障高速铁路安全。例如,2018年,我国铁路交通事故死亡率为 0.199 人/10 亿吨千米,远低于美国、德国、法国和日本,这些国家铁路交通事故率水平为 0.36~0.57 人/10 亿吨千米(见图 5-3)。

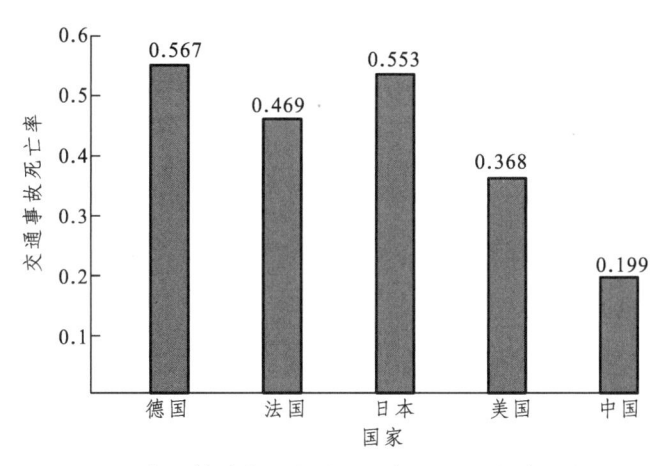

国家	交通事故死亡率
德国	0.567
法国	0.469
日本	0.553
美国	0.368
中国	0.199

图 5-3 各国铁路交通事故死亡率(人/10 亿吨千米)

注:日本、法国、德国为全国铁路数据,美国为 I 级铁路与 Amtrak 数据。死亡人数统计除旅客外,还包含工作人员、平交道口事故和非法侵入铁路线路的人员等。

（六）环境污染少

高速电气化铁路基本上消除了粉尘、油烟和其他废气污染，噪声比高速公路低 5~10 dB。一架喷气式客机平均每小时排放 46.8 kg 的二氧化碳、635 kg 的一氧化碳、15 kg 的三氧化硫。这些物质在大气中要停留两年以上，是造成大面积酸雨，使植被生态遭到破坏和建筑物遭到侵蚀的主要原因。现在的交通运输，特别是汽车运输造成的环境污染日益严重，汽车排出的废气及噪声对生态环境和人们健康的影响越来越大。有人建议，为防止地球上的臭氧层被破坏而造成的气候异常现象，除应力争使汽车排放的废气减少 25% 和控制高速公路发展外，还应力争以高速铁路网逐步替代国内和国际大城市间适当距离内的航空运输。

各种运输方式对环境的污染水平如表 5-1 所示。

表 5-1 各种运输方式对环境的污染水平　　　　单位：g/（人·km）

污染物质	运输方式	
	小汽车	高速铁路
CO	9.3	0.06
NO_X	1.7	0.43
HC	1.1	0.03

（七）占用土地面积小

高速铁路的路基比高速公路的路基窄，一条双向四车道的高速公路的路基宽度为 28 m，高速铁路的路基宽度为 14 m，高速铁路的路基占地是高速公路的 1/2。双线铁路用地宽度为 13.7 m，6 车道高速公路的用地宽度为 37.5 m，要完成一条高速铁路相同的运量，高速公路需要 8 车道。

二、高速铁路与普速铁路安全性对比

（一）线路安全系统

（1）高速铁路非常平顺。为保证行车安全和舒适性，高速铁路都采用无缝钢轨，而且时速 300 km 以上的高速铁路采用的都是无砟轨道，即采用没有石子的整体式道床来保证平顺性。普通铁路轨道及设计时速 200~250 km 的客运专线很多使用的是有砟轨道。

（2）高速铁路的弯道少，弯道半径大，道岔都是可动心高速道岔。

（3）高速铁路在全封闭环境中自动化运行，又有一系列完善的安全保障系统，大量采用高架桥梁和隧道，以保证安全平顺性和缩短距离。

（二）高速铁路运行控制系统

高速铁路运行控制系统是保证运行安全的核心。使用的列车是动力分散式动车组。动力分布式列车是铁路列车的一种和动力集中式相对的牵引方式，特点是动力来源分散在列车各个车厢上的发动机，而不是集中在机车上。中国的"和谐号""复兴号"动车组采用架空电缆方式的接触网提供电力，以驱动牵引电动机的电力动车组来保证高速动车组的接触稳定和耐久性。高铁系统的全数字化控制，控制中心起核心作用，司机仅作为断网或故障时的辅助控制员。而普通列车采用的是由机车牵引的动力集中式的牵引方式。

（三）转向架

因为运行速度极高，转向时离心力也比普通火车要大很多，要避免脱轨，高速铁路的转向架需要全新的设计。

（四）牵引电机

高铁采用全电力牵引，在长距离运行过程中，要稳定输出强大的功率，但出于经济性和现实情况考虑，必须将能耗降下来，对电网的负担也不能太大，于是采用变压器和节能技术就变得很关键。与现今大部分混合动力汽车一样，高铁在刹车时都能将刹车动能转化为电能回收，与传统火车相比，相当节省能源。

（五）高速铁路的信号控制系统

高速铁路的信号控制系统比普通铁路的高级，发车密度大、车速快、安全性高。中国列车控制系统,简称 CTCS,是中国铁路参照欧洲列车控制系统,并结合中国国情构建的技术体系。使用数字控制信号,比传统的模拟信号更加精确和稳定,从而确保列车运行安全。

(六)制动技术

高铁高速运行,对于刹车系统的要求自然很高,而且为了降低能耗,刹车系统还需要一套能源回收系统。

第二节 高速铁路安全技术设备

高速铁路是一个集高新技术于一身、复杂的超大规模集成系统。高速铁路系统应由土建工程、牵引供电、列车运行控制、高速列车、运营调度、客运服务等子系统构成,其技术装备和普通铁路有很大不同。高速铁路技术设备的配置要求及标准的依据是按设计行车速度 350 km/h 等级高速铁路的要求及标准——《高速铁路设计规范(试行)》(TB 10621—2009)。

一、高速铁路线路

高平顺性是高速铁路与普通铁路的最大区别,高速铁路要求线路的空间曲线平滑,要求路基、轨道、桥梁具有高稳定性、高精度、小残余变形和小维修,要求建立严格的线路状态检测和保障轨道持久高平顺的科学管理系统。

(一)高速铁路线路的平面和纵断面

高速铁路线路平、纵断面的设计应采用较大的线路平面圆曲线半径、较长的纵断面坡段、较大的竖曲线半径和较长的夹直线长度,提高线路空间曲线的平顺性,以及尽可能降低列车的横向和竖向加速度,降低列车各种震动叠加的可能性,从而提高旅客乘坐的舒适度。

(二)高速铁路路基

路基工程是铁路轨下基础工程的重要组成部分,是保证列车高速、安全、舒适运行系统中的关键工程,其对路基基床表层刚度、强度、厚度、填料及修建方式等有很高的要求。

(三)高速铁路桥梁

在列车高速运行条件下,桥梁结构的动力响应加剧,因此,高速铁路桥梁要满足一些特殊的要求。

(四)高速铁路隧道

高速列车进入隧道后会诱发瞬变压力、洞口微气压波和行车阻力等 3 个方面的空气动力学效应,因此,高速铁路隧道的特点与施工方法与普通铁路隧道不同。

二、高速铁路轨道

高速铁路轨道是由钢轨、扣件、轨枕道床、道岔等部件组成的结构体。由于列车对轨道结构的作用力与速度密切相关,所以要求高速铁路轨道结构具有更高的安全性、稳定性和平顺性,在部件性能、技术水平和养护维修等方面的标准更高、要求更严。

(一)高速轨道结构

高速轨道结构分为有砟和无砟轨道两种类型,以无砟轨道为主,采用一次铺设跨区间无缝线路技术。

(二)无缝钢轨

高速列车轴重较轻,线路平顺度高,轨枕间的动载较少,因此,正线轨道采用 100 m 定尺长 60 kg/m 钢轨可满足高速列车动弯应力强度要求。正线及到发线轨道应按一次铺设跨区间无缝线路。施工时首先将钢厂生产的 100 m 定尺长钢轨焊接成 500 m,然后将 500 m 长钢轨运到现场焊接成 2 km 长,形成一个管理单位,最后再将相邻 2 km 长钢轨焊联起来,形成无缝线路。

跨区间无缝线路消灭了缓冲区，轨条长度达到了设计所需的任意长度。轨条遇到道岔时，与道岔焊接，遇到长大桥梁时，根据梁轨受力的设计需要，可设置钢轨伸缩调节器，真正意义上消灭了钢轨有缝接头。

（三）高速铁路道岔

高速道岔与普通道岔相比，具有高速度和高舒适性的特点。

高速道岔号码主要有 42 号和 18 号，侧线通过速度分别为 160 km/h 和 80 km/h。高速道岔主线允许通过速度达到 350 km/h。高舒适性是因为高速道岔的刚度是一致的，即通过每个轨枕上垫板的刚度变化调节钢轨布局的刚度变化，使前后一致。所以乘坐高速列车进出站时感觉晃动轻微，舒适度高。而乘坐普通列车进站或出站时，旅客感到的晃动就比较明显了。

高速道岔的尖轨平面形式多采用曲线形，且比普通道岔的尖轨长；采用可动心轨式辙叉；采用外锁闭装置来改善转辙机械的工作条件等。高速 18 号道岔设置 5 台转辙机，高速 42 号道岔设置 9 台转辙机，这些转辙机由微机控制，具有高度智能性，动作协调一致，有效地保证了列车安全、高速通过道岔。

道岔应铺设在直线上，正线道岔不得与竖曲线重叠。车站正线及到发进路上的道岔宜采用可动心轨道岔，道岔轨型应与正线和到发线的轨型相同。

（四）高速综合检测车

高速综合检测车采用摄像装置、加速度检测器、陀螺仪、冲击检测器等，测量轨道几何形状、钢轨断面和磨耗以及运行品质，检测接触导线几何形状、磨耗和弓网接触情况，包括轨道和接触网的视频检查，还能检测信号和通信设备。

三、动力组和牵引供电

（一）动车组

高速列车采用动车组型式。动车组可分为动力集中和动力分散两种。我国早期研制的"中华之星"动车组是动力集中动力组。目前，制造的 CRH 系列动力组都是动力分散动力组。

（二）牵引供电

高速铁路的牵引供电系统，与普速铁路的牵引供电系统不同。它的供电能力和供电可靠性必须满足高速列车运行的要求，主要包括牵引供电和接触网两大部分。

1. 高速铁路要求接触网受流质过高，分段和分相点数量少

目前我国采用自耦变压器（Auto-Transformer，AT）供电方式。自耦变压器是一种电力变压器，它并接于接触网、钢轨和正馈线之中。这种方式由接触网、钢轨、正馈线和自耦变压器组成供电回路，并在接触网和正馈线之间每隔 10~15 km 并入一台自耦变压器，其中心抽头与钢轨连接，正馈线与接触悬挂同杆架设，架设于接触网支柱的田野侧。在 AT 牵引变电所中，牵引变压器将 110 kV 三相电降压成单相 55 kV，则钢轨与接触网间的电压正好是自耦变压器两端电压的一半，即 27.5 kV。接触网采用上、下行同相单边供电，供电臂末端设分区所，在正常情况下实现上、下行接触网并联供电，在事故情况下实现越区供电，允许全部列车在减速条件下通过。当采用 AT 供电方式时，AT 所处的上、下行接触网也实行并联。

2. 高速铁路接触网的悬挂类型采用全补偿弹性链型悬挂

高速铁路接触网主要由支柱、支撑装置、接触导线、承力索、吊弦等组成。在动车组速度大于 250 km/h 时，为保证动车组受电弓与接触导线始终保持密贴滑动接触，接触导线悬挂点高度的设计坡度为零，悬挂方式采用弹性链形悬挂，这样的结构使接触网的弹性不均匀度小，接触网与受电弓的接触更为平顺、光滑、密贴。接触网安装要求非常精细，每米接触导线展放后的平直度，只允许有 0.1 mm 的高差，像一根发丝那么细。接触导线的磨耗使用寿命达到 200 万弓架次，接触网系统寿命达到 30 年。

牵引网导线型号的选择应满足机械强度和牵引网负荷电流等要求,牵引网各导线的截面应保证牵引供电系统载流的要求。

四、高速铁路信号与通信

(一)高速铁路信号系统

高速铁路的信号设施是指挥列车运行、保证行车安全、提高运输效率的关键技术装备。

普通速度线路上运行的列车,其司机是根据地面信号的显示控制列车运行的。而列车时速 200 km 以上的高速列车,其司机在很短的时间内辨认地面信号是非常困难的,必须根据地面发送的信息直接与机车牵引制动系统联系。

因此,高速铁路信号系统主要由列车运行控制系统(简称列控系统,CTCS)、计算机联锁系统、调度集中系统(简称 CTC)、信号集中监测系统等组成。其中由列控系统完成闭塞功能,以车载信号作为行车凭证,直接向司机提供速度命令,信号直接控制列车加速或制动;由调度集中系统远距离控制全线信号、转辙机和列车进路,正常行车不需要车站本地控制;由计算机联锁系统实现进路程序控制;由信号集中监测系统对信号设备进行监测,集中采集设备状态信息等。

1. 列车运行控制系统

列控系统是对列车运行实现自动监控的系统,以分级的形式满足不同线路的运输需求,是保障高速铁路运营安全、提高运营效率的核心技术装备,是高速铁路的核心技术设备之一。

1)系统组成与分级

列控系统包括地面设备、车载设备、信号数据传输网络和车—地信息传输设备。

列车运行监控示意图如图 5-4 所示。地面设备提供线路参数、目标距离和进路状态。车载设备生成目标距离控制模式曲线,并通过驾驶室内的人机界面为司机提供目标速度、当前速度、最高允许速度、距前方停车点距离等信息，满足高速运行所需的控车要求。信号数据传输网络实现地面设备间的数据信息交互。车—地信息传输设备完成地面设备和车载设备的信息交互。

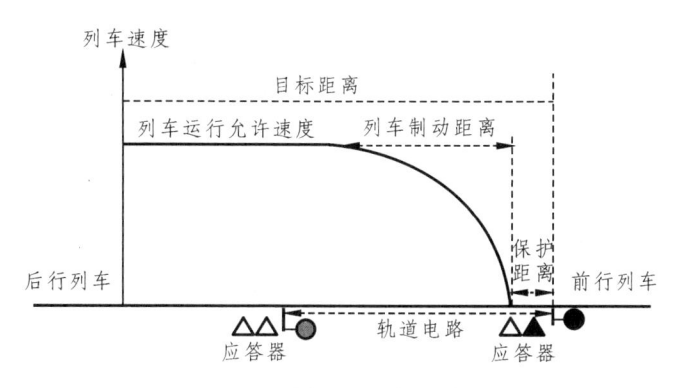

图 5-4 列车运行监控示意图

根据系统配置按功能划分 CTCS-2 级~CTCS-4 级，其中 CTCS-2 级是基于轨道传输信息的列控系统，面向提速干线和高速新线，采用车—地一体化设计，适用于各种限速区段，区间地面可不设通过信号机，机车乘务员凭车载信号行车；CTCS-3 级是基于无线传输信息并采用轨道电路等方式检查列车占用的列控系统，面向提速干线、高速新线或特殊线路，基于无线通信的固定闭塞或移动闭塞，适用于各种限速区段，区间地面可不设通过信号机，机车乘务员凭车载信号行车；CTCS-4 级是基于无线传输信息的列控系统，面向高速新线或特殊线路，基于无线通信传输平台，可实现固定闭塞或移动闭塞，由无线闭塞中心（RBC）和车载验证系统共同完成列车定位和列车完整性检查，区间地面不设通过信号机，机车乘务员凭车载信号行车。

2）分类

列控系统按速度防护方式分为以下几种：

（1）列车超速防护系统。当列车实际运行速度超过允许速度时，报警装置鸣响给司机报警，若司机失去警惕，列车速度继续升高，当列车运行速度超过最大运行速度时，超速防护设备实施强迫制动，让列车停在显示"禁止"信号的信号机前方。

（2）列车自动限速系统。当列车实际运行速度超过限制速度时，设备自动实施常用制动，使列车运行速度自动降低，当列车运行速度降低到低于限制速度一定值后，制动自动缓解。

（3）列车自动运行系统。列车自动运行系统是叠加在自动限速系统上的。当列车不能按列车运行图正点到达时，在自动限速系统允许速度的前提下，自动调整列车运行速度，加速或减速。除具有自动调速功能外，还具有定点停车、自动开关车门、自动列车广播等功能。

从上述3种速度控制系统中可以看出，列车超速防护系统在保障安全上以人为主，设备起监督作用；列车自动限速系统在安全保障上则以设备为主，人起监督作用；自动运行系统则是一种在列车运行上都以设备为主的控制系统。

2. 计算机联锁系统

车站、线路所、动车段（所）应采用计算机联锁设备。

1）计算机联锁系统的基本结构

根据各部分功能和设置的不同，计算机联锁系统结构可划分为人机对话层、联锁层、执行层和室外设备层，具体层次如图5-5所示。

人机对话层的功能是接受车站值班员或维修人员的操作指令，向联锁层输入操作信息，接收联锁层输出的反映设备的工作状态和行车作业情况的显示信息。

联锁层是车站计算机联锁系统的核心，它的功能是实现联锁运算。联锁层除接收来自人机对话层的操作信息外，还接收来自执行层的反映转辙机、信号机和轨道电路状态的信息，然后根据联锁条件，对输入的操作信息和状态信息，以及联锁机的当前内部信息进行处理，产生相应的输出信息，即信号控制命令，并交付执行层的控制电路予以执行，最终实现操作室外设备的目的。

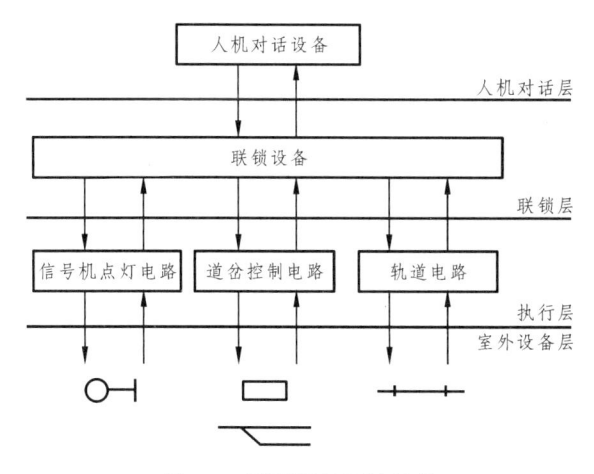

图 5-5 联锁系统层次结构

执行层指联锁层与各个监控对象之间的控制电路这一层，其主要功能是：

（1）接收来自联锁层的道岔控制命令，驱动道岔转换；接收来自联锁层的进路控制命令，改变信号显示。

（2）向联锁层传输信号状态信息，道岔状态信息，以及轨道电路状态信息。

以上功能通过信号控制电路和道岔控制电路实现，所以这些电路必须是故障-安全的。

2）计算机联锁系统的安全性和可靠性结构

对于计算机联锁系统，既要求具有比较高的可靠性，又要求具有比较高的安全性。这是因为计算机联锁系统不仅需要昼夜不停地连续运转，而且一旦出现故障，就有可能导致重大损失或灾难。

为了实现计算机联锁系统所要求的高可靠性及高安全性，多重冗余的结构必不可少。目前，计算机联锁系统的多重冗余主要以 2×2 取 2 以及 3 取 2 的结构为主。

3. 调度集中系统

1）基本原理

调度集中系统是高速铁路信号系统的主要组成部分，高速铁路调度所、车站、线路所、动车段（所）均应采用 CTC 系统实现列车调度指挥自动化。

2）组成

调度集中系统由铁路局集团公司调度所 CTC 中心子系统、车站 CTC 中心子系统和网络子系统组成。其组成如图 5-6 所示。

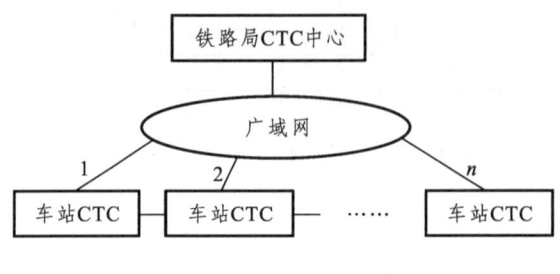

图 5-6 调度集中系统

铁路局集团公司调度所 CTC 中心子系统是调度集中系统的控制中心，简称 CTC 中心，一般设在铁路局集团公司调度所，负责指挥整个调度区段内列车的运行，包括调度台设备、调度集中机房设备和调度集中维修设备。

车站 CTC 中心子系统是调度集中系统的重要组成部分，是系统实现分散自律功能的基本节点。对于有行车值岗人员的车站，主要设备包括车站自律机、车务终端、电务维护终端、网络设备、网络安全设备、电源设备、防雷设备、接口设备等，分设在信号机械室和车站运转室。对于无行车值岗人员的车站，主要设备包括车站自律机、综合维修终端、电务维护终端、网络设备、网络安全设备、电源设备、防雷设备、接口设备等，设在信号机械室。

网络子系统是指由网络通信设备和传输通道构成的计算机广域网络，应采用迂回、环状、冗余方式以提高其可靠性。网络子系统包括调度所 CTC 中心局域网、车站局域网及广域网三部分。

4. 信号集中监测系统

信号集中监测系统是高速铁路信号系统的组成部分。信号集中监测系统为高速铁路信号系统的运用和维护提供现代化的手段，极大地方便了各级电务部门的管理。

（二）专用通信设备

高速铁路通信网为列车控制、综合调度、信息系统等提供安全、稳定、可靠、灵活的通信手段，满足高速铁路语音、数据和图像等综合业务的发展需要。随着列车运行速度的提高，对通信系统提出了更高的要求。即通信应具有高可靠性，能保证运营管理的高效率。并且与信号系统、计算机系统紧密结合，形成一个现代化的运营、管理、服务系统，完成多种信息的传输和提供多重通信服务。

高速铁路通信网包括通信线路、传输及接入网、数据通信、电话交换、数字调度通信线路、GSM-R 数字移动通信、会议电视、综合视频监控、应急通信、综合布线、数字同步及时间分配、通信综合网络管理、电源及环境监控、通信电源等系统。高速铁路通信系统组成如图 5-7 所示。

图 5-7 高速铁路通信系统组成

五、高速铁路车站

高速铁路车站是高速铁路系统中重要的基础设施，是客流集散的场所。其主要作用是完成旅客输送任务，生产活动主要包括客运作业和行车技术作业。

（一）车站设计

高速铁路车站是高速铁路运输组织的基地。与传统铁路客运站相比，新建的高铁车站注重室内外空间环境的缔造,具有高大、通透、开敞的空间特性,以提升旅客出行的舒适度。大跨度空间结构技术的创新,使这一目标得以实现。

在高架候车厅、进站厅、站台及地下空间的设计中,更加注重和关心旅客的感受,多采用自然通风采光的方式,注重室内温度环境、声环境及光环境的研究及控制,提升了车站室内空间品质。

(二)车站类型

1. 根据技术作业性质划分

(1)越行站:主要办理中速列车待避高速列车的作业。

(2)中间站:主要办理停站的各种旅客列车的客运业务,少量高速旅客列车夜间折返停留及各种旅客列车的不停站通过作业。

(3)始发终到站:设在高速铁路、客运专线的起点和终点,位于特大城市的铁路枢纽,主要办理始发、终到高速列车的作业;办理动车组的整备、检修、取送和折返作业。

(4)通过站:车站设在高速铁路、客运专线沿线大、中城市的铁路枢纽,一般都与普通铁路干支线接轨,以办理通过的高、中速旅客列车的客运业务和旅客换乘,还办理部分始发、终到的高速列车及动车组的整备、检修等作业。

2. 按调度集中基本操作方式划分

按调度集中基本操作方式,可分为集控站和非集控站。

由列车调度员直接办理接发列车作业的车站(线路所)为集控站,其他车站(线路所)为非集控站。

另外,按客运量大小,高速铁路车站可分为特大、大、中、小型车站。

(三)车站设备

车站设备主要包括站场设备和客运设备。

1. 站场设备

车站根据业务性质、运量大小及技术作业的需要，设置下列主要设备：

（1）到发线；

（2）折返线；

（3）救援列车停留线、自轮运转特种设备停留线等；

（4）与动车组运用所、动车段相连接的车站，应设动车组走行线（当设有专用的机车走行线并具有相同进路时，可以合设）；

（5）动车组长期停放的车站应设动车组存车线；

（6）作业车辆停放线；

（7）通信、信号、联锁、闭塞设备；

（8）根据接发列车、调车作业的需要设置隔开设备等安全设施；

（9）机车乘务组、动车组司机及随车机械师、客运乘务组进行中途换乘作业的车站，应配备值班室、休息室和必要的配套设施。

旅客列车始发终到站、客运枢纽站和上水站，应在到发线间设置列车上水设施和节水装置。

2. 客运设备

客运站房，应根据客运量配备便于购买车票、办理行李包裹、候车、问询、引导、广播、时钟、携带品寄存，以及为旅客服务的文化、卫生及生活上的必要设备。根据规定还应设置实名制验证和制证设备、安全检查设备、客运信息查询设备、视频监控设备、行李包裹到达查询设备、垃圾存放设备、消防设备等，根据需要设置电梯、自动扶梯、无障碍通道和相应的助残设施、污物处理、自动售检票和取票设备等。

办理客运业务的车站应设旅客高站台，并应有照明、引导、广播、时钟和视频监控设备。车站应设置围墙或栅栏。

客运站站前应有广场，站台应有雨棚，跨越线路应采用天桥或地道。大型客运站根据需要设置用于行包、行邮、垃圾清运作业的通道。

设立旅客服务系统，支持铁路局集中、中心代管小站和车站独立运行等模式，配置相应旅服集成管理平台和车站应急处理平台，实现对车站广播、引导、时钟、查询、视频监控等客运业务的集中管理和控制。

第三节 高速铁路安全系统集成

一、高速铁路系统构成

高速铁路是一个集高新技术于一身、复杂的超大规模集成系统，其中主要包括基础设施系统、高速列车系统、列车运行控制系统、牵引供电系统、运营调度系统、客运服务系统等。

（一）基础设施系统

基础设施系统是一个庞大的系统，涉及路基、桥涵、隧道和轨道、车站等专业工程，还涉及路基与桥梁的过渡、路基与隧道的过渡、桥梁与隧道的过渡及路基和隧道灯线下基础与轨道结构的衔接等。与普速铁路相比，基础设施系统采用了很多新技术和新工艺，其设计和施工控制标准更高。

（二）高速列车系统

高速列车是高速铁路的核心技术装备和实现载体，是当代高新技术的集成，其涵盖了信息通信、电子电力、材料化工、机械制造、自动控制等多学科、多专业，是世界各国科学技术和制造产业创新能力、综合国力及国家现代化程度的集中体现与重要标志之一。高速列车不仅包含传统轨道列车车辆的车体、转向架和制造技术，还具有复杂的牵引传动与控制、计算机网络控制、车载运行控制等关键技术。

（三）列车运行控制系统

列车运行控制系统是集先进的计算机、通信及自动化控制技术于一体的综合控制与管理系统，以电子器件或微电子器件作为控制单元，并采用集中管理、分散控制的集散式控制方式。列车运行控制系统是保证列车运行安全和提高行车效率的关键系统。

（四）牵引供电系统

牵引供电系统是高速铁路系统的能力保障系统，其主要功能是为高速铁路列车运行控制系统提供稳定、高质量的电能。牵引供电系统一般由供电系统、变电系统、接触网系统、SCADA 系统和电力系统等构成。总的来说，高速铁路电力牵引所需牵引功率更大、公网作用关系更加复杂。

（五）运营调度系统

运营调度系统是集计算机、通信、网络等现代化技术于一体的现代化综合系统。运营调度系统涵盖运输计划管理、列车运行管理、动车管理、综合维修管理、车站作业管理、安全监控及系统维护等工作。调度指挥工作就是围绕运输计划对资源进行动态调配，其反映了运输组织的具体执行过程，是铁路系统运转的中枢部位。

（六）客运服务系统

客运服务系统的主要功能是处理与旅客运输服务相关的事件，主要包括发售车票、信息采集、信息发布、日常投诉处理、紧急救助、旅客疏散、旅客赔付和客户关系管理等工作。此外，还提供系统分析功能，为管理层提供决策参考。

二、高速铁路安全技术

经过多年的科学研究和工程实践，中国构建了完备的高速铁路技术体系，覆盖勘察设计、工程建造、高速列车、列车控制、牵引供电、运营管理、安全保障等各个方面，总体技术水平迈入世界先进行列，部分领域达到世界领先水平，复兴号高速列车迈出从追赶到领跑的关键一步。

（一）工程建造技术

中国修建高铁面临的地质及气候非常复杂，在世界上没有成熟经验可借鉴，完全依靠自主创新形成了独特的技术优势。近年来，中国建设了一大批适应高寒、高温、干旱、风沙等特殊气候环境，以及软土、黄土、季节性冻土、岩溶等复杂地质条件的高速铁路，是世界上唯一能在各种气候环境和复杂地质条件下建设高铁的国家。

中国拥有世界上最全面的桥梁设计建造技术、现代化的施工装备，修建了南京大胜关长江大桥、武汉天兴洲长江大桥等一批跨越大江大河的世界级大跨度高速铁路桥梁。

中国掌握了在各种环境气候和复杂地质修建隧道技术，建成广深港高铁狮子洋隧道、西成高铁秦岭隧道群等万米以上隧道100余座。

中国掌握了铁路大型客站设计建造技术，突破了规划设计、空间结构、功能布局、流线组织等多个难题，实现了铁路与民航、地铁、市内道路的综合布局及各种交通运输方式之间的无缝换乘，实现了建筑风格与地域文化的有机融合，相继建成北京南站、武汉站、广州南站、上海虹桥站等一大批现代化综合客运枢纽，成为铁路形象的新窗口、城市发展的新门户。

（二）高速动车组技术

中国自2000年开始组织高速动车组研制开发，先后自主设计研制了先锋号、中华之星等动车组并上线进行了大量试验。2006年以来，在对世界先进动车组制造技术引进消化吸收再创新的基础上，批量生产投入运营了和谐型系列高速动车组。

从2012年开始，中国全面启动中国标准动车组研制工作。2015—2016年，中国标准动车组先后完成了型式试验、科学研究试验、运用考核，验证了中国标准动车组和关键系统功能性能。2017年6月，中国标准动车组被命名为复兴号并批量投入运营。

复兴号动车组的安全性、经济性、舒适性、节能环保等性能大幅提升，表现出世界一流的卓越品质。列车设计寿命提高到 30 年，能够适应中国地域广阔、环境复杂、长距离、高强度运行的需求；采用全新低阻力流线型头型和车体平顺化设计，列车阻力降低 7.5%~12.3%，能耗下降；列车容量更大，旅客乘坐空间更加宽敞；列车设置智能化感知系统，建立强大的安全监测系统，全车部署 2 500 余项监测点，能够全方位实时监测。

基于复兴号平台，中国铁路持续开展技术创新，根据市场需求研制不同速度等级、适应不同环境需求的系列化产品，不断完善复兴号动车组家族体系。

17 辆编组时速 350 km 超长版复兴号动车组，载客能力较 16 辆编组提升了 7.5%。该车已于 2019 年 1 月 5 日在北京至上海高速铁路上线运营，进一步提升京沪高铁等繁忙干线的运输能力。

时速 160 km 动力集中动车组按照动车组技术标准一体化设计和制造，适用于所有普速电气化铁路。该型动车组 2019 年 1 月上线以来，运营状态和性能表现良好，安全舒适性较好，被旅客昵称为"绿巨人"。

截至 2021 年年底，中国铁路装备动车组 3 942 组，其中复兴号动车组 480 组。

（三）列车控制技术

列车运行控制系统被称为高速铁路的"大脑和中枢神经"，是保障行车安全和正点运行的关键系统，结构复杂、技术难度大。

2004 年，中国构建了列车运行控制系统（CTCS）技术体系和总体框架，研发了应用于 200~250 km/h 线路的 CTCS-2、应用于 300 km/h 及以上线路的 CTCS-3 级列控系统，能够满足不同速度等级高速动车组列车共线跨线运行控制需要。

经过多年的研究和运用，中国已掌握了高速铁路列车控制系统核心技术，开发了具有自主知识产权的列控系统全套装备，达到世界先进水平。

（四）牵引供电技术

中国成功研制并应用大张力接触网、高强度接触导线和远程监控等成套装备，形成了能够满足动车组长大编组和重联运行、3 分钟追踪，持续时速350 km 双弓稳定受流和安全可靠运行的供电系统，建成了世界上规模最大的高速铁路牵引供电数据采集与监视控制系统（SCADA），牵引供电整体技术达到世界领先水平。

（五）运营管理技术

中国拥有世界上规模最大的高速铁路网，构建了中国国家铁路集团有限公司、各铁路局集团有限公司和车站的三级高速铁路调度指挥体系，掌握了复杂路网条件下高铁列车运行计划编制和动车组运用综合调度技术，解决了不同动车组编组、不同速度、不同距离、跨线运行等运输组织难题，实现了列车运行设计最小追踪间隔 3~5 min。每天安全有序地组织着 5 600~6 500 多列动车组列车开行。

（六）风险防控技术

中国构建了闭环管理的高速铁路安全保障体系，通过固定设施及移动装备实时监测检测、防灾安全监控、机械化养护维修等措施，可对高铁运行进行全过程跟踪监测、全系统定期检测。

纵观高速铁路安全技术，实现了控制系统的高效、自动、智能，实现了机械系统：高速列车轮对和轨道的材质高质量，实现了转向系统的灵活、耐磨，实现了传动控制系统的安全通过性，实现了电力系统受电弓高强度、耐磨、弹性，实现了动力系统的互不干扰且协同一致的高运转性能。

第四节 高速铁路事故形态及影响因素

一、高速铁路事故案例分析

（一）日本新干线事故

2004 年 10 月 23 日新潟中越地区地震发生时，新干线列车"朱鹮 325"

号正以时速 200 km 行驶，驾驶员感到强烈的摇晃后，仍能沉着冷静地操作。在 10 节车厢中有 8 节脱轨的情况下，列车仍行进约 1.6 km。虽然铁轨弯曲变形、车身倾斜 30 度，但总算没有翻车。151 名旅客安然无恙，实属不幸中的万幸。

（二）德国高铁事故

德国铁路的提速战略也带来了许多安全问题。1998 年 6 月 3 日，在德国 Eschede 发生了高速列车脱轨事故，死亡 100 人，伤 88 人。事故原因是车辆轮箍的金属疲劳，导致轮箍突然断裂。

（三）法国高铁事故

2002 年 11 月 6 日，巴黎至维也纳高速列车电路系统短路引发了一节卧车车厢失火，12 人由于吸入大量浓烟而窒息死亡。

高速铁路安全管理不善、相关工作人员出现失误是造成该次事故的主要原因，即"人"的因素。

（四）我国京哈高铁列车撞人事故

2013 年 11 月 22 日 11 时 10 分 44 秒，某动车组列车行至京哈线上行线台安至盘锦北间 552 km + 305 m 处，撞上山海关工务段盘锦北线路车间一工区 5 名横过线路的工作人员，造成 4 死 1 伤。事故通报称，5 名铁路职工当时计划作业时间是 10 时 59 分到 12 时 42 分之间。这一时段在铁路业内称为"开天窗"时间，站上的工作人员可以进入线路内进行检修、维护等作业。11 时 10 分，工作人员在下行线北侧顺线路行走 100 m 后，横越下行线和上行线时被晚点通过的 D28 次列车撞上。

从以上国内外高铁事故可以总结出以下结论：

（1）高速铁路的事故发生与本国的实际情况有着重大关联，像日本等岛屿国家，事故的发生往往与天气状况有着密切的联系，而像美国、法国等大陆性国家，行车事故往往因速度过快，铁路和公路的交接部发生问题。

（2）高速铁路事故形态主要是列车脱轨、列车冲突、火灾3种类型。

（3）铁路事故，尤其高速铁路事故的发生，往往造成巨大的损失，人员伤亡也较严重。

二、高速铁路事故形态分析

我国高速铁路事故形态主要是列车脱轨、列车冲突、火灾3种类型。铁路事故，尤其高速铁路事故的发生，往往造成的损失巨大，而且人员伤亡也较严重。

（一）列车脱轨

1. 外物支垫造成的脱轨

外物支垫造成的脱轨包括因机车车辆配件折损或脱落、大件货物坠落、线路障碍（进路、行车及养路设备、塌方落石、人为设置障碍等）、道口障碍（各种车辆堵塞等），以及自然灾害（水害、冰害、雪害）等造成顶起或垫起车辆或轮对导致的脱轨。

下面仅就车辆责任造成的支垫脱轨问题做一简要分析：

（1）车辆配件破损脱落造成垫（挤）车轮而脱轨。如车辆切轴，制动梁或均衡梁折断脱落，车钩或缓冲器破损脱落，手闸、车门、平车渡板脱落等。

（2）车辆大型配件折断或脱落支起车辆脱轨。如车辆中梁、侧梁、枕梁、牵引梁、横梁或摇枕等折断，或制动梁、下拉杆等脱落，容易在运行中将车辆或转向架顶起来，使车轮离开钢轨而导致的脱轨。

2. 车轮自行脱轨

车轮自行脱轨可能是线路不良造成的，如线路施工故障、断轨、路基有"三角坑"、线路水平与轨距超限、曲线及道岔、辙岔不良等；少数是因车辆及车辆轮对故障、列车超速运行和货物偏载等造成的。

（1）车轮轮缘严重磨耗、垂直磨耗或缺损造成脱轨；

（2）车轮裂损及踏面缺损造成脱轨；

（3）车轮内侧距离过大、过小造成脱轨；

（4）切轴或断轴造成脱轨；

（5）转向架不良造成脱轨。

3. 高速铁路防脱轨措施

（1）对线路的检查。

高速线路是全封闭的，每天早晨第一列空载列车（往返各一列）以较低速度行驶做开道检查，在安全保障方面起重要作用。

（2）动力转向架三爪万向轴的失衡与断裂监测。

三爪万向轴由于疲劳而引起断裂，通过测量同一转向架的两台牵引电机转速差来确定。当转速差达到极限值时，立即发出信号切断相关转向架电机柜的电源，并向司机发出信号，司机停车目测检查并处理后，以 80 km/h 的速度回到停车点。

（3）转向架蛇行失稳的监控。

当发现其横向加速度超标时，就发出信息通过列车信息传输网，要求司机按照运营规程减速，然后再次加速。

（4）防滑装置的安全保护。

对于每辆拖车有一台防滑装置负责两个转向架四根轮轴的防滑保护，当主防滑器出现故障时，即向后备防滑装置发出救援要求并自动替代执行防滑功能，同时发出故障编码。如果拖车防滑装置中的两套防滑器全部出现故障时，司机将得到一个信号，告知故障的防滑器位置。此时，司机应立即停车并根据运营规程的指示排除故障。

（5）轴温监测。

沿线在地面安装了轴温监测器，监测所有路过车辆的轴箱温度及其变化。

（二）列车冲突

1. 列车冲突原因分析

列车冲突主要是由人为过失或设备中的技术缺陷所引起的，主要有：①信号和列车控制系统；②制动系统；③运营人员的资格和培训；④运营规则和做法。

（1）人为过失一直是导致列车严重冲突的原因。这些人为过失包括列车操作人员不遵守信号和其他行车指令的故障，或者调度员发出不正确指令。

（2）在运营规则和规章中，缺乏对给定情况的适用指导。在采用新技术的高速铁路系统中，由于对新的运营规程只有有限的经验，缺少适用的指导也是可能的。

（3）列车制动系统的故障削弱了列车按信号显示或按列车控制指令停车的能力。最常见的制动事故实例是列车未做正常的发车前制动试验，接着就带着不起作用的制动机发车运行。

（4）信号系统误动作造成假进路信号。这类事故少见，因为信号工程师为设计付出的努力，使信号系统本质上是故障安全的或者能提供足够的冗余度。

（5）错搬道岔或避车道，使列车转向错误的轨道而导致碰撞。此类事故易发生在不与信号系统联锁的用人工手动道岔的地方。

2. 高速铁路防止列车冲突措施

防范列车相撞的功能完全由信号系统承担。在高速线路上，信号系统完成如下任务：①在司机室内不间断地显示信号系统允许的速度；②检查列车实际速度与信号系统允许速度是否吻合；③在超过允许速度情况下实现自动停车。

在下列情况下信号系统可以根据运行规则发出限速或紧急制动命令：

（1）一辆车从桥上滑落或道路塌陷、滑坡造成一块山石滑落（条件是桥梁或危险区安装了监测仪）；

（2）洪水多发区安设的水位监测装置报警；

（3）安装在路旁的轴温报警器报警。

另外，高速列车的拖车和动力车设计了两端具有可变形部位，以吸收万一撞车时产生的部分容量,确保旅客及司机位于不可变形的安全部位。此时旅客、司机受到的加速度远远小于两个刚性的车厢相撞时所产生的加速度。

（三）列车火灾

1. 列车火灾原因分析

1）机车方面

电力机车因电网或电气系统故障产生电弧或火花,被润滑油或变压器污染的部分,又碰到这种点火源,使整流器的触头在油中短路、动力电路短路等。

2）旅客列车方面

旅客列车因电气故障、采暖设备状态不良、旅客违章携带危险品以及旅客吸烟不慎等引起火灾。

从以上分析可以看出：① 列车火灾事故,无论是客车、机车,在车站、区间、厂库和隧道中都会发生。② 设备故障、人为失误、旅客违章携带危险品、吸烟不慎及坏人破坏都会造成火灾。据统计,有一半以上的火灾事故是人为因素造成的。③ 其他列车事故,如列车脱轨、冲撞等均有可能诱发火灾。

2. 列车防止火灾措施

1）严格选择防火材料

客车尤其是高速客车,都尽量采用不燃、难燃材料,尽量降低单位地板面积的可燃材料重量指标。

2）提高结构的抗火性

提高高速客车结构的抗火性,使火灾初期结构不变形,给疏散旅客提供保证。

法国除按常温核算结构的强度和刚度外,还根据经验按 350 ℃ 和持续 15 min 的条件核算强度和刚度。

英国则要求车辆的抗火能力不低于 30 min,能抵抗 800 ℃ 的高温,即通常达到熔化常用铝材的温度。

德国 ICE 高速客车要求关上门时端墙的耐火性能，当列车通过台起火后 10 min 之内不会蔓延到相邻车辆；整个车辆结构能保证在全面燃烧 15 min 的条件下可运行和不丧失牵引、制动控制性能。

3）改进结构设计，设法隔断火源，以避免火灾发生

（1）车体、转向架的布置应便于清洗、清扫，尤其是车内的布置，应避免有不便清扫的死角。车顶设置的检查门，除便于检查外，还应便于清扫灰尘。暖气管道、送风口管道处的灰尘也应便于清扫。

（2）电气柜和车外电器箱用金属制作，防止水、雪侵入，并远离热源、火源、油源，保证绝缘和不产生火花。与旅客接触的电器设备饰面或箱罩表面温度不得超过 60 ℃。电缆最好走金属管、铠装管，尤其是经过热源处，易被鼠、虫咬处，要加防护套。

（3）采暖装置设温度控制器。电加热器设过热保护装置。电加热器在座椅下或侧墙处设防护板。若没有煤炉、油炉、气炉时，其周围和烟道附近均要设防火板。

（4）垃圾箱最好为金属制品，并设有能自行封盖的箱盖，以避免垃圾起火时火焰扩散。

（5）列车制动时，闸瓦发出的火星应避免飞溅到车体非金属部位和电器设备上。

4）设挡火墙、挡火板，防止或减缓火焰的蔓延

（1）设挡火墙。

早期我国从德国进口的客车，间壁均设计为挡火墙。它是由碎木屑填以矿物合成材料与防火材料后压制而成的；做防火试验时，一侧烧火温度达 740 ℃，延续 30 min，另一侧温度未超过 139 ℃，没有烧穿现象，试验证明能达到防火目的。

法国包房客车间壁是每间隔一个为挡火墙，其间夹有 0.5 mm 厚的钢板。挡火墙上有电缆穿过时，加热胀套，当有火灾时热胀套遇热膨胀把电线孔堵

死，以免火焰穿过蔓延。

除客室端间壁设计为挡火墙外，座车车顶部位 3 处应设金属圆头板（挡火板），卧车应每间隔一个设计为挡火墙，且挡火墙与车顶、侧墙连接处设有金属挡火板，以免火焰从挡火墙与钢结构间的缝隙穿过。

（2）挡火板。

国外高速客车风道里一般设有活动挡板，以在发生火灾时能自动切断通风。

5）火灾报警与灭火

高速客车应装设火情监测装置和自动报警装置，以及时发现火情，及早灭火。易起火处所最好设有自动灭火装置，以及时扑灭小火。

另外，还改进门、窗结构设计，为火灾时疏散旅客提供条件。

三、高速铁路安全的影响因素

影响高速铁路运营安全的因素有很多，归纳起来主要包括人的因素、物的因素、环境因素和管理因素几个方面，即通常说的"人、物、环、管"4大安全要素。

（1）人的因素，包括乘客、高速铁路工作人员和其他人员。

（2）物的因素，在安全工作中占有较大的比重，是保证铁路行车安全的重要前提。

（3）环境因素，对铁路运输而言，环境因素主要包括自然环境因素和社会环境因素。

（4）管理因素，管理者按照安全管理的客观规律，采用系统化安全管理方法，对上述 3 个因素进行安全管理。

第六章　电气化铁路劳动安全

第一节　电气化铁路安全知识

一、安全基本要求

我国电气化铁路采用单相工频交流制供电，架设在铁路线路上空的接触网带有 25 kV 的高压电，接触网附近也存在高压电。因此，与非电气化铁路相比，电气化铁路对人身安全和作业安全提出了更高的要求。

凡在电气化铁路工作的从业人员，以及广大旅客、押运人员和沿线居民，必须熟知电气化铁路安全的有关规定，并且必须严格执行。

二、人身安全常识

安全电压是指对人体不会引起生命危险的电压，它是根据人体电阻确定的，人体电阻一般在 800 Ω ~ 1 MΩ。流经人体不致发生生命危险的电流一般不会超过 50 mA，按照欧姆定律可推测人体安全电压应小于 40 V。我国规定 36 V 以下为安全电压，在某些特殊场合规定 12 V 为安全电压。

低压是指对地电压在 250 V 及以下，如 380/220 V 三相四线制居民生活用电线路、直流 220/110 V 电源等。

高压是指对地电压在 250 V 以上，如 10 kV 电力线路、25 kV 接触网线路等。

跨步电压是指电气设备或电力系统一相发生接地短路时，电流从接地处四散流出，在地面上形成不同的电位分布，人走近短路点时，两脚之间的电位差。

当跨步电压达到 40 V 以上时，人有触电危险，特别是人被跨步电压击倒后加大了人体的触电电压，从而造成意外和死亡。

发现有跨步电压危险时，应单足或并双足跳离危险区，亦可沿半径垂直方向小步慢慢退出（见图6-1）。

图 6-1　跨步电压

发生高压接地故障时，在切断电源前，任何人与接地点的距离，室内不得小于 4 m，室外不得小于 8 m。接触网断线接地不得小于 10 m。必须进入上述范围作业时，作业人员要穿绝缘靴。实践证明，穿着绝缘靴是防护跨步电压的一种有效措施。

三、电气化铁路人身安全一般规定

（1）在电气化区段内，任何人不准登上机车车辆顶部或翻越车顶通过线路。在旅客站台、行人较多的电气化区段的所有接触网支柱应悬挂或涂有"禁止攀登""切勿靠近""有电危险"等警告牌。禁止在支柱上搭挂衣物、攀登支柱或在支柱旁休息（见图 6-2）。

图 6-2 安全警示标

（2）手持木杆、梯子等工具通过接触网时，必须水平通过，不准高举超过安全距离。押运、随车装卸、通勤通学等人员，在电气化铁路区段内，禁止搭乘坐在车顶或装载的货物上。机车司机、运转车长及连接员，除做好宣传工作之外，当列车驶进电气化区段前，还需注意货物装载状态，要设法排除超出限界的树枝、棒竿等，紧固飘动的篷布，关闭油罐车顶上盖等。

（3）为提醒人们对高压带电体的注意，在电气化铁路沿线接触网支柱上应标示"高压危险，严禁攀登"的警告语；在电气化铁路上使用的内燃机车通往车顶的梯子应标示"高压危险"的警告牌；在电力机车、牵引变压器的一侧（高压侧）应设置安全防护栅网。

（4）各种车辆和行人，通过电气化铁路平交道口时，必须遵守以下规定：

① 汽车和兽力车通过电气化铁路平交道口时，货物的装载高度（从地面算起）不得超过 4.5 m 和触动道口限界门的活动横板、吊链。装载高度超过 4.5 m 的货物应绕行立交道口和进行倒装。

② 在装载货物高度超过 4.5 m（从地面算起）的车辆通过电气化铁路平交道口时，严禁随车人员在货件上坐立。如需搭乘卸车人员时，应下车步行，待车辆驶过道口后，再上车乘坐。

③ 当行人持有木棒、竹竿、彩旗和皮鞭等高长物件，通过道口时，不准高举挥动，须使上述物件保持水平状态通过道口，以免高长物件碰触带电体，致使高压电伤人。道口安全警示图如图 6-3 所示。

图 6-3 道口安全警示图

（5）在接触网支柱及接触网带电部分 5 m 范围内的金属结构上均需装设接地线。

（6）为保证人身安全，除专业人员按规定作业外，任何人员所携带的物件（包括长竿、导线等）与接触网设备的带电部分需保持 4 m 以上的距离。

（7）在修建靠近接触网的房屋、建筑及设备时，严禁借助铁塔支柱搭脚手架或在铁塔支柱上上下。

（8）在带电的接触网下禁止的作业：攀登机车、客车、棚车、冷藏车及罐车的车顶，在车顶上站立、行走或从事任何作业，开闭罐车顶上的罐盖，在冷藏车顶上开闭冰箱盖检查冷藏冰盐情况。

四、作业安全的基本要求

（1）电气化区段上水、保洁、施工等作业，不得将水管向供电线路方向喷射，站车保洁不得采用向车体上部喷水的方式洗刷车体。在接触网线路上给机车、车辆上水时，必须先接通水管，后打开阀门；拔下水管前必须先关闭阀门。

（2）遇雷雨天气，严禁在接触网下使用铁质伞。

（3）进入有装卸车、接触网支柱、无遮雨棚支柱及高柱信号机的线路，不得探身过远，以防刮伤。

五、应急处置

（1）电气化铁路附件发生火灾时，须遵守以下规定：

① 距牵引供电设备带电部分不足 4 m 的燃着物体，使用水或灭火器灭火时，牵引供电设备必须停电。

② 距牵引供电设备带电部分超过 2 m 的燃着物体，使用沙土灭火时，牵引供电设备可不停电，但须保持灭火机具及沙土等与带电部分的距离在 2 m 以上。

（2）遇车顶扒乘人员、货物位移、倾斜、篷布绳索脱落等突发情况需上车进行处置时，应按下列程序办理：

① 现场处理人员应立即通知车站值班员。车站值班员接到通知后应立

即报告列车调度员、车站值班干部以及供电单位网工区,并在"行车设备检查登记簿"内登记,将通知的时间、通知的方式、被通知人的姓名登记清楚。

② 列车调度员已发布停电命令时,现场供电人员应做好接地防护措施。

③ 以上条件得到车站值班员确认以及供电人员已接地的登记后,方可通过具备录音装置的通信设备通知。

④ 现场处理人员,用语为:"××供电单元停电、已采取接地的安全措施",现场处理人员应复诵。

⑤ 现场处理人员未得到车站值班员"××供电单元停电、已采取接地的安全措施"的电话通知或书面通知前,不准实施处理车顶扒乘人员、货物整理等作业。

(3) 在接触网支柱及接触网带电部分 5 m 范围内的金属结构上均需装设接地线。

(4) 天桥及跨线桥靠近跨越接触网的地方,必须设置安全栅网。因天桥、跨线桥等跨越接触网的地方,距离带电部分较近,容易发生触电事故,为了确保人身安全,应设置安全栅网屏蔽感应电流。

第二节　电气化铁路劳动安全概述

一、劳动安全基本要求

高速铁路劳动安全管理必须坚持"行车不上道、上道不行车"的安全原则。除天窗(或封锁)时间外,任何人员不得进入栅栏以内或桥面。

(1) 严格作业登记制度。

(2) 安排好驻站联络员、工地防护员。

(3) 班前不得饮酒,休息睡眠充足,班中精力充沛。

(4) 设备发生故障进行本线检查抢修前,必须得到本线封锁、邻线列车限速 160 km/h 及以下的调度命令，按规定设好防护后方准上线。

（5）遇有大雾、暴风雨、地震等恶劣天气，应停止作业。

（6）装载机具、材料的施工（作业）平车不准搭载人员。施工（作业）人员搭乘路用列车时应站稳扶牢，车未停稳随车人员不得上下。

（7）进行施工、维修作业，各种车辆、机具设备不得超过机车车辆限界，施工（作业）人员和机具与接触网必须保持 2 m 以上距离。

（8）各作业单位要制定夜间作业办法。

（9）施工及配合单位应切实加强联系，每次施工作业前后，作业负责人必须清点、核对人员、机具及材料无误后，按指定路线行走，同去同归。

（10）遵守高空作业注意事项。

（11）遵守出车注意事项。

（12）遇有雷雨天气，防止电击和触电事故发生。

（13）桥上作业和上下安全通道时应扶稳栏杆，防止人员从桥上摔下。

（14）天窗点内作业时，"同去同归"下班前确认全部人员及机工具下道撤离线路限界以外，方可离开岗位。

（15）上线作业或横越线路前，在现有规定的基础上，要补充执行"手比、眼看和口呼"制度。

（16）轨道车运用应遵守的规定。

二、劳动安全控制措施

所有进入高速铁路区段作业的从业人员，必须经专门的三级劳动安全教育（段、车间、班组）、培训和考试。

（1）上线检查、检测、维修和施工作业都必须安排在垂直天窗时间内进行。

（2）防护人员进行专门的安全培训考试合格，取得资格证书后方可担任高铁作业、上岗。

（3）上线作业人员必须按规定着装反光标记的工作服或反光带并带齐所需劳动防护用品。

（4）所有人员严禁登、攀爬防护栅栏，依靠电气化立柱、拉线等设施。

（5）严禁在道岔尖轨、心轨、转辙部位作业。

（6）遇有大雾、暴风雨（雪）、扬沙等恶劣天气时，需听从指挥。

（7）遇设备发生故障需进行上线检查抢修等特殊情况，必须办理本线封锁，邻线最高运行速度 v_{max}≤160 km/h 临时限速的调度命令。

（8）施工（作业）人员和工机具与接触网必须保持 2 m 以上距离。

（9）带电机具按规定安装漏电保护装置。

（10）在铁跨公处作业时，必须挂好安全网。

三、电气化铁路劳动安全"八防"规定

（一）防止车辆伤害

（1）横越线路必须"一站、二看、三通过"。必须横越正线时，应"一站、二问（问行车室是否有车通过）、三看、四通过"。

（2）线路上作业必须按规定设置防护，穿好黄色防护服（背心），注意瞭望，安全避车。

（3）行车作业人员要严格执行部颁人身安全标准。

（4）严禁扒乘机车车辆。

（5）严禁钻车底。

（6）严禁在钢轨上、车底下、枕木头、道心内、棚车顶上坐卧、站立或行走（凡有规定则除外）。

（二）防止高处坠落

（1）在高处作业时，必须戴好安帽，按规定使用安全（绳、网）。

（2）脚手架必须按规定搭设，作业前必须确认机具、设施和用品完好。

（3）禁止随意攀登石棉瓦等屋（棚）顶。

（4）禁止在六级及以上大风时进行登高作业。

（5）严禁患有禁忌症人员登高作业。

（6）登高扫、抹、擦、吊、架设、堆物时，作业面下必须设置防护。

（三）防止触电伤害

（1）维修电器设备人员，必须持证操作，按规定穿戴好防护用品。

（2）电器设备、线路必须保持完好，禁止使用未装触电保护器的各种手持式电动工具和移动设备。

（3）必须严格按规定在高压线下作业。

（4）电力设备作业必须按规定执行工作票和监护制度，挂"禁止合闸，有人作业"牌。

（5）电气化铁路区段作业人员必须严格执行《电气化铁路有关人员电气安全规则》。

（四）防止起重伤害

（1）起重作业人员必须持证操作。

（2）严禁多人或无人指挥。

（3）严禁在吊物下方站立和行走，应按规定操作。

（五）防止物体打击

（1）进入作业区必须按规定使用安全帽等劳动保护用品。

（2）高处和双层作业时，不得向下抛掷料具，无隔离设施时，严禁双层同时垂直作业。

（3）列车通过时，必须面向列车避车，防止落物击伤。

（4）搬运重、大、长物件，必须有专人指挥，动作协调。

（六）防止机具伤害

（1）不懂电器和机械的人员严禁使用、摆弄机电设备。

（2）机电设备应完好，必须有可靠有效的安全防护装置。

（3）机电设备停电、停工休息时必须拉闸关机，电箱按要求上锁。

（4）机电设备应做到定人操作、定人保养、检查。

（5）机电设备应做到定机管理、定期保养。

（6）机电设备应做到定岗位和岗位职责。

（7）机电设备不准带病运转。

（8）机电设备不准确超负荷运转。

（9）机电设备不准在运转时维修保养。

（10）机电设备运行时，操作人员严禁将头、手、身伸入运转的机械行程范围内。

防止机具伤害、物体的防护如图 6-4 所示。

图 6-4　防止机具伤害、物体打击的防护

（七）防止炸药、锅炉、压力容器爆炸伤害

（1）必须严格按有关规定进行作业和贮存。

（2）作业人员必须持证操作；无压设备、设施严禁有压运行。

（八）防止中毒、窒息

（1）有毒物品的运输、装卸、贮存，必须严格按照《铁路危险货物运输安全监督管理规定》执行。

（2）使用有毒物品的场所，作业前必须采取通风、吸尘、净化、隔离等措施，并正确使用劳动防护用品。

（3）对有毒作业场所，要定期监测，作业人员要定期体检。

PART THREE

第三编

高速铁路安全法律体系

高速铁路规章制度保障体系，应以铁路运输基本规章为依据，以确保高速铁路的运输安全为重点，分系统、分层次建立和完善各项规章、制度和办法，形成科学严密、统一规范、动态优化、具体可行的规章制度保障体系。

我国现行的铁路运输法规体系的基本框架是：以宪法为基础、铁路运输法律为龙头、铁路运输行政法规为骨干、铁路运输行政规章为补充的纵横相结合的基本框架。

第七章　国家安全生产法律法规体系

第一节　国家安全生产法律法规体系概述

安全生产法律法规是指国家机关为加强安全生产监督管理，落实安全生产技术措施，保障人民群众生命和财产的安全，防止和减少安全生产事故，促进经济发展，按照一定的法律程序制定并颁布实施的法律规范。

与交通运输、铁路、轨道交通安全及其管理相关的法规是由国家立法机关、行政机关和交通部、国家铁路局等制定的国家法律、行政法规和行政规章中有关交通安全的各种限制性规定和专项要求，它们是交通运营及其安全管理的法治依据，是交通运输、铁路、轨道交通系统广大员工的行动准则。

安全生产法律法规具有强制性。法律手段的效果体现为权威性、可执行性和最终效果。一切生产经营单位、行政机关、社会团体和从业人员以及相关方都必须严格遵守，认真执行。对违反安全生产法规的行为，造成重大后果的，要追究法律责任，并根据情节轻重分别给予行政处分、经济处罚，直至追究刑事责任。安全生产法规的主要任务是调整在生产经营活动中相关组织之间及其与从业人员之间在安全生产方面权利和义务的关系，保护有关人员的人身和财产的安全。

一、我国的法律分类

我国主要法源：宪法、行政法规、地方性法规、行政规章（部门规章、地方行政规章）、国家标准（强制性标准、推荐性标准）、国际劳工公约。

宪法，是国家的根本大法，是我国一切法律、法规的母法。其他法律、法规是宪法的子法。子法如与母法的内容相违背，则是无效的。

除了母法（宪法）之外，我们可以把其余一切法律、法规分为刑事、民事、经济、行政4个部门。

（1）刑事方面。它又分为两类：一类是实体法，即规定哪些行为是犯罪的，犯了什么罪，将要受到怎样的处罚等。如刑法、惩罚军人违反职责罪暂行条例和全国人大常委会发布的有关决定、通知、补充规定等。另一类是程序法，即规定办理刑事案件程序、步骤的法律。如刑事诉讼法和全国人大常委会发布的有关补充规定等。

（2）民事方面。它也分为两类：一类是实体法，如民法典、著作权法等，以及有关的补充规定。另一类是程序法，如民事诉讼法、仲裁条例等，也包括各种有关的补充规定、暂行规定等。

（3）经济方面。实体法主要有经济合同法、技术合同法、税法、产品质量法等。程序法与民事方面的程序法相同或基本相同。

（4）行政方面。实体法有食品卫生法、环境保护法、劳动法、安全法、治安管理处罚条例等。程序法有行政诉讼法等。

二、安全生产法律法规体系的结构

在社会与经济等活动中，法规是国家法律、行政法规和行政规章的统称。根据法律地位和效力不同，安全生产法律法规体系分为法律、法规、规章和法定安全生产标准。

《中华人民共和国立法法》规定，我国目前规范经济活动的法律体系框架主要分为4层。

（一）法律

法律是拥有立法权的国家机关依照立法程序制定和颁布的规范性文件。在我国，法律由全国人民代表大会及其常委会依照立法程序制定和颁布。全国人民代表大会制定和修改刑事、民事、国家机构及其他基本法律。全国人民代表大会常务委员会制定和修改除应当由全国人民代表大会制定的法律以外的其他法律。法律由国家主席签署主席令予以发布。法律的解释权属于全国人民代表大会常务委员会。法律的效力高于行政法规、地方性法规和规章。

（1）我国现行的有关安全生产的专门法律有：《中华人民共和国安全生产法》《中华人民共和国消防法》《中华人民共和国道路交通安全法》《中华人民共和国海上交通安全法》《中华人民共和国矿山安全法》等。

（2）与安全生产相关的法律主要有：《中华人民共和国劳动法》《中华人民共和国铁路法》《中华人民共和国工会法》《中华人民共和国刑法》《中华人民共和国公路法》《中华人民共和国民法典》《中华人民共和国产品质量法》《中华人民共和国邮政法》《中华人民共和国消防法》《中华人民共和国职业病防治法》《中华人民共和国环境保护法》《中华人民共和国突发事件应对法》等。

（二）法规

法规分为行政法规和地方性法规。行政法规由国务院根据宪法和法律制定，并由总理签署国务院令公布。地方性法规由省、自治区、直辖市以及较大的市的人民代表大会及其常委会根据本行政区域的具体情况和实际需要制定，由大会主席团或常务委员会发布公告予以公布。行政法规的名称一般称"条例"，也可称"规定""办法"等。行政法规的效力高于地方性法规和规章。地方性法规的效力高于本级和下级地方政府规章。

由国务院颁布的有关安全生产的行政法规主要有：《铁路安全管理条例》《特别重大事故调查程序》《道路交通事故处理办法》《道路交通管理条例》《工伤保险条例》《特种设备安全监察条例》《中华人民共和国防汛条例》《中华人民共和国邮政法实施细则》《特大安全事故行政责任追究的规定》《女职工劳

动保护规定》《铁路路外人员伤亡事故处理暂行规定》《铁路旅客运输损害赔偿规定》《铁路旅客意外伤害强制保险条例》《民用爆炸物品管理条例》《危险化学品安全管理条例》等。

（三）规章

规章包括国务院部门规章和地方政府规章。国务院部门规章由国务院各部、委员会、中国人民银行、审计署和具有行政管理职能的直属机构，根据法律和国务院的行政法规、决定、命令在本部门的权限范围内制定。地方政府规章由省、自治区、直辖市以及较大的市的人民政府根据法律、行政法规和本地区的地方性法规制定。规章由本部门首长或省长、自治区主席、市长签署命令予以公布。规章的名称一般称"规定""办法"，但不得称"条例"。规章的解释权属于规章制定机关。省、自治区的人民政府制定的规章高于本行政区域内的较大的市的人民政府制定的规章。部门规章之间、部门规章和地方政府规章之间具有同等效力，在各自的权限范围内施行。部门规章之间、部门规章和地方政府规章之间对同一事项的规定不一致时，由国务院裁定。

（四）国家标准

国家标准由国家质量技术监督管理部门制定、批准和发布。其中一些强制性标准属于国家法规，其他标准虽不具有强制性，但其标准的某些条文由法律赋予强制力而具有技术法规的性质。

第二节　安全生产法律法规重点内容解析

一、《安全生产法》重点内容解析

《安全生产法》是为了加强安全生产工作，防止和减少生产安全事故，保障人民群众生命和财产安全，促进经济社会持续健康发展制定的。

《安全生产法》由中华人民共和国第九届全国人民代表大会常务委员会第二十八次会议于 2002 年 6 月 29 日通过公布，自 2002 年 11 月 1 日起施行。2014 年 8 月 31 日第十二届全国人民代表大会常务委员会第十次会议通过全国人民代表大会常务委员会关于修改《中华人民共和国安全生产法》的决定，自 2014 年 12 月 1 日起施行。2021 年 6 月 10 日第十三届全国人民代表大会常务委员会第二十九次会议通过第三次修正决定。

（一）《安全生产法》的法律地位和立法宗旨

《安全生产法》是我国第一部全面规定安全生产领域各项制度的综合法律，是安全生产的基本法。《安全生产法》的法律地位和法律效力是最高的，是各类生产经营单位及其从业人员实现安全生产所必须遵守的行为规范，是各级人民政府和各有关部门进行监督管理和行政执法的法律依据，是制裁各种安全生产违法犯罪行为的法律武器。

《安全生产法》的颁布、修订与实施，对于依法强化我国安全生产监督管理，规范各类生产经营单位的安全生产和作业，依法制裁各种安全生产违法行为，遏制重大、特大事故的发生，保障劳动生产者安全的合法权益，维护人民群众生命财产安全，具有十分重要的意义。

《安全生产法》第一条明确规定了其立法宗旨："为了加强安全生产工作，防止和减少生产安全事故，保障人民群众生命和财产安全，促进经济社会持续健康发展，制定本法。"

《安全生产法》规定的一系列基本原则和制度，也是交通运输生产活动必须遵守的。

（二）《安全生产法》的使用范围

《安全生产法》第二条对使用范围作了明确规定："在中华人民共和国领域内从事生产经营活动的单位（以下统称生产经营单位）的安全生产，适用本法；有关法律、行政法规对消防安全和道路交通安全、铁路交通安全、水上交通安全、民用航空安全以及核与辐射安全、特种设备安全另有规定的，适用其规定。"

（三）安全生产法的基本框架

第一章　总则；

第二章　生产经营单位的安全生产保障；

第三章　从业人员的安全生产权利义务；

第四章　安全生产的监督管理；

第五章　生产安全事故的应急救援与调查处理；

第六章　法律责任；

第七章　附则。

（四）《安全生产法》的基本规定

1. 安全生产管理的方针

安全生产方针是党和国家对工作总的要求，是安全生产工作的方向。我国现行的安全生产方针是"安全第一、预防为主、综合治理"。

"安全第一"，就是在生产经营活动中，在处理保证安全与生产经营活动的关系上，要始终把安全放在首要位置，优先考虑从业人员和其他人员的人身安全，实行"安全优先"的原则。在安全的前提下，努力实现生产经营的其他目标。从保护生产力的角度和高度，表明在生产范围内，安全与生产的关系，肯定安全在生产活动中的位置和重要性。

"预防为主"，就是按照系统化、科学化的管理思想，按照事故发生的规律和特点，千方百计预防事故的发生，做到防患于未然，将事故消灭在萌芽状态。首先要端正对生产中不安全因素的认识，端正消除不安全因素的态度，选准消除不安全因素的时机。预防为主，主要体现为"六先"，即安全意识在先，安全投入在先，安全责任在先，建章立制在先，隐患预防在先，监督执法在先。

"综合治理",就是综合运用经济、法律、行政等手段,人管、法制和技防多管齐下,并发挥社会、职工和舆论的监督作用,有效解决安全生产领域的问题。

"安全第一、预防为主、综合治理"的安全生产方针是一个有机的统一体。"安全第一"是"预防为主、综合治理"的统帅和灵魂,没有安全第一的思想,预防为主就失去了思想支撑,综合治理就失去了整治的依据。"预防为主"是实现"安全第一"的根本途径,只有把安全生产的重点放在建立事故安全预防的体系上,超前防范,才能有效减少事故损失,实现安全第一。"综合治理"是落实"安全第一、预防为主"的手段和方法,只有不断健全和完善综合治理的工作机制,才能有效贯彻安全生产方针,真正把"安全第一、预防为主"落到实处,不断开创安全生产工作的新局面。

在国内所有从事生产经营活动的单位,都应运用安全生产法管理、监督、控制安全生产。

2. 生产经营单位安全生产责任制度

《安全生产法》第四条规定:生产经营单位必须遵守本法和其他有关安全生产的法律、法规,加强安全生产管理,建立、健全安全生产责任制和安全生产规章制度,改善安全生产条件,推进安全生产标准化建设,提高安全生产水平,确保安全生产。该条规定主要依法规定了以生产经营单位作为主体、以依法生产经营为规范、以安全生产责任制为核心的安全生产管理制度。

生产经营单位遵守本法和其他有关安全生产的法律法规,加强安全生产管理,建立健全安全生产责任制度,完善安全生产条件,确保安全生产。

生产经营单位是生产经营活动的直接承担者,也是引发生产安全事故的载体。只有生产经营单位实现人、机、环三要素的统一,才能从根本上避免、预防和消除生产安全事故。《安全生产法》规定了依法进行安全生产管理是生产经营单位的行为准则;强调了加强管理,建章立制,改善条件,是生产经营单位实现确保安全生产的必要措施;明确了确保安全生产是建立、健全安全生产责任制的根本目的。

3. 生产经营单位主要负责人的安全责任

生产经营单位主要负责人是生产经营活动和安全生产工作的决策者、指挥者，对于落实安全生产责任制，加强安全管理，确保安全生产至关重要，只有明确生产经营单位主要负责人在安全生产中的地位和责任，才能真正促使生产经营单位重视并抓好安全生产工作，防止和减少生产安全事故的发生。《安全生产法》针对生产经营单位主要负责人的安全责任不明确的问题，规定了生产经营单位主要负责人依法应当负有的责任，健全本单位安全生产责任制，组织制定本单位安全生产规章制度，保证本单位安全生产投入的有效实施，督促、检查本单位的安全生产工作，及时消除生产安全事故隐患，组织制定并实施本单位的生产安全事故应急预案，及时、如实报告生产安全事故等6项基本职责。这样规定有3个好处：一是主要负责人有权有责，权责一致；二是安全生产责任明确具体，具有可操作性；三是实施责任追究时有充分的依据。

4. 工会在安全生产工作中的地位和权利

工会是安全生产工作中代表从业人员对生产经营单位的安全生产进行监督，维护从业人员合法权益的群众性组织，是协助生产经营单位加强安全管理的助手，是政府监督管理的重要补充。

《安全生产法》第七条、第六十条对工会地位和权利作出了如下规定：工会依法组织职工参加本单位安全生产工作的民主管理和民主监督，维护职工在安全生产方面的合法权益。工会有权对建设项目的安全设施与主体工程同时设计、同时施工、同时投入生产和使用进行监督，提出意见。工会对生产经营单位违反安全生产法律、法规，侵犯从业人员合法权益的行为，有权要求纠正；发现生产经营单位违章指挥、强令冒险作业或者发现事故隐患时，有权提出解决的建议，生产经营单位应当及时研究答复；发现危及从业人员生命安全的情况时，生产经营单位必须立即做出处理。工会有权向生产经营单位建议组织从业人员撤离危险场所，有权依法参加事故调查，向有关部门提出处理意见，并要求追究有关人员的责任。

5. 生产安全事故责任追究

《安全生产法》第十六条规定："国家实行生产安全事故责任追究制度，依照本法和有关法律、法规的规定，追究生产安全事故责任人员的法律责任。"《安全生产法》规定要实行责任追究的，是指人为责任事故。因此，必须依法实行安全生产事故责任追究制度。这项制度包括安全生产责任制的建立、安全生产责任的落实和违法责任的追究3项内容。

6. 安全生产标准

安全生产标准是法律规范的重要补充。《安全生产法》第十一条规定：国务院有关部门应当按照保障安全生产的要求，依法及时制定有关的国家标准或者行业标准，并根据科技进步和经济发展适时修订。生产经营单位必须执行依法制定的保障安全生产的国家标准或者行业标准。

7. 安全生产宣传教育

安全生产事关人民群众生命和财产安全，做好安全生产工作，必须提升全民的安全意识，弘扬安全文化，树立以人为本的理念。《安全生产法》第十三条规定："各级人民政府及其有关部门应当采取多种形式，加强对有关安全生产的法律、法规和安全生产知识的宣传，增强全社会的安全生产意识。"第七十七条规定："新闻、出版、广播、电影、电视等单位有进行安全生产公益宣传教育的义务，有对违反安全生产法律、法规的行为进行舆论监督的权利。"依照法律规定，各级人民政府及其有关部门负有进行安全生产宣传教育的职责，要采用多种形式，充分利用各种传播媒体，广泛深入，坚持不懈地开展对安全生产法律、法规的宣传，使其为广大职工群众所掌握，将其变为广大职工群众的自觉行动。

8. 安全生产科技进步奖励

国家鼓励和支持安全生产科学技术研究和安全生产先进技术的推广应

用，提高安全生产水平。法律明确规定鼓励和支持安全生产科学技术研究和安全生产先进技术的推广应用，是国家政策措施的导向，可从根本上改变当前安全生产科学技术落后的状况。

国家对在改善安全生产条件，防止生产安全事故，参加抢险救护等方面取得显著成绩的单位和个人，给予奖励。它明确了国家重点奖励的行为。

9. 从业人员安全培训的规定

一是生产经营单位应当对从业人员进行安全生产教育和培训，保证从业人员具备必要的安全生产知识，熟悉有关的安全生产规章制度和安全操作规程，掌握本岗位的安全操作技能，了解事故应急处理措施，知悉自身在安全生产方面的权利和义务。未经安全生产教育和培训合格的从业人员，不得上岗作业。

二是生产经营单位使用被派遣劳动者的，应当将被派遣劳动者纳入本单位从业人员统一管理，对被派遣劳动者进行岗位安全操作规程和安全操作技能的教育和培训。劳务派遣单位应当对被派遣劳动者进行必要的安全生产教育及培训。

三是生产经营单位接收中等职业学校、高等学校学生实习的，应当对实习学生进行相应的安全生产教育、培训，提供必要的劳动防护用品。学校应当协助生产经营单位对实习学生进行安全生产教育和培训。

四是生产经营单位应当建立安全生产教育和培训档案，如实记录安全生产教育和培训的时间、内容、参加人员以及考核结果等情况。

五是生产经营单位采用新工艺、新技术、新材料或者使用新设备，必须了解、掌握其安全技术特性，采取有效的安全防护措施，并对从业人员进行专门的安全生产教育和培训。

（五）《安全生产法》保障运行机制

（1）政府监管与指导（通过立法、执法、监管等手段）；

（2）企业实施与保障（落实预防、应急救援和事后处理等措施）；

（3）员工权益与自律（八项权益和三项义务）；

（4）社会监督与参与（公民、工会、舆论和社区监督）；

（5）中介支持与服务（通过技术支持和咨询服务等方式）。

（六）《安全生产法》七项基本法律制度

（1）安全生产监督管理制度；

（2）生产经营单位安全保障制度；

（3）从业人员安全生产权利义务制度；

（4）生产经营单位负责人安全责任制度；

（5）安全中介服务制度；

（6）安全生产责任追究制度；

（7）事故应急救援和处理制度。

（七）《安全生产法》从业人员的权利与义务

《安全生产法》明确了从业人员的权利和义务（8项权利、3项义务）。

1. 8项权利

（1）知情权；

（2）建议权；

（3）批评权和检举、控告权；

（4）拒绝权；

（5）紧急避险权；

（6）依法向本单位提出要求赔偿的权利；

（7）获得符合国家标准或者行业标准劳动防护用品的权利；

（8）获得安全生产教育和培训的权利。

2. 3项义务

（1）自律遵规的义务；

（2）自觉学习安全生产知识的义务；

（3）危险报告义务。

（八）安全生产的监督管理

《安全生产法》明确规定了我国安全生产的4种监督方式：

工会民主监督，即工会有权对建设项目的安全设施与主体工程同时设计、同时施工、同时投入生产和使用的情况进行监督，提出意见。

社会舆论监督，即新闻、出版、广播、电影、电视等单位有对违反安全生产法律、法规的行为进行舆论监督的权利。

公众举报监督，即任何单位或者个人对事故隐患或者安全生产违法行为，均有权向负有安全生产监督管理职责的部门报告或者举报。

社区报告监督，即居民委员会、村民委员会发现其所在区域内的生产经营单位存在事故隐患或者安全生产违法行为时，有权向当地人民政府或者有关部门报告。

（九）《安全生产法》重点解析

1. 以人为本，坚持安全发展

《安全生产法》明确提出安全生产工作应当以人为本，坚持安全发展，对于坚守红线意识、进一步加强安全生产工作、实现安全生产形势根本性好转的奋斗目标具有重要意义。

2. 建立完善安全生产方针和工作机制

进一步完善安全生产工作方针"安全第一、预防为主、综合治理"，进一步明确了安全生产的重要地位、主体任务和实现安全生产的根本途径；提出要建立生产经营单位负责、职工参与、政府监管、行业自律、社会监督的工作机制，进一步明确了各方安全职责。

3. 落实"三个必须"，确立安全生产监管执法部门的地位

按照安全生产管行业必须管安全、管业务必须管安全、管生产经营必须管安全的要求，《安全生产法》明确：一是规定国务院和县级以上地方人

民政府应当建立健全安全生产工作协调机制，及时协调、解决安全生产监督管理中的重大问题。二是明确各级政府安全生产监督管理部门实施综合监督管理，有关部门在各自职责范围内对有关"行业、领域"的安全生产工作实施监督管理。三是明确各级安全生产监督管理部门和其他负有安全生产监督管理职责的部门作为行政执法部门，依法开展安全生产行政执法工作，对生产经营单位执行法律、法规、国家标准或者行业标准的情况进行监督检查。

4. 强化乡镇人民政府以及街道办事处、开发区管理机构安全生产职责

乡镇街道是安全生产工作的重要基础，有必要在立法层面明确其安全生产职责，同时针对各地经济技术开发区、工业园区的安全监管体制不顺、监管人员配备不足、事故隐患集中、事故多发等突出问题。《安全生产法》明确了乡镇人民政府以及街道办事处、开发区管理机构等地方人民政府的派出机关应当按照职责，加强对本行政区域内生产经营单位安全生产状况的监督检查，协助上级人民政府有关部门依法履行安全生产监督管理职责。

5. 明确生产经营单位安全生产管理机构、人员的设置、配备标准和工作职责

《安全生产法》明确：一是明确矿山、金属冶炼、建筑施工、道路运输单位和危险物品的生产、经营、储存单位，应当设置安全生产管理机构或者配备专职安全生产管理人员，将其他生产经营单位设置专门机构或者配备专职人员的从业人员下限由 300 人调整为 100 人。二是规定了安全生产管理机构以及管理人员的 7 项职责，主要包括拟定本单位安全生产规章制度、操作规程、应急救援预案，组织宣传贯彻安全生产法律、法规；组织安全生产教育和培训，制止和纠正违章指挥、强令冒险作业、违反操作规程的行为，督促落实本单位安全生产整改措施等。三是明确生产经营单位作出涉及安全生产的经营决策，应当听取安全生产管理机构以及安全生产管理人员的意见。

6. 明确了劳务派遣单位、用工单位的职责和劳动者的权利与义务

一是规定生产经营单位应当将被派遣劳动者纳入本单位从业人员统一管理，对被派遣劳动者进行岗位安全操作规程、安全操作技能的教育和培训。劳务派遣单位应当对被派遣劳动者进行必要的安全生产教育和培训。二是明确被派遣劳动者享有本法规定的从业人员的权利，并应当履行本法规定的从业人员的义务。

7. 建立事故隐患排查治理制度

《安全生产法》把加强事前预防、强化隐患排查治理作为一项重要内容：一是生产经营单位必须建立事故隐患排查治理制度，采取技术、管理措施消除事故隐患。二是政府有关部门要建立健全重大事故隐患治理督办制度，督促生产经营单位消除重大事故隐患。三是对未建立隐患排查治理制度、未采取有效措施消除事故隐患的行为，设定了严格的行政处罚。

8. 推进安全生产标准化建设

结合多年来的实践经验，《安全生产法》在总则部分明确生产经营单位应当推进安全生产标准化工作，提高本质安全生产水平。

9. 推行注册安全工程师制度

《安全生产法》确立了注册安全工程师制度，并从两个方面加以推进：一是危险物品的生产、储存单位以及矿山、金属冶炼单位应当有注册安全工程师从事安全生产管理工作，鼓励其他单位聘用注册安全工程师。二是建立注册安全工程师按专业分类管理制度，授权国务院人力资源和社会保障部门、安全生产监督管理等部门制定具体实施办法。

10. 推进安全生产责任保险

《安全生产法》第五十一条规定：国家鼓励生产经营单位投保安全生产责任保险。该规定主要是为了增加事故应急救援和事故单位从业人员以外的事故受害人的赔偿补偿资金来源。

二、《中华人民共和国劳动法》重点内容解析

（一）法律依据

《中华人民共和国劳动法》(简称《劳动法》)于 1994 年 7 月 5 日第八届全国人民代表大会常务委员会第八次会议通过；根据 2009 年 8 月 27 日第十一届全国人民代表大会常务委员会第十次会议《关于修改部分法律的决定》第一次修正；根据 2018 年 12 月 29 日第十三届全国人民代表大会常务委员会第七次会议《关于修改〈中华人民共和国劳动法〉等七部法律的决定》第二次修正。

（二）主要内容

《劳动法》分为总则、促进就业、劳动合同和集体合同、工作时间和休息休假、工资、劳动卫生、女职工和未成年工保护、职业培训、社会保险和福利、劳动争议、监督检查、法律责任和附则共 13 章 107 条。

1. 劳动者的权利和义务

《劳动法》赋予了劳动者享有的 7 项权利和需要履行的 4 项义务。

1）7 项权利

（1）劳动者享有平等就业和选择职业的权利；

（2）取得劳动报酬的权利和休息休假的权利；

（3）获得劳动安全卫生保护的权利；

（4）接受职业技能培训的权利；

（5）享受社会保险和福利的权利；

（6）提请劳动争议处理的权利；

（7）法律规定的其他劳动权利。

2）4 项义务

（1）劳动者应当完成劳动任务；

（2）劳动者应当提高职业技能；

（3）劳动者应当执行劳动安全卫生规程；

（4）劳动者应当遵守劳动纪律和职业道德。

2. 劳动安全卫生

（1）用人单位、从业人员和政府在安全生产中的责任和义务：用人单位必须建立、健全劳动安全卫生制度，严格执行国家劳动安全卫生规程和标准，对劳动者进行劳动安全卫生教育，防止劳动过程中的事故，减少职业危害；劳动安全卫生设施必须符合国家规定的标准，新建、改建、扩建工程的劳动安全卫生设施必须与主体工程同时设计、同时施工、同时投入生产和使用；用人单位必须为劳动者提供符合国家规定的劳动安全卫生条件和必要的劳动防护用品，对从事有职业危害作业的劳动者应当定期进行健康检查。

（2）从事特种作业的劳动者必须经过专门培训并取得特种作业资格；劳动者在劳动过程中必须严格遵守安全操作规程。劳动者对用人单位管理人员违章指挥、强令冒险作业，有权拒绝执行；对危害生命安全和身体健康的行为，有权提出批评、检举和控告。

（3）国家建立伤亡事故和职业病统计报告及处理制度。县级以上各级人民政府劳动行政部门、有关部门和用人单位应当依法对劳动者在劳动过程中发生的伤亡事故、劳动者的职业病状况，进行统计、报告和处理。

3. 女职工和未成年人的保护

女职工和未成年工（指年满十六周岁未满十八周岁）由于生理等原因不适宜从事某些危险性较大或劳动强度较大的劳动。《劳动法》第七章明确规定了对女职工和未成年工实行特殊保护。

1）女职工保护

（1）禁止安排女职工从事矿山井下、国家规定的第四级体力劳动强度的劳动和其他禁忌从事的劳动。

（2）不得安排女职工在经期从事高处、低温、冷水作业和国家规定的第三级体力劳动强度的劳动。

（3）不得安排女职工在怀孕期间从事国家规定的第三级体力劳动强度的劳动和孕期禁忌从事的劳动。对怀孕七个月以上的女职工，不得安排其延长工作时间和夜班劳动。

（4）女职工生育享受不少于九十天的产假。

（5）不得安排女职工在哺乳未满一周岁的婴儿期间从事国家规定的第三级体力劳动强度的劳动和哺乳期禁忌从事的其他劳动，不得安排其延长工作时间和夜班劳动。

2）未成年工保护

（1）不得安排未成年工从事矿山井下、有毒有害、国家规定的第四级体力劳动强度的劳动和其他禁忌从事的劳动。

（2）用人单位应当对未成年工定期进行健康检查。

三、《中华人民共和国消防法》重点内容解析

（一）法律依据

《中华人民共和国消防法》（简称《消防法》）是中国全国人民代表大会常务委员会批准的中国国家法律文件。1998年4月29日第九届全国人民代表大会常务委员会第二次会议通过；2008年10月28日第十一届全国人民代表大会常务委员会第五次会议修订；根据2019年4月23日第十三届全国人民代表大会常务委员会第十次会议《关于修改〈中华人民共和国建筑法〉等八部法律的决定》第一次修正；根据2021年4月29日第十三届人民代表大会第二十八次会议《关于修改〈中华人民共和国交通道路安全法〉等八部法律的决定》第二次修正。

《消防法》全面、科学、准确地规定了社会各方面的消防工作，是我国消防法律法规体系中的"根本大法"，具有最高的法律效力，不仅对全国消防工作的开展具有普遍的指导意义，而且也是制定其他消防法规的主要依据。

《消防法》是为了预防火灾和减少火灾危害，加强应急救援工作，保护人身、财产安全，维护公共安全制定的。

（二）法律基本框架

第一章　总则；

第二章　火灾预防；

第三章　消防组织；

第四章　灭火救援；

第五章　监督检查；

第六章　法律责任；

第七章　附则。

（三）消防工作方针

消防工作贯彻预防为主、防消结合的方针，按照政府统一领导、部门依法监管、单位全面负责、公民积极参与的原则，实行消防安全责任制，建立健全社会化的消防工作网络。

（四）消防工作职责要求

（1）国务院领导全国的消防工作。地方各级人民政府负责本行政区域内的消防工作。各级人民政府应当将消防工作纳入国民经济和社会发展计划，保障消防工作与经济社会发展相适应。

（2）国务院应急管理部门对全国的消防工作实施监督管理。县级以上地方人民政府应急管理部门对本行政区域内的消防工作实施监督管理，并由本级人民政府消防救援机构负责实施。军事设施的消防工作，由其主管单位监督管理，消防救援机构协助；矿井地下部分、核电厂、海上石油天然气设施的消防工作，由其主管单位监督管理。县级以上人民政府其他有关部门在各自的职责范围内，依照本法和其他相关法律、法规的规定做好消防工作。

（3）任何单位和个人都有维护消防安全、保护消防设施、预防火灾、报告火警的义务。任何单位和成年人都有参加有组织的灭火工作的义务。

（4）各级人民政府应当组织开展经常性的消防宣传教育，提高公民的消防安全意识。

机关、团体、企业、事业等单位，应当加强对本单位人员的消防宣传教育。

应急管理部门及消防救援机构应当加强消防法律、法规的宣传，并督促、指导、协助有关单位做好消防宣传教育工作。

教育、人力资源行政主管部门和学校、有关职业培训机构应当将消防知识纳入教育、教学、培训的内容。

新闻、广播、电视等有关单位，应当有针对性地面向社会进行消防宣传教育。

工会、共产主义青年团、妇女联合会等团体应当结合各自工作对象的特点，组织开展消防宣传教育。

村民委员会、居民委员会应当协助人民政府以及公安机关、应急管理等部门，加强消防宣传教育。

（5）国家鼓励、支持消防科学研究和技术创新，推广使用先进的消防和应急救援技术、设备；鼓励、支持社会力量开展消防公益活动。

对在消防工作中有突出贡献的单位和个人，应当按照国家有关规定给予表彰和奖励。

（五）火灾预防

（1）地方各级人民政府应当将包括消防安全布局、消防站、消防供水、消防通信、消防车通道、消防装备等内容的消防规划纳入城乡规划，并负责组织实施。

城乡消防安全布局不符合消防安全要求的，应当调整、完善；公共消防设施、消防装备不足或者不适应实际需要的，应当增建、改建、配置或者进行技术改造。

（2）建设工程的消防设计、施工必须符合国家工程建设消防技术标准。建设、设计、施工、工程监理等单位依法对建设工程的消防设计、施工质量负责。

（3）对按照国家工程建设消防技术标准需要进行消防设计的建设工程，实行建设工程消防设计审查验收制度。

（4）国务院住房和城乡建设主管部门规定的特殊建设工程，建设单位应当将消防设计文件报送住房和城乡建设主管部门审查，住房和城乡建设主管部门依法对审查的结果负责。

（5）特殊建设工程未经消防设计审查或者审查不合格的，建设单位、施工单位不得施工；其他建设工程，建设单位未提供满足施工需要的消防设计图纸及技术资料的，有关部门不得发放施工许可证或者批准开工报告。

（6）国务院住房和城乡建设主管部门规定应当申请消防验收的建设工程竣工，建设单位应当向住房和城乡建设主管部门申请消防验收。依法应当进行消防验收的建设工程，未经消防验收或者消防验收不合格的，禁止投入使用；其他建设工程经依法抽查不合格的，应当停止使用。

（7）建设工程消防设计审查、消防验收、备案和抽查的具体办法，由国务院住房和城乡建设主管部门规定。

（8）公众聚集场所在投入使用、营业前，建设单位或者使用单位应当向场所所在地的县级以上地方人民政府消防救援机构申请消防安全检查。

消防救援机构应当自受理申请之日起10个工作日内，根据消防技术标准和管理规定，对该场所进行消防安全检查。未经消防安全检查或者经检查不符合消防安全要求的，不得投入使用、营业。

（9）机关、团体、企业、事业等单位应当履行下列消防安全职责：
单位的主要负责人是本单位的消防安全责任人。

① 落实消防安全责任制，制定本单位的消防安全制度、消防安全操作规程，制定灭火和应急疏散预案；

② 按照国家标准、行业标准配置消防设施、器材，设置消防安全标志，并定期组织检验、维修，确保完好有效；

③ 对建筑消防设施每年至少进行一次全面检测，确保完好有效，检测记

录应当完整准确，存档备查；

④ 保障疏散通道、安全出口、消防车通道畅通，保证防火防烟分区、防火间距符合消防技术标准；

⑤ 组织防火检查，及时消除火灾隐患；

⑥ 组织进行有针对性的消防演练。

消防安全重点单位除应当履行《消防法》第十六条规定的职责外，还应当履行下列消防安全职责：

① 确定消防安全管理人，组织实施本单位的消防安全管理工作；

② 建立消防档案，确定消防安全重点部位，设置防火标志，实行严格管理；

③ 实行每日防火巡查，并建立巡查记录；

④ 对职工进行岗前消防安全培训，定期组织消防安全培训和消防演练。

（六）消防组织

（1）各级人民政府应当加强消防组织建设，根据经济社会发展的需要，建立多种形式的消防组织，加强消防技术人才培养，增强火灾预防、扑救和应急救援的能力。

（2）县级以上地方人民政府应当按照国家规定建立国家综合性消防救援队、专职消防队，并按照国家标准配备消防装备，承担火灾扑救工作。

乡镇人民政府应当根据当地经济发展和消防工作的需要，建立专职消防队、志愿消防队，承担火灾扑救工作。

（3）国家综合性消防救援队、专职消防队按照国家规定承担重大灾害事故和其他以抢救人员生命为主的应急救援工作。

（4）国家综合性消防救援队、专职消防队应当充分发挥火灾扑救和应急救援专业力量的骨干作用；按照国家规定，组织实施专业技能训练，配备并维护保养装备器材，提高火灾扑救和应急救援的能力。

（5）下列单位应当建立单位专职消防队，承担本单位的火灾扑救工作：

①大型核设施单位、大型发电厂、民用机场、主要港口；

②生产、储存易燃易爆危险品的大型企业；

③储备可燃的重要物资的大型仓库、基地；

④第一项、第二项、第三项规定以外的火灾危险性较大、距离国家综合性消防救援队较远的其他大型企业；

⑤距离国家综合性消防救援队较远、被列为全国重点文物保护单位的古建筑群的管理单位。

（6）专职消防队的建立，应当符合国家有关规定，并报当地消防救援机构验收。专职消防队的队员依法享受社会保险和福利待遇。

（7）机关、团体、企业、事业等单位以及村民委员会、居民委员会根据需要，建立志愿消防队等多种形式的消防组织，开展群众性自防自救工作。

（8）消防救援机构应当对专职消防队、志愿消防队等消防组织进行业务指导；根据扑救火灾的需要，可以调动指挥专职消防队参加火灾扑救工作。

（七）灭火救援

（1）县级以上地方人民政府应当组织有关部门针对本行政区域内的火灾特点制定应急预案，建立应急反应和处置机制，为火灾扑救和应急救援工作提供人员、装备等保障。

（2）任何人发现火灾都应当立即报警。任何单位、个人都应当无偿为报警提供便利，不得阻拦报警。严禁谎报火警。

人员密集场所发生火灾，该场所的现场工作人员应当立即组织、引导在场人员疏散。

任何单位发生火灾，必须立即组织力量扑救。邻近单位应当给予支援。

消防队接到火警，必须立即赶赴火灾现场，救助遇险人员，排除险情，扑灭火灾。

（3）消防救援机构统一组织和指挥火灾现场扑救，应当优先保障遇险人员的生命安全。

火灾现场总指挥根据扑救火灾的需要，有权决定下列事项：

① 使用各种水源；

② 截断电力、可燃气体和可燃液体的输送，限制用火用电；

③ 划定警戒区，实行局部交通管制；

④ 利用临近建筑物和有关设施；

⑤ 为了抢救人员和重要物资，防止火势蔓延，拆除或者破损毗邻火灾现场的建筑物、构筑物或者设施等；

⑥ 调动供水、供电、供气、通信、医疗救护、交通运输、环境保护等有关单位协助灭火救援。

根据扑救火灾的紧急需要，有关地方人民政府应当组织人员、调集所需物资支援灭火。

（4）国家综合性消防救援队、专职消防队参加火灾以外的其他重大灾害事故的应急救援工作，由县级以上人民政府统一领导。

（5）消防车、消防艇前往执行火灾扑救或者应急救援任务，在确保安全的前提下，不受行驶速度、行驶路线、行驶方向和指挥信号的限制，其他车辆、船舶以及行人应当让行，不得穿插超越；收费公路、桥梁免收车辆通行费。交通管理指挥人员应当保证消防车、消防艇迅速通行。

赶赴火灾现场或者应急救援现场的消防人员和调集的消防装备、物资，需要铁路、水路或者航空运输的，有关单位应当优先运输。

（6）消防车、消防艇以及消防器材、装备和设施，不得用于与消防和应急救援工作无关的事项。

（7）国家综合性消防救援队、专职消防队扑救火灾、应急救援，不得收取任何费用。

单位专职消防队、志愿消防队参加扑救外单位火灾所损耗的燃料、灭火剂和器材、装备等，由火灾发生地的人民政府给予补偿。

（8）对因参加扑救火灾或者应急救援受伤、致残或者死亡的人员，按照国家有关规定给予医疗、抚恤。

（9）消防救援机构有权根据需要封闭火灾现场，负责调查火灾原因，统计火灾损失。

火灾扑灭后，发生火灾的单位和相关人员应当按照消防救援机构的要求保护现场，接受事故调查，如实提供与火灾有关的情况。

消防救援机构根据火灾现场勘验、调查情况和有关的检验、鉴定意见，及时制作火灾事故认定书，作为处理火灾事故的证据。

（八）监督检查

（1）地方各级人民政府应当落实消防工作责任制，对本级人民政府有关部门履行消防安全职责的情况进行监督检查。

县级以上地方人民政府有关部门应当根据本系统的特点，有针对性地开展消防安全检查，及时督促整改火灾隐患。

（2）消防救援机构应当对机关、团体、企业、事业等单位遵守消防法律、法规的情况依法进行监督检查。公安派出所可以负责日常消防监督检查、开展消防宣传教育，具体办法由国务院公安部门规定。

消防救援机构、公安派出所的工作人员进行消防监督检查，应当出示证件。

（3）消防救援机构在消防监督检查中发现火灾隐患的，应当通知有关单位或者个人立即采取措施消除隐患；不及时消除隐患可能严重威胁公共安全的，消防救援机构应当依照规定对危险部位或者场所采取临时查封措施。

（4）消防救援机构在消防监督检查中发现城乡消防安全布局、公共消防设施不符合消防安全要求，或者发现本地区存在影响公共安全的重大火灾隐患的，应当由应急管理部门书面报告本级人民政府。

接到报告的人民政府应当及时核实情况，组织或者责成有关部门、单位采取措施，予以整改。

（5）住房和城乡建设主管部门、消防救援机构及其工作人员应当按照法定的职权和程序进行消防设计审查、消防验收、备案抽查和消防安全检查，做到公正、严格、文明、高效。

（6）住房和城乡建设主管部门、消防救援机构及其工作人员执行职务，应当自觉接受社会和公民的监督。

任何单位和个人都有权对住房和城乡建设主管部门、消防救援机构及其工作人员在执法中的违法行为进行检举、控告。收到检举、控告的机关，应当按照职责及时查处。

（九）法律责任

（1）违反《消防法》规定，有下列行为之一的，由住房和城乡建设主管部门、消防救援机构按照各自职权责令停止施工、停止使用或者停产停业，并处 3 万元以上 30 万元以下罚款：依法应当进行消防设计审查的建设工程，未经依法审查或者审查不合格，擅自施工的；依法应当进行消防验收的建设工程，未经消防验收或者消防验收不合格，擅自投入使用的；本法第十三条规定的其他建设工程验收后经依法抽查不合格，不停止使用的；公众聚集场所未经消防安全检查或者经检查不符合消防安全要求，擅自投入使用、营业的。

（2）违反《消防法》规定，有下列行为之一的，由住房和城乡建设主管部门责令改正或者停止施工，并处 1 万元以上 10 万元以下罚款：建设单位要求建筑设计单位或者建筑施工企业降低消防技术标准设计、施工的；建筑设计单位不按照消防技术标准强制性要求进行消防设计的；建筑施工企业不按照消防设计文件和消防技术标准施工，降低消防施工质量的；工程监理单位与建设单位或者建筑施工企业串通，弄虚作假，降低消防施工质量的。

（3）单位违反《消防法》规定，有下列行为之一的，责令改正，处 5 000 元以上 50 000 元以下罚款：消防设施、器材或者消防安全标志的配置、设置不符合国家标准、行业标准，或者未保持完好有效的；损坏、挪用或者擅自拆除、停用消防设施、器材的；占用、堵塞、封闭疏散通道、安全出口或者有其他妨碍安全疏散行为的；埋压、圈占、遮挡消火栓或者占用防火间距的；

占用、堵塞、封闭消防车通道，妨碍消防车通行的；人员密集场所在门窗上设置影响逃生和灭火救援的障碍物的；对火灾隐患经消防救援机构通知后不及时采取措施消除的。

（4）生产、储存、经营易燃易爆危险品的场所与居住场所设置在同一建筑物内，或者未与居住场所保持安全距离的，责令停产停业，并处 5 000 元以上 50 000 元以下罚款。

生产、储存、经营其他物品的场所与居住场所设置在同一建筑物内，不符合消防技术标准的，依照前款规定处罚。

（5）有下列行为之一的，依照《中华人民共和国治安管理处罚法》的规定处罚：违反有关消防技术标准和管理规定生产、储存、运输、销售、使用、销毁易燃易爆危险品的；非法携带易燃易爆危险品进入公共场所或者乘坐公共交通工具的；谎报火警的；阻碍消防车、消防艇执行任务的；阻碍消防救援机构的工作人员依法执行职务的。

（6）违反《消防法》规定，有下列行为之一的，处警告或者 500 元以下罚款；情节严重的，处 5 日以下拘留：

①违反消防安全规定进入生产、储存易燃易爆危险品场所的；

②违反规定使用明火作业或者在具有火灾、爆炸危险的场所吸烟、使用明火的。

（7）违反《消防法》规定，有下列行为之一，尚不构成犯罪的，处 10 日以上 15 日以下拘留，可以并处 500 元以下罚款；情节较轻的，处警告或者 500 元以下罚款：

①指使或者强令他人违反消防安全规定，冒险作业的；

②过失引起火灾的；

③在火灾发生后阻拦报警，或者负有报告职责的人员不及时报警的；

④扰乱火灾现场秩序，或者拒不执行火灾现场指挥员指挥，影响灭火救援的；

⑤故意破坏或者伪造火灾现场的；擅自拆封或者使用被消防救援机构查

封的场所、部位的。

（8）违反《消防法》规定，生产、销售不合格的消防产品或者国家明令淘汰的消防产品的，由产品质量监督部门或者工商行政管理部门依照《中华人民共和国产品质量法》的规定从重处罚。

人员密集场所使用不合格的消防产品或者国家明令淘汰的消防产品的，责令限期改正；逾期不改正的，处 5 000 元以上 50 000 元以下罚款，并对其直接负责的主管人员和其他直接责任人员处 500 元以上 2 000 元以下罚款；情节严重的，责令停产停业。

消防救援机构除依法对使用者予以处罚外，应当将发现不合格的消防产品和国家明令淘汰的消防产品的情况通报产品质量监督部门、工商行政管理部门。产品质量监督部门、工商行政管理部门应当对生产者、销售者依法及时查处。

（9）电器产品、燃气用具的安装、使用及其线路、管路的设计、敷设、维护保养、检测不符合消防技术标准和管理规定的，责令限期改正；逾期不改正的，责令停止使用，可以并处 1 000 元以上 5 000 元以下罚款。

（10）人员密集场所发生火灾，该场所的现场工作人员不履行组织、引导在场人员疏散的义务，情节严重，尚不构成犯罪的，处 5 日以上 10 日以下拘留。

（11）消防产品质量认证、消防设施检测等消防技术服务机构出具虚假文件的，责令改正，处 5 万元以上 10 万元以下罚款，并对直接负责的主管人员和其他直接责任人员处 1 万元以上 5 万元以下罚款；有违法所得的，并处没收违法所得；给他人造成损失的，依法承担赔偿责任；情节严重的，由原许可机关依法责令停止执业或者吊销相应资质、资格。

（12）被责令停止施工、停止使用、停产停业的，应当在整改后向作出决定的部门或者机构报告，经检查合格，方可恢复施工、使用、生产、经营。

当事人逾期不执行停产停业、停止使用、停止施工决定的，由作出决定的部门或者机构强制执行。

责令停产停业，对经济和社会生活影响较大的，由住房和城乡建设主管部门或者应急管理部门报请本级人民政府依法决定。

（13）住房和城乡建设主管部门、消防救援机构的工作人员滥用职权、玩忽职守、徇私舞弊，有下列行为之一，尚不构成犯罪的，依法给予处分：

① 对不符合消防安全要求的消防设计文件、建设工程、场所准予审查合格、消防验收合格、消防安全检查合格的；

② 无故拖延消防设计审查、消防验收、消防安全检查，不在法定期限内履行职责的；

③ 发现火灾隐患不及时通知有关单位或者个人整改的；

④ 利用职务为用户、建设单位指定或者变相指定消防产品的品牌、销售单位或者消防技术服务机构、消防设施施工单位的；

⑤ 其他滥用职权、玩忽职守、徇私舞弊的行为。

产品质量监督、工商行政管理等其他有关行政主管部门的工作人员在消防工作中滥用职权、玩忽职守、徇私舞弊，尚不构成犯罪的，依法给予处分。

（14）违反《消防法》规定，构成犯罪的，依法追究刑事责任。

四、《中华人民共和国刑法》重点内容解析

（一）法律依据

2017年11月4日第十二届全国人大常委会第三十次会议表决通过《中华人民共和国刑法修正案（十）》；2020年12月26日，第十三届全国人大常委会第二十四次会议通过《中华人民共和国刑法修正案（十一）》。

（二）法律范围

《中华人民共和国刑法》(简称《刑法》)有关安全生产犯罪的规定主要有：重大飞行事故罪、铁路运营安全事故罪、交通肇事罪、重大责任事故罪、重大劳动安全事故罪、危险物品肇事罪、重大工程安全事故罪、重大教育设施安全事故罪、消防责任事故罪等。

（三）交通肇事罪

违反交通运输管理法规，因而发生重大事故，致人重伤、死亡或者使公私财产遭受重大损失的，处3年以下有期徒刑或者拘役；交通运输肇事后逃逸或者有其他特别恶劣情节的，处3年以上7年以下有期徒刑；因逃逸致人死亡的，处7年以上有期徒刑。

（四）铁路运营安全事故罪

铁路运营安全事故罪，是指铁路职工违反规章制度，致使发生铁路运营安全事故，造成严重后果的行为。

《刑法》量刑：铁路职工违反规章制度，致使发生铁路运营安全事故，造成严重后果的，处3年以下有期徒刑或者拘役；造成特别严重后果的，处3年以上7年以下有期徒刑。

铁路运营安全事故罪的犯罪课题是人的生命和健康，犯罪主体是铁路运营单位的职工，包括单位责任人、管理人员、作业人员和其他有关人员。客观要件是实施了违反规章制度的违法行为，致使发生铁路运营安全事故，造成严重后果，主观要件是凝聚有违反规章制度的过失。

第三节 《生产安全事故报告和调查处理条例》重点内容解析

2007年3月28日国务院第172次常务会议通过《生产安全事故报告和调查处理条例》，自2007年6月1日起施行。条例共6章46条。

国家安全监管总局关于修改《〈生产安全事故报告和调查处理条例〉罚款处罚暂行规定》等四部规章的决定已经于2015年1月16日国家安全生产监督管理总局局长办公会议审议通过，自2015年5月1日起施行。

一、法规依据及适用范围

为了规范生产安全事故的报告和调查处理，落实生产安全事故责任追究制度，防止和减少生产安全事故，根据《安全生产法》和有关法律，制定本条例。

生产经营活动中发生的造成人身伤亡或者直接经济损失的生产安全事故的报告和调查处理，适用本条例；环境污染事故、核设施事故、国防科研生产事故的报告和调查处理不适用本条例。

二、安全生产事故等级

根据生产安全事故（以下简称"事故"）造成的人员伤亡或者直接经济损失，事故一般分为以下等级：

（1）特别重大事故，是指造成 30 人以上死亡，或者 100 人以上重伤（包括急性工业中毒，下同），或者 1 亿元以上直接经济损失的事故；

（2）重大事故，是指造成 10 人以上 30 人以下死亡，或者 50 人以上 100 人以下重伤，或者 5 000 万元以上 1 亿元以下直接经济损失的事故；

（3）较大事故，是指造成 3 人以上 10 人以下死亡，或者 10 人以上 50 人以下重伤，或者 1 000 万元以上 5 000 万元以下直接经济损失的事故；

（4）一般事故，是指造成 3 人以下死亡，或者 10 人以下重伤，或者 1 000 万元以下直接经济损失的事故。

三、事故处理要求

（1）事故报告应当及时、准确、完整，任何单位和个人对事故不得迟报、漏报、谎报或者瞒报。

（2）事故调查处理应当坚持实事求是、尊重科学的原则，及时、准确地查清事故经过、事故原因和事故损失，查明事故性质，认定事故责任，总结事故教训，提出整改措施，并对事故责任者依法追究责任。

（3）县级以上人民政府应当依照本条例的规定，严格履行职责，及时、准确地完成事故调查处理工作。事故发生地有关地方人民政府应当支持、配合上级人民政府或者有关部门的事故调查处理工作，并提供必要的便利条件。

参加事故调查处理的部门和单位应当互相配合，提高事故调查处理工作的效率。

（4）工会依法参加事故调查处理，有权向有关部门提出处理意见。

（5）任何单位和个人不得阻挠、干涉对事故的报告和依法调查处理。对事故报告和调查处理中的违法行为，任何单位和个人有权向安全生产监督管理部门、监察机关或者其他有关部门举报，接到举报的部门应当依法及时处理。

四、事故报告

（一）事故报告程序

（1）事故发生后，事故现场有关人员应当立即向本单位负责人报告。

（2）单位负责人接到报告后，应当于 1 小时内向事故发生地县级以上人民政府安全生产监督管理部门和负有安全生产监督管理职责的有关部门报告。

（3）安全生产监督管理部门和负有安全生产监督管理职责的有关部门接到事故报告后，应当依照下列规定上报事故情况，并通知公安机关、劳动保障行政部门、工会和人民检察院：

① 特别重大事故、重大事故逐级上报至国务院安全生产监督管理部门和负有安全生产监督管理职责的有关部门。

② 较大事故逐级上报至省、自治区、直辖市人民政府安全生产监督管理部门和负有安全生产监督管理职责的有关部门。

③ 一般事故上报至设区的市级人民政府安全生产监督管理部门和负有安全生产监督管理职责的有关部门。

④ 安全生产监督管理部门和负有安全生产监督管理职责的有关部门依照前款规定上报事故情况，应当同时报告本级人民政府。国务院安全生产监督

管理部门和负有安全生产监督管理职责的有关部门以及省级人民政府接到发生特别重大事故、重大事故的报告后,应当立即报告国务院。

必要时,安全生产监督管理部门和负有安全生产监督管理职责的有关部门可以越级上报事故情况。

⑤安全生产监督管理部门和负有安全生产监督管理职责的有关部门逐级上报事故情况,每级上报的时间不得超过2小时。

(二)事故报告内容

(1)事故发生单位概况;

(2)事故发生的时间、地点以及事故现场情况;

(3)事故的简要经过;

(4)事故已经造成或者可能造成的伤亡人数(包括下落不明的人数)和初步估计的直接经济损失;

(5)已经采取的措施;

(6)其他应当报告的情况。

(三)事故报告具体要求

(1)事故报告后出现新情况的,应当及时补报。

(2)自事故发生之日起30日内,事故造成的伤亡人数发生变化的,应当及时补报。道路交通事故、火灾事故自发生之日起7日内,事故造成的伤亡人数发生变化的,应当及时补报。

(3)事故发生单位负责人接到事故报告后,应当立即启动事故相应应急预案,或者采取有效措施,组织抢救,防止事故扩大,减少人员伤亡和财产损失。

(4)事故发生地有关地方人民政府、安全生产监督管理部门和负有安全生产监督管理职责的有关部门接到事故报告后,其负责人应当立即赶赴事故现场,组织事故救援。

（5）事故发生后，有关单位和人员应当妥善保护事故现场以及相关证据，任何单位和个人不得破坏事故现场、毁灭相关证据。因抢救人员、防止事故扩大以及疏通交通等原因，需要移动事故现场物件的，应当做出标志，绘制现场简图并做出书面记录，妥善保存现场重要痕迹、物证。

（6）事故发生地公安机关根据事故的情况，对涉嫌犯罪的，应当依法立案侦查，采取强制措施和侦查措施。犯罪嫌疑人逃匿的，公安机关应当迅速追捕归案。

五、事故调查

（一）事故调查分工

（1）特别重大事故由国务院或者国务院授权有关部门组织事故调查组进行调查。

（2）重大事故、较大事故、一般事故分别由事故发生地省级人民政府、设区的市级人民政府、县级人民政府负责调查。省级人民政府、设区的市级人民政府、县级人民政府可以直接组织事故调查组进行调查，也可以授权或者委托有关部门组织事故调查组进行调查。

（3）未造成人员伤亡的一般事故，县级人民政府也可以委托事故发生单位组织事故调查组进行调查。

（4）特别重大事故以下等级事故，事故发生地与事故发生单位不在同一个县级以上行政区域的，由事故发生地人民政府负责调查，事故发生单位所在地人民政府应当派人参加。

（二）事故调查组及其职责

（1）事故调查组的组成应当遵循精简、效能的原则。

（2）根据事故的具体情况，事故调查组由有关人民政府、安全生产监督管理部门、负有安全生产监督管理职责的有关部门、监察机关、公安机关以及工会派人组成，并应当邀请人民检察院派人参加。事故调查组可以聘请有关专家参与调查。

（3）事故调查组成员应当具有事故调查所需要的知识和专长，并与所调查的事故没有直接利害关系。

（4）事故调查组组长由负责事故调查的人民政府指定。事故调查组组长主持事故调查组的工作。

（5）事故调查组履行下列职责：

① 查明事故发生的经过、原因、人员伤亡情况及直接经济损失；

② 认定事故的性质和事故责任；

③ 提出对事故责任者的处理建议；

④ 总结事故教训，提出防范和整改措施；

⑤ 提交事故调查报告。

（6）事故调查组应当自事故发生之日起 60 日内提交事故调查报告；特殊情况延长的期限最长不超过 60 日。

（三）事故调查报告内容

（1）事故发生单位概况；

（2）事故发生经过和事故救援情况；

（3）事故造成的人员伤亡和直接经济损失；

（4）事故发生的原因和事故性质；

（5）事故责任的认定以及对事故责任者的处理建议；

（6）事故防范和整改措施。

事故调查报告应当附具有关证据材料。事故调查组成员应当在事故调查报告上签名。

六、事故处理

（1）重大事故、较大事故、一般事故，负责事故调查的人民政府应当自收到事故调查报告之日起 15 日内做出批复；特别重大事故，30 日内做出批复，特殊情况下，批复时间可以适当延长，但延长的时间最长不超过 30 日。有关机关应当按照人民政府的批复，依照法律、行政法规规定的权限和程序，对事故发生单位和有关人员进行行政处罚，对负有事故责任的国家工作人员进行处分。事故发生单位应当按照负责事故调查的人民政府的批复，对本单位负有事故责任的人员进行处理。负有事故责任的人员涉嫌犯罪的，依法追究刑事责任。

（2）事故发生单位应当认真吸取事故教训，落实防范和整改措施，防止事故再次发生。防范和整改措施的落实情况应当接受工会、职工的监督。安全生产监督管理部门和负有安全生产监督管理职责的有关部门，应当对事故发生单位落实防范和整改措施的情况进行监督检查。

（3）事故处理的情况由负责事故调查的人民政府或者其授权的有关部门、机构向社会公布，依法应当保密的除外。

七、法律责任

（一）对事故责任单位及责任人的处罚

（1）事故发生单位主要负责人有《安全生产法》第一百零六条、《生产安全事故报告和调查处理条例》第三十五条规定的下列行为之一的，依照下列规定处以罚款：事故发生单位主要负责人在事故发生后不立即组织事故抢救的，处上一年年收入 100%的罚款；事故发生单位主要负责人迟报事故的，处上一年年收入 60%至 80%的罚款；漏报事故的，处上一年年收入 40%至 60%的罚款；事故发生单位主要负责人在事故调查处理期间擅离职守的，处上一年年收入 80%至 100%的罚款。

（2）事故发生单位对造成 3 人以下死亡，或者 3 人以上 10 人以下重伤，或者 300 万元以上 1 000 万元以下直接经济损失的一般事故负有责任的，处 20 万元以上 50 万元以下的罚款；有谎报或者瞒报事故情节的，处 50 万元的罚款。

（3）事故发生单位对较大事故发生负有责任的，依照下列规定处以罚款：造成3人以上6人以下死亡，或者10人以上30人以下重伤，或者1 000万元以上3 000万元以下直接经济损失的，处50万元以上70万元以下的罚款；造成6人以上10人以下死亡，或者30人以上50人以下重伤，或者3 000万元以上5 000万元以下直接经济损失的，处70万元以上100万元以下的罚款；事故发生单位对较大事故发生负有责任且有谎报或者瞒报情节的，处100万元的罚款。

（4）事故发生单位对重大事故发生负有责任的，依照下列规定处以罚款：

①造成10人以上15人以下死亡，或者50人以上70人以下重伤，或者5 000万元以上7 000万元以下直接经济损失的，处100万元以上300万元以下的罚款。

②造成15人以上30人以下死亡，或者70人以上100人以下重伤，或者7 000万元以上1亿元以下直接经济损失的，处300万元以上500万元以下的罚款。有谎报或者瞒报情节的，处500万元的罚款。

（5）事故发生单位对特别重大事故发生负有责任的，依照下列规定处以罚款：

①造成30人以上40人以下死亡，或者100人以上120人以下重伤，或者1亿元以上1.2亿元以下直接经济损失的，处500万元以上1 000万元以下的罚款。

②造成40人以上50人以下死亡，或者120人以上150人以下重伤，或者1.2亿元以上1.5亿元以下直接经济损失的，处1 000万元以上1 500万元以下的罚款。

③造成50人以上死亡，或者150人以上重伤，或者1.5亿元以上直接经济损失的，处1 500万元以上2 000万元以下的罚款。

（6）事故发生单位对特别重大事故负有责任且有下列情形之一的，处2 000万元的罚款：

①谎报特别重大事故的；

② 瞒报特别重大事故的；

③ 未依法取得有关行政审批或者证照擅自从事生产经营活动的；

④ 拒绝、阻碍行政执法的；

⑤ 拒不执行有关停产停业、停止施工、停止使用相关设备或者设施的行政执法指令的；

⑥ 明知存在事故隐患，仍然进行生产经营活动的；

⑦ 一年内已经发生 2 起以上较大事故，或者 1 起重大以上事故，再次发生特别重大事故的；

⑧ 地下矿山矿领导没有按照规定带班下井的。

（二）对安全生产违法行为的行政处罚

（1）安全监管监察部门根据需要，可以在其法定职权范围内委托符合《行政处罚法》第十九条规定条件的组织或者乡、镇人民政府以及街道办事处、开发区管理机构等地方人民政府的派出机构实施行政处罚。受委托的单位在委托范围内，以委托的安全监管监察部门名义实施行政处罚。

（2）对有根据认为不符合安全生产的国家标准或者行业标准的在用设施、设备、器材，违法生产、储存、使用、经营、运输的危险物品，以及违法生产、储存、使用、经营危险物品的作业场所，安全监管监察部门应当依照《行政强制法》的规定予以查封或者扣押。查封或者扣押的期限不得超过 30 日，情况复杂的，经安全监管监察部门负责人批准，最多可以延长 30 日，并在查封或者扣押期限内作出处理决定：

① 对违法事实清楚、依法应当没收的非法财物予以没收；

② 法律、行政法规规定应当销毁的，依法销毁；

③ 法律、行政法规规定应当解除查封、扣押的，作出解除查封、扣押的决定。实施查封、扣押，应当制作并当场交付查封、扣押决定书和清单。

（3）安全监管监察部门依法对存在重大事故隐患的生产经营单位作出停产停业、停止施工、停止使用相关设施、设备的决定，生产经营单位应当依法执行,及时消除事故隐患。生产经营单位拒不执行,有发生生产安全事故的现实危险的,在保证安全的前提下,经本部门主要负责人批准,安全监管监察部门可以采取通知有关单位停止供电、停止供应民用爆炸物品等措施,强制生产经营单位履行决定。通知应当采用书面形式,有关单位应当予以配合。

(4)生产经营单位的决策机构、主要负责人、个人经营的投资人未依法保证下列安全生产所必需的资金投入之一,致使生产经营单位不具备安全生产条件的,责令限期改正,提供必需的资金,可以对生产经营单位处1万元以上3万元以下罚款,对生产经营单位的主要负责人、个人经营的投资人处5 000元以上1万元以下罚款;逾期未改正的,责令生产经营单位停产停业整顿:

① 提取或者使用安全生产费用;

② 用于配备劳动防护用品的经费;

③ 用于安全生产教育和培训的经费;

④ 国家规定的其他安全生产所必需的资金投入。

(5)危险物品的生产、经营、储存单位以及矿山、金属冶炼单位有下列行为之一的,责令改正,并可以处1万元以上3万元以下的罚款:

① 未建立应急救援组织或者生产经营规模较小、未指定兼职应急救援人员的;

② 未配备必要的应急救援器材、设备和物资,并进行经常性维护、保养,保证正常运转的。

(6)生产经营单位及其有关人员有下列情形之一的,应当依法从轻或者减轻行政处罚:

① 已满14周岁不满18周岁的公民实施安全生产违法行为的;

② 主动消除或者减轻安全生产违法行为危害后果的;

③ 受他人胁迫实施安全生产违法行为的;

④ 配合安全监管监察部门查处安全生产违法行为，有立功表现的；

⑤ 主动投案，向安全监管部门如实交代自己的违法行为的；

⑥ 具有法律、行政法规规定的其他从轻或者减轻处罚情形的。

第八章 高速铁路相关安全法律法规

铁路安全法规是指铁路运输部门为办理客货运输业务，进行运输生产活动和明确与用户之间的关系所制定、具有约束效力和法律作用的章程、规则。

铁路安全法律主要有《中华人民共和国铁路法》。

铁路安全法规主要有：《铁路安全管理条例》《铁路行车事故处理规则》《铁路企业伤亡事故处理规则》《铁路技术管理规程》《行车安全监察工作规则》《铁路行车事故救援规则》《铁路运输安全奖惩办法》《关于特大安全事故责任追究的办法》《铁路旅客运输规程》《铁路旅客运输管理规则》等。

铁路相关安全规章主要有：《电气化铁路有关人员电气安全规则》《铁路中间站管理办法》《铁路中间站管理标准》《车机联控标准》《铁路运输调度规则》《铁路行车设备施工管理办法》《机车操作规程》等。

第一节 《中华人民共和国铁路法》重点内容解析

《中华人民共和国铁路法》（简称《铁路法》）由1990年9月7日第七届全国人民代表大会常务委员会第十五次会议通过；根据2015年4月24日第十二届全国人民代表大会常务委员会第十四次会议第二次修正。

一、《铁路法》的地位及主要法律内容

《铁路法》是我国管理铁路的第一部法典，是进行铁路运输和建设的基本法律。运用法律手段保护铁路运输安全是《铁路法》需要解决的重点问题。《铁路法》规定了铁路运输安全方面的法律问题，主要内容有：

（1）铁路运输设施的安全保障。

（2）铁路路基的安全保护。

（3）旅客列车和车站的安全保障。

（4）铁路行车安全和事故的处理。

（5）铁路运输企业对危害铁路行车安全行为的处理。

（6）铁路沿线环境保护。

《铁路法》针对危害铁路运输安全的违法行为，规定了相应的行政责任、刑事责任和民事责任，是同违法行为进行斗争，建立良好的铁路运输秩序，保证铁路运输畅通无阻的有力武器。

二、《铁路法》基本框架

（1）总则；

（2）铁路运输营业；

（3）铁路建设；

（4）铁路安全与保护；

（5）法律责任；

（6）附则。

三、铁路安全与保护

（1）铁路运输企业必须加强对铁路的管理和保护，定期检查、维修铁路运输设施，保证铁路运输设施完好，保障旅客和货物运输安全。

（2）铁路公安机关和地方公安机关分工负责共同维护铁路治安秩序。

（3）电力主管部门应当保证铁路牵引用电以及铁路运营用电中重要负荷的电力供应。铁路运营用电中重要负荷的供应范围由国务院铁路主管部门和国务院电力主管部门商定。

（4）禁止擅自在铁路线路上铺设平交道口和人行过道。平交道口和人行过道必须按照规定设置必要的标志、防护设施。

（5）运输危险品必须按照国务院铁路主管部门的规定办理，禁止以非危险品品名托运危险品。

（6）对损毁、移动铁路信号装置及其他行车设施或者在铁路线路上放置障碍物的，铁路职工有权制止，可以扭送公安机关处理。

（7）禁止在铁路线路上行走、坐卧，对在铁路线路上行走、坐卧的，铁路职工有权制止。

（8）禁止在铁路线路两侧20米以内或者铁路防护林地内放牧。

（9）对损毁、移动铁路信号装置及其他行车设施或者在铁路线路上放置障碍物的，铁路职工有权制止，可以扭送公安机关处理。

（10）禁止偷乘货车、攀附行进中的列车或者击打列车。对偷乘货车、攀附行进中的列车或者击打列车的，铁路职工有权制止。

（11）铁路职工玩忽职守、违反规章制度造成铁路运营事故的，滥用职权、利用办理运输业务之便谋取私利的，给予行政处分；情节严重、构成犯罪的，依照刑法有关规定追究刑事责任。

第二节 《铁路安全管理条例》重点内容解析

一、《铁路安全管理条例》的主要内容

《铁路安全管理条例》是为了加强铁路安全管理，保障铁路运输安全和畅通，保护人身安全和财产安全而制定的法规，自2014年1月1日起施行。

条例规定了铁路部门和铁路工作人员对保证运输安全应尽的职责，及对各种扰乱铁路站、车秩序、侵犯旅客和货主权益、危害行车安全、损坏铁路设施行为的禁令和奖惩范围及权限。

二、总则的重点内容

（1）铁路安全管理坚持安全第一、预防为主、综合治理的方针。

（2）从事铁路建设、运输、设备制造维修的单位应当加强安全管理，建立健全安全生产管理制度，落实企业安全生产主体责任，设置安全管理机

构或者配备安全管理人员,执行保障生产安全和产品质量安全的国家标准、行业标准,加强对从业人员的安全教育培训,保证安全生产所必需的资金投入。

(3)铁路建设、运输、设备制造维修单位的工作人员应当严格执行规章制度,实行标准化作业,保证铁路安全。

三、铁路安全保护区

铁路线路两侧应当设立铁路线路安全保护区。铁路线路安全保护区的范围,从铁路线路路堤坡脚、路堑坡顶或者铁路桥梁外侧起向外的距离分别为:

(1)城市市区高速铁路为10 m,其他铁路为8 m;

(2)城市郊区居民居住区高速铁路为12 m,其他铁路为10 m;

(3)村镇居民居住区高速铁路为15 m,其他铁路为12 m;

(4)其他地区高速铁路为20 m,其他铁路为15 m。

四、铁路运营安全

(1)铁路运输企业应当依照法律、行政法规和国务院铁路行业监督管理部门的规定,制定铁路运输安全管理制度,完善相关作业程序,保障铁路旅客和货物运输安全。

(2)铁路运输企业应当加强铁路专业技术岗位和主要行车工种岗位从业人员的业务培训和安全培训,提高从业人员的业务技能和安全意识。

(3)铁路运输企业应当加强运输过程中的安全防护,使用的运输工具、装载加固设备以及其他专用设施设备应当符合国家标准、行业标准和安全要求。

(4)铁路运输企业应当建立健全铁路设施设备的检查防护制度,加强对铁路设施设备的日常维护检修,确保铁路设施设备性能完好和安全运行。铁路运输企业的从业人员应当按照操作规程使用、管理铁路设施设备。

（5）铁路运输企业应当依照法律、行政法规和国务院铁路行业监督管理部门的规定，对旅客及其随身携带、托运的行李物品进行安全检查。

（6）禁止实施下列危害铁路安全的行为（通用）：

① 非法拦截列车、阻断铁路运输、扰乱铁路运输指挥调度机构以及车站、列车的正常秩序。

② 在铁路线路上放置、遗弃障碍物、击打列车。

③ 擅自移动铁路线路上的机车车辆，或者擅自开启列车车门、违规操纵列车紧急制动设备。

④ 拆盗、损毁或者擅自移动铁路设施设备、机车车辆配件、标桩、防护设施和安全标志。

⑤ 在铁路线路上行走、坐卧或者在未设道口、人行过道的铁路线路上通过、擅自进入铁路线路封闭区域或者在未设置行人通道的铁路桥梁、隧道通行。

⑥ 擅自开启、关闭列车的货车阀、盖或者破坏施封状态、钻车、扒车、跳车。

⑦ 从列车上抛扔杂物、在动车组列车上吸烟或者在其他列车的禁烟区域吸烟。

⑧ 强行登乘或者以拒绝下车等方式强占列车；冲击、堵塞、占用进出站通道或者候车区、站台。

第三节 《铁路交通事故应急救援和调查处理条例》重点内容解析

为了加强铁路交通事故应急救援工作，规范铁路交通事故调查处理，减少人员伤亡和财产损失，保障铁路运输安全和畅通，根据《铁路法》和其他有关法律的规定，国务院 2007 年 7 月 11 日制定了《铁路交通事故应急救援和调查处理条例》，并于 2013 年 1 月 1 日起施行。

一、铁路交通事故的定义

铁路交通事故是指铁路机车车辆在运行过程中与行人、机动车、非机动车、牲畜及其他障碍物相撞，或者铁路机车车辆发生冲突、脱轨、火灾、爆炸等影响铁路正常行车的铁路交通事故。

二、铁路交通事故等级

事故等级是反映事故严重程度的指标，等级事故越高，事故就越严重。

根据事故造成的人员伤亡、直接经济损失、列车脱轨辆数、中断铁路行车时间等情形，事故等级分为特别重大事故、重大事故、较大事故和一般事故。

（1）有下列情形之一的，为特别重大事故：

① 造成 30 人以上死亡，或者 100 人以上重伤（包括急性工业中毒，下同），或者 1 亿元以上直接经济损失的；

② 繁忙干线客运列车脱轨 18 辆以上并中断铁路行车 48 小时以上的；

③ 繁忙干线货运列车脱轨 60 辆以上并中断铁路行车 48 小时以上的。

（2）有下列情形之一的，为重大事故：

① 造成 10 人以上 30 人以下死亡，或者 50 人以上 100 人以下重伤，或者 5 000 万元以上 1 亿元以下直接经济损失的；

② 客运列车脱轨 18 辆以上的；

③ 货运列车脱轨 60 辆以上的；

④ 客运列车脱轨 2 辆以上 18 辆以下，并中断繁忙干线铁路行车 24 小时以上或者中断其他线路铁路行车 48 小时以上的；

⑤ 货运列车脱轨 6 辆以上 60 辆以下，并中断繁忙干线铁路行车 24 小时以上或者中断其他线路铁路行车 48 小时以上的。

（3）有下列情形之一的，为较大事故：

① 造成 3 人以上 10 人以下死亡，或者 10 人以上 50 人以下重伤，或者 1 000

万元以上 5 000 万元以下直接经济损失的；

②客运列车脱轨 2 辆以上 18 辆以下的；

③货运列车脱轨 6 辆以上 60 辆以下的；

④中断繁忙干线铁路行车 6 小时以上的；

⑤中断其他线路铁路行车 10 小时以上的。

造成 3 人以下死亡，或者 10 人以下重伤，或者 1 000 万元以下直接经济损失的，为一般事故。铁路交通一般事故分为一般 A 类、一般 B 类、一般 C 类、一般 D 类事故 4 类。

第四节 《高速铁路安全防护管理办法》重点内容解析

为了加强高速铁路安全防护，防范铁路外部风险，保障高速铁路安全和畅通，维护人民生命财产安全，根据《铁路法》《安全生产法》《中华人民共和国反恐怖主义法》《铁路安全管理条例》等法律、行政法规，交通运输部等 7 部委制定《高速铁路安全防护管理办法》，于 2020 年 7 月 1 日起施行。

一、高速铁路安全管理的方针

高速铁路安全防护坚持安全第一、预防为主、依法管理、综合治理的方针，坚持技防、物防、人防相结合，构建政府部门依法管理、企业实施主动防范、社会力量共同参与的综合治理格局。

二、高铁相关企业安全管理的责任

（1）从事高速铁路运输、建设、设备制造维修的相关企业应当落实安全生产主体责任，建立、健全安全生产责任制和高速铁路安全防护相关管理制度，执行国家关于高速铁路安全防护的相关标准，保障安全生产管理机构或者人员配备，加强对从业人员的教育培训，改善安全生产条件，保证高速铁路安全防护所必需的资金投入。

（2）铁路监管部门、铁路运输企业等单位应当按照国家有关规定制定突发事件应急预案，并组织应急演练。

（3）铁路运输企业应当按照《中华人民共和国突发事件应对法》等国家有关规定，在车站、列车等场所配备报警装置以及必要的应急救援设备设施和人员。

（4）铁路监管部门、高速铁路沿线地方各级人民政府相关部门应当落实"谁执法谁普法"的普法责任制，加强保障高速铁路安全有关法律法规、安全生产知识的宣传教育，增强安全防护意识，防范危害高速铁路安全的行为。

三、高速铁路线路安全保护区规定

（1）禁止在高速铁路线路安全保护区内烧荒、放养牲畜。

（2）禁止向高速铁路线路安全保护区排污、倾倒垃圾以及其他危害铁路安全的物质。

（3）禁止擅自进入、毁坏、移动高速铁路安全防护设施。

（4）在高速铁路线路路堤坡脚、路堑坡顶、铁路桥梁外侧起向外各1 000 m范围内，以及在铁路隧道上方中心线两侧各1 000 m范围内，确需从事露天采矿、采石或者爆破作业的，应当充分考虑高速铁路安全需求，依法进行安全评估、安全监理，与铁路运输企业协商一致，依照法律法规规定报经有关主管部门批准，并采取相应的安全防护措施。

（5）禁止在高速铁路线路路堤坡脚、路堑坡顶或者铁路桥梁外侧起向外各200 m范围内抽取地下水；200 m范围外，高速铁路线路经过的区域属于地面沉降区域，抽取地下水危及高速铁路安全的，应当设置地下水禁止开采区或者限制开采区。

（6）有关单位和个人在高速铁路邻近区域内施工、建造构筑物或者从事其他生产经营活动，应当遵守保证高速铁路安全的法律法规和相关标准，采取措施防止影响高速铁路运输安全。

（7）在高速铁路线路安全保护区内和纳入邻近营业线施工计划的施工，铁路运输企业应当按照国家规定派员对施工现场实行安全监督。

（8）在高速铁路线路安全保护区内，禁止种植妨碍行车瞭望或者有倒伏危险可能影响线路、电力、牵引供电安全的树木等植物；对已种植的，应当依法限期迁移或者修剪、砍伐。

（9）在高速铁路电力线路导线两侧各 500 m 范围内，不得升放风筝、气球、孔明灯等飘浮物体，不得使用弓弩、弹弓、汽枪等攻击性器械从事可能危害高速铁路安全的行为。在高速铁路电力线路导线两侧升放无人机的，应当遵守国家有关规定。

四、安全防护设施及管理

（1）高速铁路应当实行全封闭管理，范围包括线路、车站、动车存放场所、隧道斜井和竖井的出入口，以及其他与运行相关的附属设备设施处所。

（2）铁路运输企业应当在高速铁路沿线桥头、隧道口、路基地段等易进入重点区段安装、设置周界入侵报警系统。

（3）铁路运输企业应当根据沿线的自然灾害、地质条件、线路环境等情况，建立必要的灾害监测系统。

（4）在下列地点，应当按照国家有关规定安装、设置防止车辆以及其他物体进入、坠入高速铁路线路的安全防护设施和警示标志：高速铁路路堑上的道路；位于高速铁路线路安全保护区内的道路；跨越高速铁路线路的道路桥梁及其他建筑物、构筑物。

（5）铁路建设单位应当按照相关法律法规和国家标准、行业标准，在建设高速铁路客运站和直接为其运营服务的段、厂、调度指挥中心、到发中转货场、仓库时，确保相关安全防护设备设施同时设计、同时施工、同时投入生产和使用。

五、高铁运营安全防护

（1）禁止任何单位和个人扰乱高速铁路建设和运输秩序，损坏或者非法占用高速铁路设施设备、相关标志和高速铁路用地。

（2）铁路运输企业应当依照有关法律法规和技术标准要求，建立高速铁路网络安全保障体系，落实网络安全管理制度和技术防护措施，制定网络安全事件应急预案，采取有效措施确保网络安全稳定运行，保护旅客、托运人电子信息安全。

（3）铁路运输企业应当遵守消防法律法规规章和消防技术标准，落实消防安全主体责任，制定消防安全制度、消防安全操作规程，配置符合要求的消防设施、器材，设置消防安全标志、组织防火检查，及时消除火灾隐患，制定灭火和应急疏散预案，并定期演练。

第五节 高速铁路运输安全相关规章制度

为了进一步规范铁路运输的安全管理工作，铁路总公司（现已改组为"国铁集团"）发布了一系列的安全生产规程、规则和条例，主要有以下几种。

一、《铁路技术管理规程》

《铁路技术管理规程》是我国铁路技术管理的基本规章，是铁路各部门、各单位制定各种规程、规范、规则、细则、标准和办法的基本依据。国铁集团各部门、各单位制定的技术管理文件等，都必须符合《铁路技术管理规程》的规定。其编制对铁路的基本建设、运输生产和安全管理都起着重要的作用。

《铁路技术管理规程》条文说明按照高速铁路部分和普速铁路部分分别编写，每部分分为上、中、下3册，共6册。上册是《铁路技术管理规程》总则和第一编技术设备的条文说明，其中技术设备包括基本要求，线路、桥梁及隧道，信号、通信，铁路信息系统，车站及枢纽，机车车辆，供电、给水，房屋建筑、铁路用地。中册是《铁路技术管理规程》第二编行车组织的条文说明，其中高速铁路部分包括基本要求、编组列车、调度指挥、列车运行、限速管理、调车工作、施工维修、灾害天气行车、设备故障行车、非正常行车组织和救援。下册是《铁路技术管理规程》第三编信号显示的条文说明，包括基本要求、固定信号、移动信号及手信号、信号表示器及标志、听觉信号。

《铁路技术管理规程》规定了国家铁路的基本建设、产品制造、验收交接、使用管理及保养维修方面的基本要求和标准；规定了各部门、各单位、各工种在从事铁路运输生产时，必须遵循的基本原则、责任范围、工作方法、作业程序和相互关系；规定了信号的显示方式和执行要求；规定了铁路建筑限界和机车车辆限界；规定了有关行车凭证和表格的式样。《铁路技术管理规程》内容系统、完整、准确，它把我国铁路发展最新成果纳入基本规章中，充分反映了我国在高速铁路、普速铁路、重载铁路建设、运营方面的最新内容和要求，充分反映了铁路技术设备的最新变化，充分反映了铁路运输组织方式不断改进和提高后的新要求。

2017年，国铁集团对《铁路技术管理规程》做了第一次修订，增加了高速铁路技术设备、行车组织和信号显示的内容，增加了动车组运用、CTCS-2/3级列控系统、声屏障、GSM-R、防灾安全监控系统、防护栅栏等方面内容；新规程作为中国铁路总公司的第一本基本技术规章，定位准确，与国家和行业相关法规、标准、规范协调一致，充分体现了政企分开后铁路总公司职能转变的新要求，充分体现了规程与行业标准、规范的关系；编制过程中始终把安全放在首位，对涉及安全的技术设备配置、行车作业组织等内容和要求，力求全面、准确，职责清楚，专业界限清晰，而且增加了许多直接涉及铁路运输安全的内容，充分体现了铁路运输的安全性，对保障铁路运输安全起到了十分重要的作用。

二、《行车组织规则》

《铁路行车组织规则》是根据《铁路技术管理规程》的规定，并结合各铁路局的具体情况和广大职工生产实践经验制定的补充规则，是各铁路局行车组织的基本法规。

《铁路行车组织规则》由以下部分组成：总则、用语说明、行车设备、编组列车、调车工作、行车闭塞、列车运行与接发、通信信号、特殊规定、事故救援及应急处理、附则。

《行车组织规则》的内容各铁路局（集团公司）虽然不尽相同，但其主要项目大同小异。各章节内容针对《铁路技术管理规程》规定的有关条文按需要进行具体补充，使之更加切合实际条件，要求更加具体，便于操作执行。此外，根据各铁路局（集团公司）的具体情况和特殊要求还将该局制定的一些重要的有关行车工作的单项规定、办法、措施等作为附录，一并编入规则，以资遵守。

《行车组织规则》对路局《铁路技术管理规程》的补充主要表现在以下几个方面：

（1）《铁路技术管理规程》中明文规定应由《行车组织规则》规定的事项。如枢纽地区的列车运行方向、超长列车的运行办法等由铁路局规定。

（2）《铁路技术管理规程》未作统一规定，又不宜由站段等基层单位自行补充规定的行车方法。

（3）根据铁路局管内特殊地段的平纵断面情况，信号、联锁、闭塞设备和机车类型等特点，对行车工作应规定的特殊要求和注意事项。

（4）广大职工在生产实践中，创造推广的先进经验和行之有效的安全生产措施等。

三、《车站行车工作细则》

《车站行车工作细则》是铁路车站行车组织工作的基本规定，其编制质量和学习落实等工作，对车站运输效率和安全保障起到重要作用。

《车站行车工作细则》是车站根据《铁路技术管理规程》和《行车组织规则》等有关规定，结合本站具体情况编制的，也是对《铁路技术管理规程》

和《行车组织规则》的补充，主要内容包括：

（1）车站的性质、等级和任务。

（2）车站技术设备的使用和管理。

（3）接发列车和调车工作组织。

（4）列车技术作业程序和时间标准，作业计划的编制、执行制度。

（5）车站通过能力和改编能力的计算、确定等。

四、《铁路货物运输规程》

《铁路货物运输规程》是铁路和托运人、收货人组织货物运输、划分权利义务和承担经济责任的基本规章，对双方都具有约束效力。在货物运输过程中，铁路和托运人、收货人都应遵守《铁路货物运输规程》的规定。

《铁路货物运输规程》引申的规则和办法：

（1）《铁路货物运输规则》；

（2）《铁路危险货物运输管理规则》；

（3）《铁路鲜活货物运输规则》；

（4）《铁路超限货物运输运输规则》；

（5）《铁路货物装载加固规则》；

（6）《铁路月度货物运输计划编制办法》；

（7）《货运日常工作组织办法》；

（8）《快运货物运输办法》；

（9）《铁路集装箱运输规则》；

（10）《铁路货物保价运输办法》；

（11）《铁路货物运输杂费管理办法》；

（12）《货车使用费税收暂行办法》；

（13）根据《铁路货物运输规程》制定的其他办法。

五、《铁路旅客运输规程》

《铁路旅客运输规程》是铁路旅客运输的基本法规，为维护铁路旅客运输正常秩序，坚持以人民为中心的发展思想，规范旅客和铁路运输企业的行为，保护旅客和铁路运输企业的合法权益，建立公平公正的旅客运输市场环境，依据《中华人民共和国民法典》《中华人民共和国消费者权益保护法》《铁路法》《铁路安全管理条例》等法律、行政法规制定的。本规程适用于中华人民共和国境内的铁路旅客运输。

铁路运输企业应当根据本规程制定旅客运输业务办理规则，并向社会公布。旅客运输业务办理规则应当包括购票、退票、变更，乘车条件，随身携带物品和托运行李的规定等事项。在"旅客运输""行李包裹运输""特定运输"和"运输故的处理"等章节中都制定有与客运安全有关的规章制度，它们是进行旅客运输安全管理的依据。

六、《铁路客运专线技术管理办法》(200～250 km/h 部分)

本办法对铁路 200～250 km/h 客运专线的技术设备、行车组织和车载信号显示进行了规定。本办法是《铁路技术管理规程》的重要补充，未规定的事宜按《铁路技术管理规程》等有关规定执行。

铁路客运专线的技术规章由国铁集团和铁路局两级统一制定、发布。交通运输部制定客运专线基本技术规章和专业技术规章，铁路局根据交通运输部发布的技术规章，结合管内各客运专线具体条件，制定客运专线行车组织细则，并细化相应专业技术规章。

七、《铁路客运专线技术管理办法》(300～350 km/h 部分)

本办法对铁路 300～350 km/h 客运专线的技术设备、行车组织和车载信号显示进行了规定。本办法是《铁路技术管理规程》的重要补充，未规定的事宜按《铁路技术管理规程》等有关规定执行。

铁路客运专线的技术规章由国铁集团和铁路局两级统一制定、发布。交通运输部制定客运专线基本技术规章和专业技术规章，铁路局根据交通运输部发布的技术规章，结合管内各客运专线具体条件，制定客运专线行车组织细则，并细化相应专业技术规章。

PART FOUR

第四编

高速铁路安全保障体系优化研究

第九章　高速铁路安全管理与保障体系

第一节　高速铁路安全保障体系的构成

一、高速铁路安全保障体系的特点

高速铁路安全保障体系是一个由若干子系统组成的综合系统，包括高速列车、轨道和线路基础等。就列车安全性而言，有 6 大主要方面：运行安全性、气动安全性、结构安全性、制动安全性、故障导向安全性、运营维护安全性，以及防火安全性等。

列车在高速运行时可能遭遇的突发情况可谓不胜枚举，要保证列车在正常运行时不脱轨，出现意外故障时能及时停下来。无论列车的速度多快，控制好它的"脚"，是保障列车运行安全的基本要求。

（1）高速铁路速度快，行车密度大，地面信号已不能满足要求，列车信号以机车信号为主，列车速度控制大多由计算机自动控制。

（2）由于高速铁路行车速度快，列车在运行中对线路产生的冲击力，车辆在运行中受到的空气阻力和经过隧道时的"活塞效应"力及其他各种作用力将大幅度增加，由此产生一系列新问题。

（3）高速列车在运行中即使发现轨道上侵入障碍物，采取急刹车也要相当的距离，而侵入障碍物只要超过一定的重量就易使列车发生倾覆，所以必须及早探测障碍物的存在，以便采取清除措施。

因此，高速铁路安全保障体系必须安全、优质、高效，具体保障为：① 行车调度统一指挥，安全信息实时处理，列车运行自动控制；② 列车与地面信息的自动交换，实时传输；③ 维持轨道的高平顺性及高稳定性；④ 关键设备的运用状态实时自动诊断；⑤ 预防自然灾害的突然袭击；⑥ 采取必要措施，严防侵入物撞击高速列车或侵入线路；⑦ 具有对突发事故的应急处理能力。

二、我国高速铁路安全保障体系管理结构

高铁安全保障体系管理结构总体上分为3个层次：

第一层是执行层。该层的基本任务是处理日常业务，维持高速铁路运输系统在安全行车状态下正常运转，并收集原始的行车安全信息。

第二层是战术决策层。这一层所收集到的丰富的原始资料，经过综合加工为日常行车安全保障工作的综合管理提供决策支持。

第三层是战略层。依据战术决策层提供的各类能反映高速铁路行车安全概貌的主题信息，从宏观上掌握和控制全局的安全状况，用以支持高速铁路发展的战略决策。

三、高速铁路安全管理保障体系的构成

高速铁路运营系统是一个复杂的动态系统，其组成要素处于动态变化的过程中。高速铁路的安全保障体系是一个由若干子系统组成的综合系统，包括高速列车、轨道和线路基础、供电接触网系统等。行车安全是高速铁路安全的核心部分，行车安全的质量指标是衡量高速铁路管理水平的重要指标。高速铁路行车安全保障体系是一个以高铁行车人员为核心、以管理为中枢、以行车设备为基础、以运营环境为条件的实时监控的"人—机—环—管"动态安全控制体系。

人的因素，包括乘客、高速铁路工作人员和其他人员。物的因素，在安全工作中占有较大的比重，是保证铁路行车安全的重要前提。环境因素，铁路运输而言，环境因素主要包括自然环境因素和社会环境因素。管理因素，管理者按照安全管理的客观规律，采用系统化安全管理方法，对上述3个因素进行安全管理。

在人、物和环境3个因素中，人既是影响高速铁路安全的因素，又是防护对象；物既是影响高速铁路安全的因素，又是保障安全的基础；环境既可能是影响高速铁路安全的因素，又是应予以保护的社会财富。因此，必须用

系统化安全管理方法，对这 3 个因素进行合理的组织、管理和控制，使高速铁路系统成为安全可靠的系统，如图 9-1 所示。

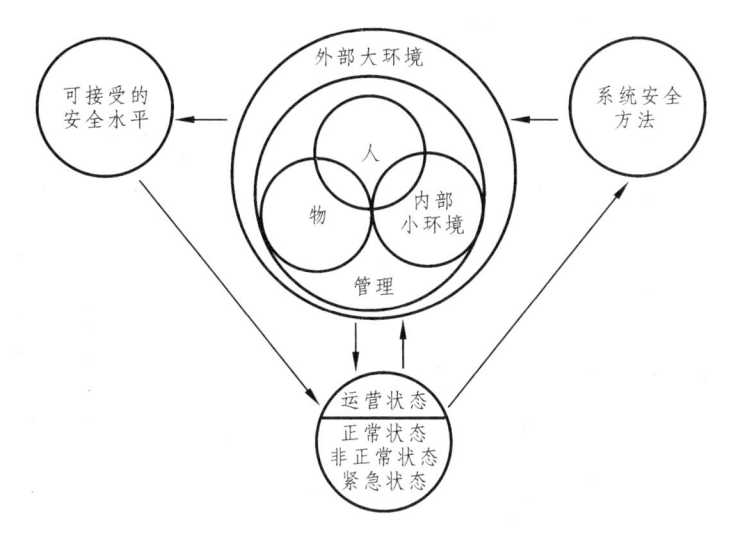

图 9-1　影响高速铁路运营安全的因素关系图

这种分类具有下述优点：

（1）它是从构成高铁系统的最基本元素出发，从事故的最根本原因着手的，具有普遍的意义。

（2）充分体现高铁安全是一项全员、全要素、全过程的活动。因为系统中的"人"，是指作为高铁工作主体的人；"机"是指人所控制的高铁系统一切对象的总称（包括固定设备和移动设备）；"环境"是指人、机共处的高铁特定的工作条件（包括内部环境和外部环境）。

（3）考虑了人、机、环对高铁安全的重要影响，尤其考虑了三者之间的相互作用，包括人—人、人—机、机—机、机—环、人—环以及人—机—环等。

（4）以管理作为高铁控制、协调手段，协调人、机、环之间的相互关系，并通过反馈作用将高铁系统状态的信息反馈给管理系统，从而改进高铁安全管理方法，最终得到更为安全的系统。

高速铁路安全管理与保障体系如图 9-2 所示。

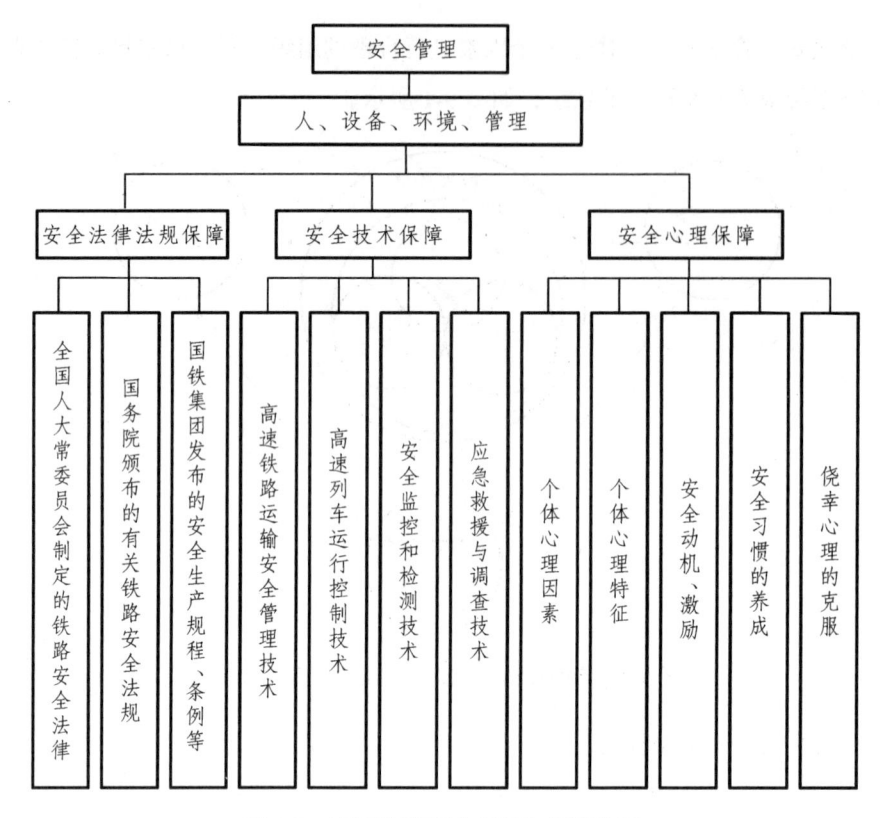

图 9-2　高速铁路安全管理与保障体系

四、高铁安全管理与保障体系影响因素分析

（一）高铁人员安全保障系统

1. 人员因素分析

人员因素的重要性：人是一种高铁安全因素和防护对象，绝大多数事故的发生均与人的不安全行为有关，事故也以人受到的损害作为重要内容。

2. 影响高铁安全的人员分类

（1）高铁运营系统内人员：主要指车务、机务、工务、电务、车辆、安监、客运、工程、供电等部门的各级领导人员、专职管理人员和基层作业人员，他们是保证运输安全的关键人员。高铁运营实践表明，高铁员工，特别是运营第一线的职工和负有管理责任的人员，他们的思想品质、技术业务水平及心理、生理素质等不适应高铁运营工作的要求，往往是酿成事故的重要原因。

（2）高铁运营系统外人员：主要指旅客、铁路沿线居民、施工人员等。系统外人员对安全的影响主要表现在以下3个方面：

① 旅客携带"三品"上车，不遵守铁路安全有关规定而引起行车事故。

② 铁路沿线人员无视高铁安全法规，违章上道、违反安全保护区防护规定、在线路上放置障碍物等，严重威胁高铁运营安全。

③ 施工人员安全防护不到位，造成高铁事故。

高铁安全对不同人员的素质要求如图9-3所示。

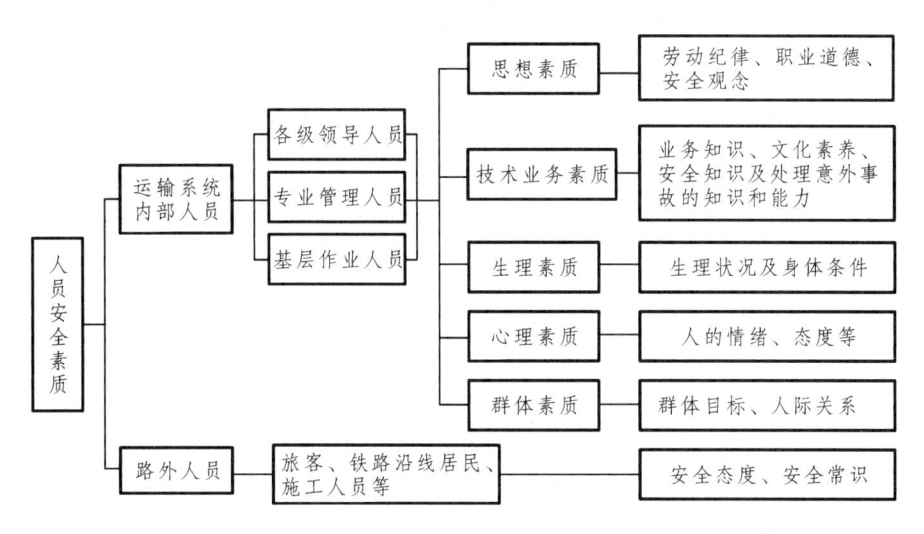

图 9-3 高铁安全对不同人员的素质要求

3. 当前高铁安全人员重点影响因素

高速铁路现场作业安全存在的主要问题：作业现场管理不到位是造成铁路交通较大事故的主要原因。无计划施工、超范围施工、现场安全防护缺失、施工机具侵入铁路限界、现场作业控制措施落实不到位等问题时有发生。个别单位作业标准执行、安全关键卡控存在薄弱环节。

高铁沿线环境人为存在的问题：行人非法通过铁路线路仍是铁路交通事

故造成人员伤亡的主要原因。线路安全保护区范围内非法施工、上跨桥机动车肇事造成坠物、公铁并行区段机动车装载货物侵入铁路限界等问题较多。

（二）高铁设备安全保障系统

1. 设备因素分析

设备因素的重要性：优质的设备既是运输生产物质基础，又是高铁安全的重要保证。

（1）与高铁安全有关的设备类型包括以下两类：

基础设备：固定设备、移动设备；

安全设备：安全监控设备、安全监测设备、灾害预报与防治设备、救援设备等。

（2）高铁运营设备由于具有下述特点，因而对其安全性要求较高：① 种类多，数量大，整体性强。② 延伸面广，配置分散，连续运转。③ 冲击剧烈，自然力影响大，设备有形损耗严重。④ 运用中设备监控难度大，故障处理时间紧。

（3）影响运输安全的设备因素。

影响运输安全的设备因素主要指运输基础设备和运输安全技术设备的安全性能，包括设计安全性和使用安全性。

设备的设计安全性是指设备的可靠性、可维修性、可操作性以及先进性等。

设备的使用安全性包括设备的运行时间、维护保养情况等。设备运行时间越短，即设备越新，其使用安全性越好；设备维修保养得越好，其使用安全性也越好。反之，则相反。

2. 当前高铁安全设备重点影响因素

高速铁路主要行车设备存在的问题：设备造修质量不良仍然是造成铁路交通事故的主要因素。机车车辆、通信信号、线路设备、接触网等故障时有发生，主要行车设备源头质量和养护维修质量需进一步提高。部分地方铁路企业安全投入不足、设备管理基础薄弱。

（三）高铁环境安全系统

1. 高铁环境因素分析

影响高铁安全的内部环境不仅包括作业环境，还包括通过管理营造的高铁运营系统内部的社会环境，即运输系统外部社会环境因素在运输系统内的反映。系统内部的社会环境涉及面很广，包括运输系统内部的政治、经济、文化、法律等环境。

影响高铁安全的外部环境包括自然环境和社会环境。自然环境是指自然界提供的、人类尚难以改变的生产环境。自然环境对高铁安全的影响很大。高铁线路及供电网暴露在大自然中，经常遭受洪水、暴雨、风沙、泥石流以及地震等自然灾害的威胁。在各种自然灾害中，最常见的是暴雨、洪水，严重影响高铁安全，危害极大。此外，气候因素（风、雨、雷、电、雾、雪、冰等）、季节因素（春、夏、秋、冬）、时间因素（白天、黑夜）以及高铁沿线的地形地貌等也是不容忽视的事故致因。社会环境包括社会的政治环境、经济环境、技术环境、管理环境、法律环境以及社会风气、家庭环境等，它们对高铁运营安全均有不同程度的影响，直接影响高铁沿线安全保护区治安和站车秩序状况。

2. 当前高铁安全环境重点影响因素

从我国当前铁路运行条件来看，高铁沿线环境存在的安全隐患不容忽视，共包括 9 个方面的问题：

一是高铁沿线安全保护区范围内存在大量非法违法建筑物、构筑物及生产、经营场所；

二是高铁线路两侧 200 m 范围内，还存在易燃易爆等危险品生产、经营场所；

三是高铁线路两侧 1 000 m 范围内，还存在采矿、采石及爆破作业场所；

四是部分上跨高铁的道路桥梁限速、限重等标志不齐，机动车辆超重、超速、超限行驶严重，存在坠落高铁线路的危险；

五是高铁部分地段存在挖砂取土、打井取水现象，损坏线路基础，造成铁路路基、桥墩沉降，危及桥梁安全；

六是跨越、穿越高铁线路、站场或在邻近高铁线路的地区施工不与铁路运输企业协商，不遵守铁路施工安全规范；

七是损毁、移动高铁线路两侧防护围墙、栅栏，拆盗、割盗铁路行车设施设备，机动车辆超重、超限、超速通行下穿铁路道路桥涵、公铁并行路段等；

八是部分上跨高铁的道路桥梁和公铁并行路段的防护桩等，还未按照国家有关规定移交地方道路管理部门管理，无法落实养护、维修、管理责任；

九是高铁线路安全保护区尚未由地方政府依法划定，安全保护区标桩还不能埋设。

影响高铁安全的环境因素如图 9-4 所示。

```
影响高铁安全的环境因素
├─ 内部环境
│   ├─ 作业环境：作业场所的温度、湿度、采光、照明、震动、噪声等
│   └─ 内部社会环境：高铁系统内部的政治、经济、文化、法律等环境
└─ 外部环境
    ├─ 自然环境
    │   ├─ 自然灾害
    │   ├─ 季节因素
    │   ├─ 气候因素
    │   ├─ 时间因素
    │   └─ 铁路沿线的地形地貌
    └─ 社会环境
        ├─ 政治环境
        ├─ 经济环境
        ├─ 技术环境
        ├─ 法律环境
        ├─ 管理环境
        ├─ 家庭环境
        └─ 社会风气
```

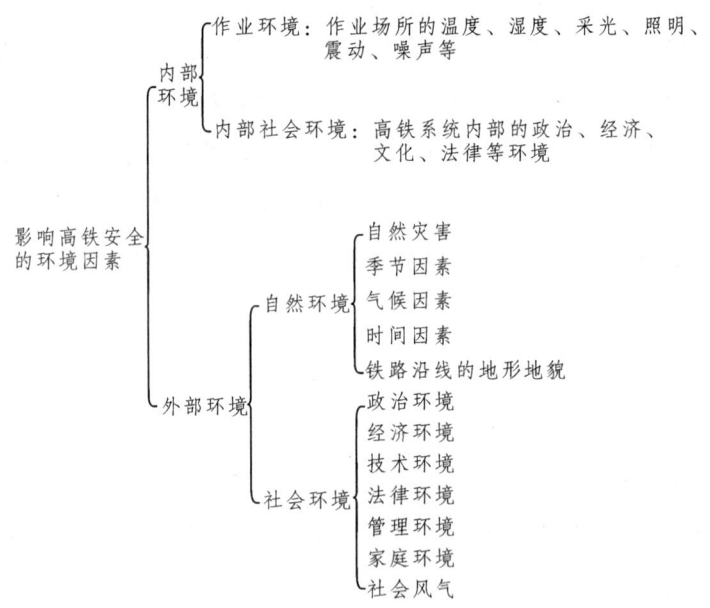

图 9-4　影响高铁安全的环境因素

（四）高铁管理安全系统

1. 管理因素分析

重要性：优化高铁保障系统中人、设备、环境整体安全功能的能力，以达到合理的最大安全性。

目的：减少、消除人员伤害和物的损失。

主体：系统内的人员。

对象：人、财、物、信息。

方法：对高铁资源的合理调配。

本质：对高铁运输生产中的各种矛盾的管理活动。

高铁安全管理是指管理者按照高铁运营的客观规律，对运输系统的人、财、物、信息等资源进行计划、组织、指挥、协调和控制，以达到合理的最大安全性。

影响高铁安全的管理因素较多，主要有高铁安全组织、安全法制、安全信息、安全技术、安全教育和安全资金等，如图 9-5 所示。

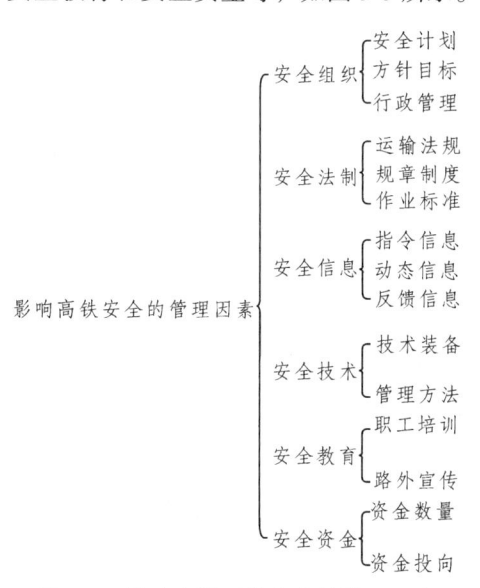

影响高铁安全的管理因素
- 安全组织：安全计划、方针目标、行政管理
- 安全法制：运输法规、规章制度、作业标准
- 安全信息：指令信息、动态信息、反馈信息
- 安全技术：技术装备、管理方法
- 安全教育：职工培训、路外宣传
- 安全资金：资金数量、资金投向

图 9-5　影响高铁运营安全的管理因素

2. 当前高铁安全管理重点影响因素

对比近年来发生的事故，高速铁路安全基础管理因素的突出表现为：安全管理规章制度不严，安全管理基础夯实不足。高铁、客车安全"红线"管理、非正常情况应急处置工作、安全风险控制能力以及加强外部安全环境隐患治理、应对自然灾害方面仍存在很多死角和漏洞，因而要持续推进站车视

频监控和线路全封闭，严格危险品检查制度落实，有效防范和处置突发事件，使运输安全外部环境得到改善。

安全管理是高铁安全保障系统的关键。科学、高效的安全管理对保证高铁安全运营起着至关重要的作用。虽然人、机、环境往往是造成高铁事故发生的直接原因，但追根溯源，管理才是根本的、本质的原因。所以保障高铁安全运营的关键是管理。

高铁安全管理必须始终贯彻"安全第一、预防为主、依法管理、综合治理"的理念。通过科学管理，实现设备安全性能改进、人员安全素质提高、环境安全质量改善和安全管理水平提高，从而有效避免行车事故的发生。

3. 高速铁路安全管理重点内容

（1）建立健全安全管理规章制度。完善安全管理规章制度是抓好高速铁路安全工作的保障。

（2）人员安全管理。抓好高速铁路运营安全工作的基础；明确各层级的安全职责和安全生产目标；自上而下建立完整的安全监督、保障、应急体系。

（3）行车安全管理。行车安全是衡量高速铁路管理水平和各部门工作质量的主要指标之一。

（4）车站安全管理。车站安全管理是高速铁路安全管理的重要环节。

（5）设备设施安全管理。加强对高速铁路设备设施的安全管理。

（6）事故安全管理。高速铁路应建立事故处理机制，落实责任追究制度。

（7）应急救援安全管理。主要方式是组织员工对各种预案进行学习，并按计划进行演练。

4. 高速铁路安全管理手段

高速铁路安全管理手段主要体现在"治、控、救"3个方面。

（1）"治"就是治理安全隐患，即通过系统化的方法找出运营系统中存在的各种安全隐患，然后采取相应的措施治理安全隐患，力争将安全风险降至最低。

（2）"控"就是控制安全隐患，即通过先进的管理制度，监控铁路系统的各种不安全因素，避免事故发生或将事故控制在萌芽状态。

（3）"救"就是安全事故救援，即制订各类应急处理预案并演练，在事故发生时正确处理并及时报告，在事故发生后及时分析原因，处理责任人，提出整改措施，防止同类事故再次发生。

第二节　高速铁路运营安全保障管理体系的优化

一、完善高铁安全源头质量保障机制

进一步完善我国高速铁路设计、建设阶段的技术标准、工程建设、设备质量、安全防护、联调联试、运行试验、安全评估等一系列的源头质量保障机制。

（一）完善高铁技术标准保障体系

完善涵盖动车组、基础设施等各方面的高速铁路技术标准体系，应注重采用和借鉴国内外先进的铁路安全标准（IEC/EN），不仅要从技术和安全层面严格保障高速铁路建设、运营质量，还可以实现中国与欧洲等国家的高铁技术安全兼容。

（二）建立高铁工程建设和设备质量保障体系

要通过严格制度标准、原材料、工艺方法、检测检验、验收开通等关键环节管控，加强工程建设质量问题的检查和整治，强化合同约束和行业监督管理，建立高铁工程建设质量控制体系；通过强化高铁物资采购审核和产品质量检验检测，实施行政许可、产品认证、上道审查等准入制度，进一步加强高速列车及其重要配件的监造管理，强化铁路统一的物资供应商信用评价，建立高铁设备质量源头控制体系。

（三）建立高铁灾害安全防护保障体系

确保高铁设计阶段全封闭、全立交方案，线路两侧设置防护栅栏封闭，桥涵设置限高防护架及合理的人畜通道，公铁并行路段设置防护桩，上跨铁路桥设置防抛网机制。完善高铁线路自然灾害及异物侵限监测系统，建立高铁灾害安全防护体系。要进一步强化高铁车站、列车视频安全监控体系，进而实现高铁沿线重点部位监控全覆盖。

（四）确保联调联试及运行试验保障体系

针对新建高铁项目，应确保实施系统性能测试及优化等联调联试工作，检验高速列车运行的安全性、平稳性和舒适性，检验线路基础设施的安全性、稳定性，评价设计参数、设备选型和系统接口的合理性，验证减振降噪措施的有效性；在后续的运行试验工作中，应及时检验高铁设备设施及行车组织方式能否满足运营要求，检验各种非正常行车能力，为优化设备合理配置、提高设备安全性能、制定运输组织和应急救援方案等提供技术依据。

（五）完善安全评估保障体系

应针对新建高速铁路进一步完善专家评估机制，实现高铁分专业安全评估小组，针对运营维护单位在安全管理、规章制度、员工素质、设备管理等方面的开通运营准备情况实施安全评估，确保高铁线路的顺利开通和安全运营。

二、完善高铁安全法规体系保障机制

为保障高铁运营安全，应强化完善包括规章制度、设备养护维修及状态监测、职工素质及安全文化、安全监督管理、应急处置及救援能力等"人防、物防、技防"三位一体的运营管理安全保障体系。

（一）完善高铁技术规章体系

在严格执行《安全生产法》《铁路法》《铁路安全管理条例》基础上，结合高速铁路的安全发展环境,进一步完善高速铁路技术管理、铁路交通事故应急救援、高速铁路突发事件应急预案等高铁技术规章体系,建立健全覆盖所有管理和作业岗位的安全生产责任制,以及履职检查、考核、责任追究等制度,特别是以超前防范为重点,进一步完善安全生产过程控制机制,形成健全的高铁规章制度体系。

(二)实现高铁设备维护及监测体系

应健全高铁主要行车设备电子档案,加强设备技术状态、养修履历过程管理,定期评估设备安全状态,科学制定设备维护周期、范围和维修技术条件,推进设备精准养护维修保障。要强化高铁基础设施实行"天窗修"制度,采用动态检查为主,动、静态检查相结合的全方位检查模式,通过定期开行综合检测列车、点后开行确认列车,以及使用精密测量控制网、车载式和便携式线路检查仪等方式检查确认线路状况;要完善动车组五级计划性预防修制度,坚持采用以走行公里周期为主、时间周期为辅的检修模式,保证动车组设备运用状态良好。进一步完善高铁供电安全检测监测系统(6C)、机车车载安全防护系统(6A)、车辆运行安全监控系统(7T)、工务安全检测监测系统(8M)等,实现高铁行车设备的不间断检测监测,及时发现和消除安全隐患。

(三)完善高铁职工素质及安全文化保障体系

随着高铁安全质量的发展需求,应完善人才培养,吸引高技能、高素质人才。严格执行主要行车工种和关键专业技术岗位资格准入制度,按标准配齐配足调度员、动车组司机、随车机械师等专业技术、管理人员,实现关键岗位的梯次配备和动态优化;应强化完善培训、考核、任用相统一的职工培训机制,持续优化人力资源配置,创新教育培训模式,深化安全文化建设,提升高铁职工素质,保持人才队伍质量。

(四)完善高铁安全监督管理保障体系

应进一步完善高铁安全监督检查机制,定期开展安全管理评估和专业检查，有针对性地加强恶劣天气、防洪防汛、春运、暑运、节假日、黄金周等阶段性、季节性安全监督检查；定期开展高铁安全生产专项整治，严格安全准入标准，重点加强设备检修、应急处置、人身安全、消防安全等安全关键项点的检查控制；应严格高铁治安管理和外部环境隐患治理，坚持"高铁治安隐患零容忍"，建立高铁治安常态化巡查制度，对高铁线路实施路地联勤、联合巡防。

（五）完善高铁应急处置及救援能力保障体系

强化国铁集团—铁路局—站段三级应急救援网络，编制完善应急预案、应急处置流程和非正常情况下的应急处置办法，建立专职和兼职应急救援队伍，定期组织应急演练，确保应急处置导向安全、有力有效。

三、完善"人防、物防、技防"三位一体的风险管控安全保障体系

新形势下，高铁安全风险跨界性、关联性、复杂性不断增强，铁路安全预防体系管理，是高铁安全管理工作的重中之重。强化安全风险分析研判，紧盯设备设施质量和沿线环境等重点，完善"人防、物防、技防"三位一体的风险管控安全保障体系。

（1）一方面，要明确人防、物防、技防三者各自的职责，做到守土有责、守土负责、守土尽责；另一方面，要厘清三者之间的关系，使之相互融合、协调一致、共同发力。

人防是关键，重点在于规范安全管理、加强风险管控。铁路各单位要全面加强安全管理制度建设，健全安全生产责任制和干部履职质量考评机制，完善专业管理模式，强化专业管理，配齐配强主要行车工种人员，建立强有力的安全监督管理体系；构建安全风险管控和隐患排查治理双重机制，推进安全生产标准化建设，强化铁路治安综合治理，着力打造平安铁路。祸患常积于忽微，我们要做好人防工作，防患于未然。

物防是基础，重点在于把好源头关口、强化设备质量。做好安全工作就要坚持抓基础、强基本、重基层，坚持各项工作的标准和规范。基础稳则安全稳。铁路各单位要把设备质量基础放在重要位置，坚持以设备质量安全为核心，完善采购合同条款，把好设备质量采购源头关，健全高铁设备维护管理体系，推进铁路装备简统化，提高专业化维修水平，在物防上下功夫。

技防是保障，重点在于加强技术攻关、提高应急能力。为应对当前复杂的运营环境，铁路需要健全的应急指挥平台，协调联动、应急备援、快速反应。铁路各单位要以确保高铁和旅客安全为出发点、落脚点，充分运用现代信息技术等科技新成果，突破安全难点问题；整合强化各类实时监控监测系统，提升铁路安全的技防水平。

（2）建立预防为主、依法管理、综合治理的高铁安全风险防控体系。高铁是铁路旅客运输的主渠道，高铁沿线经济社会活动频繁，违法占地、违法建设、违法经营等违法违规行为屡禁不止，安全隐患频现，风险防控难度不断加大。高铁运营安全与广大人民群众的生命财产息息相关。应坚持生命至上、安全第一的理念，把工作着力点更多放在事前预防和源头治理上，加强联防联控，建立预防为主、依法管理、综合治理的高铁安全风险防控体系。

（3）建立技防、物防、人防相结合的高铁安全保障体系。高铁安全防护，关键在"防"。强化高铁安全防护措施，建立技防、物防、人防相结合的高铁安全保障体系。完善不同阶段的技术和管理措施，既要包括高铁职工素质及安全文化保障、安全监督管理保障和安全责任体系健全落实等人防措施，也要包括高铁工程建设和设备质量保障、安全防护保障等物防措施，还要包括高铁技术标准和规章制度保障、设备养护维修及状态监测保障等技防措施，建立起高速铁路全生命周期安全保障体系，实现整个高速铁路运营安全体系的可持续发展。

四、推行安全风险分级管控和隐患排查治理双重预防机制

为准确把握铁路安全生产的特点和规律，坚持目标导向、问题导向和人

防、物防、技防综合施策，有效防范和遏制高铁和旅客列车安全事故，规范和加强铁路安全风险分级管控和隐患排查治理工作，推进事故预防工作科学化、信息化、标准化，实现把风险控制在隐患形成之前、把隐患消灭在事故发生之前。

安全风险分级管控和隐患排查治理双重预防机制可以理解为构筑防范事故发生的两道"防火墙"。第一道是管风险，主要以安全风险辨识和管控为基础，运用现代风险管理和事故预防理论，规范具体工作程序和方法，从源头上系统辨识风险、分级管控风险，把各类风险控制在可接受范围内，杜绝和减少事故隐患；第二道是治隐患，主要以隐患排查和治理为手段，认真排查风险管控过程中出现的缺失、漏洞和风险控制失效环节，坚决把隐患消灭在事故发生之前。

双重预防机制以问题为导向，抓住风险管控这个核心，以目标为导向，强化隐患排查治理。两者是相辅相成、相互促进的关系。风险分级管控是隐患排查治理的前提和基础，通过强化风险分级管控，从源头上消除、降低或控制相关风险，进而降低事故发生的可能性和后果的严重性。隐患排查治理是风险分级管控的强化与深入，通过隐患排查治理工作，查找风险管控措施的失效、缺陷或不足，采取措施予以整改；同时，分析、验证各类危险有害因素辨识评估的完整性和准确性，进而完善风险分级管控措施，减少或杜绝事故发生的可能性。风险分级管控和隐患排查治理共同构建起预防事故发生的双重机制，构成两道保护屏障，有效遏制重特大事故的发生。推行安全双重预防机制的目的，就是要控制危险源，消除事故隐患，将风险控制在可接受的范围内。

第十章　高速铁路运营安全技术保障体系

安全是高速铁路运营的第一要素，它的安全性不仅要在规划、设计、建设和验收时给予充分考虑，并且在运营管理中也要不断研究、改进和提高。因此，建立一套科学、系统的高速铁路运营安全保障技术系统对保证高速铁路高效正常运营，最大限度地保障乘客的生命安全，减少损失，维护社会稳定和提高高速铁路经济效益具有重要意义，已成为高速铁路安全管理工作的当务之急，必须给予重视和完善。

为了保障高速铁路的高效运营，必须将安全问题作为一个首要的问题予以重视。高速铁路运营安全保障技术体系正是保障高速铁路安全运行、预防和避免事故发生以及尽量减少事故损失的一个复杂大系统。深入探索和把握高速铁路的安全规律，建立健全高速铁路安全保障技术体系，形成高速铁路安全的长效机制，是确保高速铁路持续安全稳定的关键性、基础性工作。

第一节　高速铁路运营安全保障技术体系构建

一、高速铁路运营安全保障技术体系的特征

高速铁路运营安全保障技术体系的核心是信息技术的全面综合集成应用，主要有以下几个特征：

（一）系统性

高速铁路运营安全保障技术体系要从安全系统工程的角度出发，一方面，要保证高速铁路各项基础设施和关键装备的先进性、可靠性和安全性基本要求；另一方面，高速铁路各子系统都是实现系统总体安全目标不可或缺的组分，都承担着特定的、不同方面的、不同层次的、分工明确的行车安全保障任务，该体系应该通过各子系统的功能集成获得最大的系统总功效。

（二）综合性

综合开发和利用监控、检测到的高速铁路运营安全相关状态信息，有效地辨识系统中潜在的危险因素，从而能够客观地分析高速铁路运营安全态势，以便采取相应的对策来不断提高、改善高速铁路运营安全水平。

（三）高效性

高速铁路运营安全保障技术体系应以运营安全信息流作为指导、协调和管理高速铁路运营的依据，加强车、机、工、电、辆各部门之间以及与系统外相关部门之间的协作效率，从而能够更全面地实施控制，做出各个层次面的科学决策，保证高速铁路运营安全保障管理工作顺利开展。

二、高铁运营安全保障技术体系总体框架

高速铁路运营安全保障技术系统是以保障高速铁路运营安全为总体目标，结合线路自身的特点，以运营安全相关的固定设施、移动设备等为检测、监控和管理对象，以先进、成熟、经济、适用、可靠的信息技术为支撑，以信息系统为管理手段，通过不断集成和创新形成的对高速铁路运营安全态势分析、对可能发生的事故进行预警以及事故发生后应急救援的有机整体，从而指导高速铁路运营安全保障的控制、管理和决策工作。其总体框架如图10-1所示。

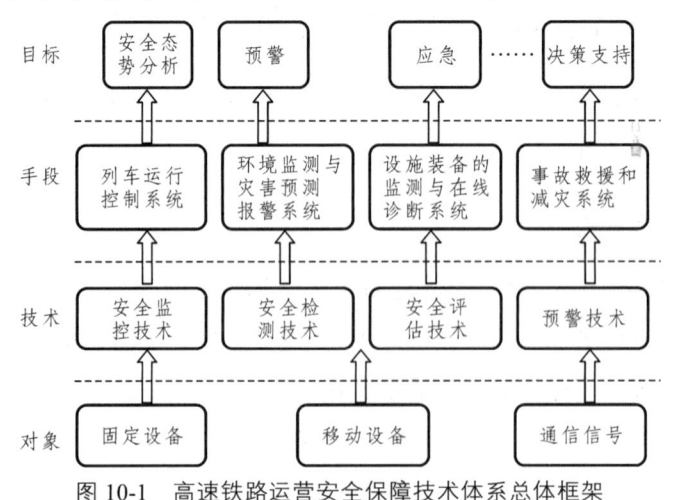

图10-1 高速铁路运营安全保障技术体系总体框架

三、高速铁路安全保障技术体系构建

构建高速铁路安全保障技术体系应从高速铁路运营安全保障工作的系统性、复杂度和行车安全保障系统的大系统特征出发，着眼于人、设备、环境和管理4个方面来构建该技术体系。为了保障高速铁路的运营安全，铁路部门采取了各种安全方法和技术手段，基本上可以归纳为以下几个方面（见图10-2）：

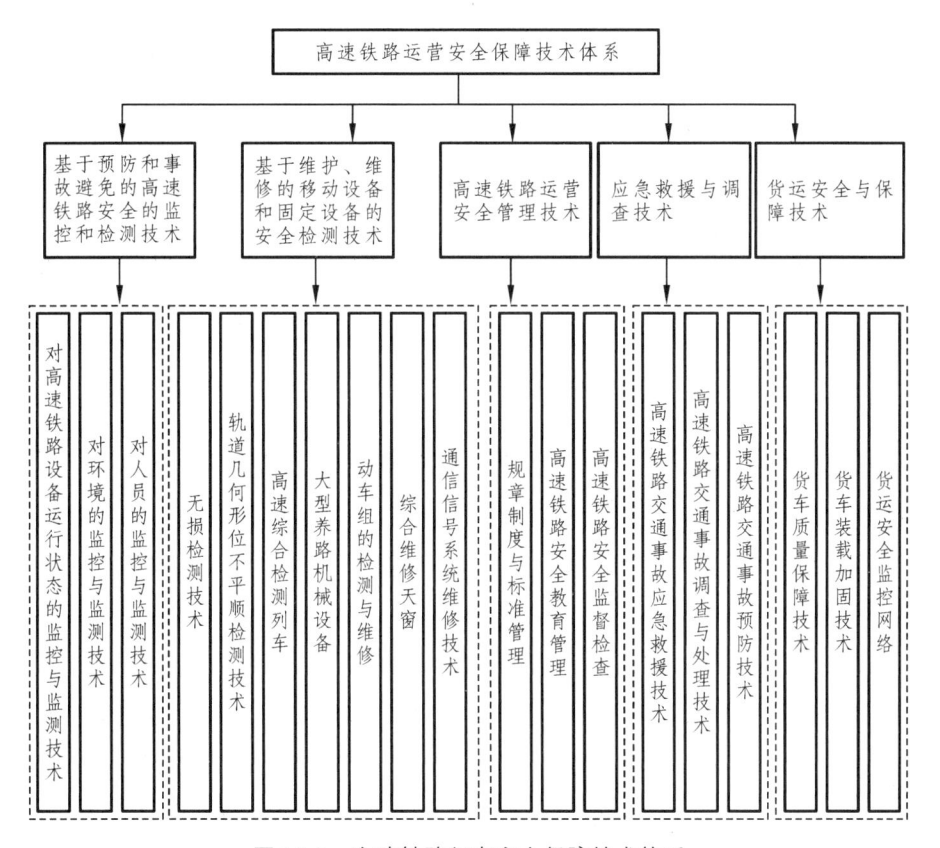

图 10-2 高速铁路行车安全保障技术体系

（一）基于预防和事故避免的高速铁路安全的监控、检测技术

在高速铁路运行的过程中，采取最先进的技术，对影响高速铁路安全的人员、移动设备、固定设备和环境等因素的状态以及运输对象实时监控，随时发现问题，并解决问题，达到预防事故和消除事故隐患的目的。

（二）基于维护、维修的移动设备和固定设备的安全检测技术

在高速铁路设施设备运行的过程中，为了保持其完好状态，需要随时对其进行维护和维修，利用先进的检测技术，帮助维修人员发现需要维修之处和确定维修的时间等。

（三）高速铁路运营安全管理技术

高速铁路运营安全管理技术包括规章制度和标准管理、高速铁路安全教育管理和高速铁路安全监督检查3部分。

（四）应急救援和调查技术

虽然采用了以上3种技术来保障高速铁路的运营安全，但还是存在事故发生的可能性，这就需要采取紧急救援技术和措施，最大限度地降低事故的损失。

（五）货运安全保障技术

我国部分高速铁路存在客货混跑的运营模式，货运对高速铁路的安全也有一定的影响。所以，应以确保高速列车安全运行为重点，全面强化货运安全管理，形成质量可靠、监控有力、管理有序的货运安全保障技术体系。

高速铁路的高效运转离不开完善的技术标准。建立科学完善的技术标准和安全管理规章制度是高速铁路运营安全最基本的保障。在高时速的运行条件下，技术标准必须科学严密，规章制度不能有任何疏漏，作业程序必须规范。适应高速铁路运营管理的需要，以职工素质达到高速铁路运营安全要求为目标，进一步完善国铁集团、铁路局、站段三级培训网络，改进培训办法，创新培训方式，丰富培训内容，提高培训质量，着力构建铁路安全教育保障体系。

高速铁路运营组织具有联动性的特点，需要车、机、工、电、辆多部门的协调配合，因而安全管理工作难度较大。建立高速铁路安全监督检查保障体系对于高速铁路运营安全具有十分重要的意义。

第二节 高速铁路运营安全保障技术体系的内涵

一、基于预防和事故避免的高速铁路安全的监控及检测技术

高速铁路安全监控和检测的内容涉及高速铁路运营相关的所有方面，可以分为高速铁路设施设备（固定设备和移动设备）、环境（自然环境和社会治安环境）、人员等。高速铁路安全的监控和检测，应依靠先进可靠的检查监测工具和手段，采取人机结合、动态检测和静态监控结合的方式，实现对主要行车设备、主要行车岗位、安全关键部位全方位、全过程的检查监测、信息反馈、考核评估，加快形成监控有力、反应灵敏、闭环管理的监控和检测保障技术体系。

（一）对高速铁路设备运行状态的监控与检测技术

高速铁路设备包括固定设备和移动设备两种。对固定设备和移动设备进行监控的目的是随时掌握设备的运行状态，及时发现运行中可能出现的影响运营安全的因素和隐患。

1. 列车运行控制技术

高速铁路的核心是高速度。实现高速度的核心技术之一就是列车运行控制。列车运行控制技术主要由通信和信号作为支撑，以技术手段对列车运行方向、运行间隔和运行速度进行控制，使列车能够安全运行且提高运行效率。列车运行控制系统地面设备和车站联锁设备主要实现联锁控制功能，并生成列车控制所需的基础数据，通过车—地信息传输通道将地面控制信息传送给列车，经列车运行控制车载设备进行处理后，生成列车速度控制曲线，监督控制列车安全、高速运行。列车运行控制系统主要由地面设备和车载设备组成。地面设备主要检查列车在区间的位置，形成速度信号，向列车传送允许速度、

线路参数等信息。车载设备主要由天线、信号接收单元、制动控制单元、司机控制台显示器、速度传感器等组成。车载设备根据接收到的地面信息、列车特性，计算列车制动模式曲线，控制列车运行状态。

各国研制生产的列车运行控制系统（ATP/ATC）有10余种，如德国的LZB系列和FZB系列、法国的TVM系列、日本的ATC系列。作为时速350 km及以上的高速铁路，我国采用的是基于GSM-R（铁路无线通信）的CTCS-3列控系统。该系统由车载子系统和地面子系统组成，可以实现移动闭塞。列车位置及列车移动授权由GSP和GSM-R传输解决，列车完整性检查和定位校核分别由车载设备和点式设备实现，使室外设备减至最少。

2. 列车状态监测与诊断技术

列车状态监测与诊断技术主要应用于对列车各部分状态进行监测并进行故障诊断。监测的主要设备有轴温、车门、轮对、牵引电机等。利用该技术可以及时通报司机采取必要的防范措施，并可以通过无线通信系统，通知前方的维修部门做好检修更换的准备工作。

高速列车实现全列车自动诊断，动车和拖车都装有数据采集、诊断计算机，对牵引动力、制动系统、走行部分、轴温、列车火灾以及车门、空调、照明等进行监测。一旦出现危及行车安全的隐患和故障时，会发出报警信息，问题严重时还会自动控制列车减速，甚至停车。例如，德国的ICE列车的诊断系统，不仅可以检测机车车辆、电气及机械方面的故障，而且可以实现列车故障诊断单元在发车前对每个系统进行可靠性和功能测试，有效地缩短整备时间。

3. 机车车辆诊断和实时检测技术

高速运行的机车车辆的状态，直接关系到行车安全与否。机车车辆的故障诊断和实时检测技术能够及时探测高速运行时转向架的疲劳破坏状况、接触部件运动破坏状况、车体结构、振动噪声、轴温状态、弓网接触压力、接触面几何状态、温度、滑动速度、磨损以及受电弓的结构状态、轮轨噪声、轨道变形、振动加速度等状态值。另外，将列车分离状况、车内温度、烟雾探测等情况通报给司机，使其采取必要的防范措施，并通知前方的维修部门做好检修、更换的准备。

4. 桥梁、隧道、重要立交道口的监测技术

高速铁路采用了桥梁、隧道、重要立交道口等建筑结构，这些结构的状态对列车安全运行起着重要的作用，所以必须对这些结构及设备、设施进行监测，采用传感器件和信号处理技术，对桥、隧道、线路的一系列参数进行测量和分析，以提供报警信号，使之通过信息通道及时传到综合调度中心，防止突发事件引起重大的行车事故。

5. 车站、站场状态的监测技术

车站及站场是列车与旅客相对密集的地方，为保障安全运营，应该设立相应的车站、站场状态的监测系统，实时监测站场状态，及时发现潜在的事故隐患，避免事故的发生。另外，在车站站台也要设置相应的监测系统，保证列车进站时或经过车站时，站台上旅客、工作人员及物品的安全。

6. 轨温监测技术

在现场设置钢轨及大气温度传感器，建立轨温监测报警系统，实时掌握钢轨温度，确定轨温控制标准，科学地进行轨温预报，也是保障高速铁路安全运营的关键技术之一。轨温监测系统由设置在现场的钢轨温度传感器、大气温度、温度传感器，设置在养路工区（工务段）的信息处理器、显示器、道床状态信息输入设备（报警器、记录仪等）组成。同时在线路选定地点附近设气象信息采集点，以便对比决策。

7. 牵引供电设备的安全监测技术

牵引供电设备的安全监测技术有利于减少供电系统事故隐患，降低事故概率，缩短故障查找和检修时间，确保供电系统可靠运行。实现在线监测的

关键技术包括个性化信号采集处理模块（传感器、信号采集及处理、嵌入式微机处理系统、远程通信）、后台智能专家系统和远程诊断及设备状态监测（调度中心）。

（二）对环境的监控与检测技术

高速铁路运营系统处于开放的环境状态，环境中的各个因素都会影响高速铁路运营状态的安全性。环境因素包括自然环境和社会治安环境两种。加强对环境状态的监控和检测，随时了解环境的变化，对预防和避免事故具有重要的意义。

1. 自然环境的监控和检测技术

自然环境监测与灾害预测报警技术是高速铁路运营安全保障技术体系中不可缺少的重要技术手段之一。它主要是对自然灾害及沿线环境进行监测，在要监测的地区设置相应的监测设备和预警系统，并将信息传送给有关场所。监测的信息主要有雨量、风速、风向、地震、洪水、落石、着雪量、泥石流等。防灾用的监测设备预先设定基准值，一旦达到基准值，系统会自动报警。

1）雨量及洪水监测技术

雨量及洪水监测系统由数据采集设备、监测终端设备以及监测主机设备构成。数据采集设备主要包括雨量计、水位仪、防撞监视仪、冲刷测量仪、洪水测量仪等。数据采集设备测得的数据通过通信线路传输并显示在监测终端上。调度人员根据此降雨状况发出警戒命令，限制列车运行速度。

2）地震监测技术

地震监测系统主要对地震进行监测并采取紧急措施以减少事故损失。系统由振动加速度传感器和中心监视设备两部分组成。振动加速度传感器检测加速度值和 P 波，具有自动报警、显示加速度波形功能，同时能够分析处理监测数据。例如，日本东海道新干线在沿线的 14 个地方设置了地震预报系统，在沿线的 25 个变电所设置了地震计，一旦监测到危害可能性大的地震，变电所内的断路器会自动断开，停止送电，使列车紧急停车。

3）强风监测技术

强风监测技术是在铁路沿线设立监测点，安装风速、风向传感器和采集单元，实时采集风速、风向数据，数据超过报警值便发出报警；用户确认报警信息和现场情况后，及时采取应对措施，如减速、停车或躲避等。

4）落石监测技术

在易发生危害性落石滑坡的地方安装落石监测仪，当落石砸到检测网时，监测线路被切断，使现场的红色信号灯闪亮，安装在车站上的报警装置发出报警信号，从而阻止列车驶入相应地区。

5）泥石流监测技术

在泥石流易发生区及其周围设置雨量计、风速计，在有滑坡的地方增设滑坡计等，同时设置测量通过颗粒的组合成分等仪器，根据不同地区的情况确定适当的标准值，数据超过一定值时就会报警或预报险情。

2. 社会治安环境的监控和监测技术

加强防护网、立交道口、沿线绿化等工程建设，健全护路联防联控机制，强化治安综合治理，完善区段巡查看护制度，采取物防、技防、人防相结合的综合防护措施，着力构建全天候、立体化的治安防范保障体系。

1）安全防护工程技术

为杜绝机动车辆等异物侵入运营线路，高速铁路基本上采取的是"全封闭、全立交"的安全防护方式。安全防护技术包括安装高标准的栅栏，做好线路绿化，完善道口防护设施，提高道口防护能力，加固上跨铁路立交桥防护设施，实现站区全封闭管理等。同时，应健全护路防控责任制。以铁路公安部门为主，工务、车务等单位配合，建立分工明确、职责清晰的护路联防责任体系。公安部门重点抓好线路治安巡查、路外宣传等工作，切实发挥沿线治安防范的主体责任；工务部门重点抓好栅栏、绿化等安全防护工程建设和日常管理；车务部门重点加强站区管理。进一步明确公安民警、工务巡线人员、护路联防人员的巡护范围、工作标准和职责要求，健全联防联控制度，加强日常管理和考核，确保各项巡查措施落到实处，进一步完善线路巡查制度，形成制度化、规范化的护路管理机制。

2）铁路入侵检测技术

铁路入侵检测技术是指在铁路视频监控环境下，让计算机在不需要人参与的情况下，通过对视频序列的处理，实现对入侵行为的自动检测和分析，并针对危害行为报警。铁路入侵检测的核心技术包括实现铁路入侵物体的定位与跟踪、对入侵行为进行识别和分析、生成报警信息等内容。

（三）对人员的监控与检测技术

人员是指对高速铁路运营安全产生直接影响的人员，包括提供服务者、被服务者及其他人员。一些人员的行为与交通密切相关时，应加强对其行为的监控与检测，这是保证高速铁路运营安全的重要内容。

提供服务人员的行为，可通过交通行业相关的作业标准、规范等约束，并采用一定的设备，监控提供服务人员的工作状态。

对被服务人员的监控与检测，主要是在客运站内、高速列车上运行，需要一定的监控和检测设备（主要采用红外线、超声波检测、电视监控等设备）完成。如对旅客、行李、货物等进行检查的安全检查系统。该系统的主要功能是防止将易燃、易爆、危险品带到车站内、带上运输工具，防止无关人员进入站内和登上高速列车。再如，对车站隔离区、车站出入口进行管理和安全监控，对重要设施和区域进行监控、检查的安全保卫系统，其主要功能是防止旅客或非旅客炸毁列车，防止无关人员进入隔离区、登上列车、进入轨道，保障车站设施安全，维护候车室正常秩序。

二、基于维护、维修的移动设备和固定设备的安全检测技术

高速列车的普遍开行加剧了轨道等设施装备的恶化，使养护维修工作量增加，但随着行车密度的提高使养护维修作业时间越来越少，如何提高养护维修的针对性和作业效率是维修技术要解决的关键问题。基于维护、维修的移动设备和固定设备的安全检测技术应以确保高速铁路的线桥隧涵、牵引供电、通信信号等固定设备质量为重点，更新维修理念，采用先进维修手段，创新维修方式，加强设备精修细修，全面提升设备质量，确保动态达标。

设施装备维修技术的主要功能有：对线路状况进行监测及管理，管理线路的日常维护及保养，安排施工，工务设施检修、故障履历管理，维护计划管理，通过集中对全线的信号及相关的控制设备的状态，合理安排维修，保证系统正常运转，一旦出现故障，及时采取有效措施，使危害降至最低程度，并作为制订维修计划和安排综合维修天窗的主要依据。在发生事故灾害时，提供紧急救援方案。负责线路维修计划、慢行区段指定以及受灾情况修复作业安排，在轨检车定期检测数据的基础上，对测试数据及线路巡视人员的检查报告等进行管理。

基于维护、维修的移动设备和固定设备的安全检测技术应以确保高速铁路的线桥隧涵、牵引供电、通信信号等固定设备质量为重点，更新维修理念，采用先进维修手段，创新维修方式，加强设备精修细修，全面提升设备质量，确保动态达标。

基于维护、维修的移动设备和固定设备的安全检测技术应注意以下几点：

一是树立全新的维修理念。工务部门要树立零误差的维修理念，严格执行线路维修标准，提高线路质量；电务部门要树立零故障的维修理念，通过精修检修，提高设备安全可靠性；供电部门要树立零缺陷的维修理念，加强对牵引供电设备的日常检查和维修，消除设备的主要缺陷。

二是优化检修资源配置。增加并统筹大型养路机械资源，做到科学布局、

集中管理、统一调度使用，最大限度地发挥大机效能；动态优化维修机具配置，做到大机和小型机群成龙配套，维修能力与作业量相互匹配。

三是推行新的维修方式。工务系统要大力推进"检养修"分开，加快构建以专业修、集中修、机械修为主，临时补修为辅的维修模式；电务系统要大力推行"值班修"分离的维修模式，全面实行状态修、集中修和专业修，大力提升设备维修标准化和规范化水平。供电系统要进一步完善委管体制，加大监管力度，加强质量监督考核，确保接触网设备动态达标。

四是强化关键部位质量控制。组建线路、道岔、曲线、钢轨打磨等专业维修队伍，充实管理人员和专业技术力量，提高关键部位的维修质量；加大设备投入，配备专用维修设备，特别是各类检测、监控、维修设备，满足设备日常检测维修的需要；加大技术攻关力度，研制轻量化、高精度、适合现场作业需要的小型工装机具，提高日常维修作业的效率和质量。

基于维护、维修的移动设备和固定设备的安全检测技术主要有：无损检测技术（转向架、滚动轴承、钢轨）、轨道几何形位不平顺检测技术、高速综合检测列车、大型养路机械设备、动车组的检测与维修、综合维修天窗、通信信号系统维修技术。

（一）无损检测技术

无损检测（Non-destructive Testing，NDT）是一门新兴的综合性应用技术。它以不损害被检测对象的使用性能为前提，应用多种物理原理和化学现象，对各种工程材料、零部件、结构件进行有效检验和测试，借以评价其完整性、连续性、安全可靠性及某些物理性能。周期性地对高速铁路机车车辆各零部件进行无损检测，对于保证列车安全运行有着十分重要的作用。

1. 机车车辆转向架无损检测

列车车轴的无损检测方法主要有磁粉检测法和超声波检测法。车轮动态检测方法主要有超声波检测法、电磁超声检测法、振动加速度检测法和光学图像检测法等。

2. 机车车辆滚动轴承无损检测

为了预防由轴承引起的事故,在我国铁路干线上都安装了大量的红外线轴温探测系统,并形成了探测网络,以便及时发现温度过高的轴承,防止燃轴、切轴和脱轨事故。在高速铁路中,一些新技术与新装备不断地应用到滚动轴承早期故障的预报检测中。

3. 铁路钢轨无损检测

主要采用手推式和全自动式轨道检测车相结合的方式对钢轨进行检测,采用的无轨检测手段主要是超声波检测法、磁粉检测法和涡流检测法。机车车辆无损检测应用于机车车辆的无损检测方法主要有超声波检测法、磁粉检测法和涡流检测法。

(二)轨道几何形位不平顺检测技术

由钢轨、轮枕和道砟组成的轨道结构是一个不完整的、易变形的结构,这种结构的变形即轨道不平顺,它是导致机车车辆和轨道产生振动、破坏的原因。轨道几何形位检测分静态和动态检测,检测设备主要是轨检车。我国轨检车的车载计算机系统对检查的数据进行处理,提交给用户轨道Ⅲ、Ⅳ级超限报告表、曲线摘要报告表、区段总结报告表、轨道质量指数报告表和轨道几何不平顺波形图。若建立轨道不平顺职能专家辅助决策系统,用于指导现场的综合养护和修复,需要利用这些未进行处理的、以原始采样间隔保存的数据。这些数据包含了很多有用的信息,对建立轨道状态恶化预测模型是不可或缺的数据源。

(三)高速综合检测列车

综合检测列车是实施定期检测、综合检测和高速检测的重要手段,实现对轨道、接触网、通信信号等基础设施的综合检测。综合检测列车上安装了以下系统:轨道几何状态检测系统,轮轨动力学检测系统,接触网状态检测系统,轨道电路特性、列车控制系统状态检测系统,无限场强检测系统。

综合检测列车主要装备：录像装置、架线间隔测定装置、ATC 测定装置、列车无线设备测定装置及测定台；轴重恒压测定轴、轴箱测定加速度计；轨道高低变位和车辆摇动测定装置、线路状态监视装置、轮重恒压数据处理装置和录像装置；架线磨耗偏位高低测定装置、集电状态监视装置、受电弓观测装置、数据处理装置、供电回路测定装置、车次号地面设备测定装置。

（四）大型养路机械设备

大型养路机械设备是轨道综合维修的主要作业手段，按周期、有计划地对线路进行综合性修理，从而恢复良好的线路技术状态。大型养路机械设备包括三枕捣固综合作业车、正线和道岔综合作业捣固车、高精度连续式捣固车、高效清筛机、路基处理车、线路大修列车、96 头钢轨打磨车等大型养路机械设备、道岔清筛机、移动式焊轨车和大容量的物料运输车等大型养路机械设备。

（五）动车组的检测与维修

高速运行的动车组停站时间非常短，在停站时无法通过人工检查或监视各种设备和部件的工作状态、故障情况。动车组设备在设计阶段就已考虑到自动诊断和故障、工作状态的监测。为提高高速铁路动车组的使用寿命及性能，提高其经济效益，必须采用先进的维修技术对高速铁路动车组进行维修。国外高速动车组的检修制度以可靠性、舒适性为中心，实行计划定期检查和整备与监测预报状态修理相结合；单元部件换检修和寿命管理、主要元部件实行专业化集中修理相结合的维修制度。动车组的检修在动车组检修基地和运用所中进行。检修基地负责全部修程的检修任务。运用所负责动车组的日常检查和少数部件更换。国家铁路局直接管理动车组检修基地，并以检修基地为中心，辐射各个运用所，形成统一管理的检修网络。我国现已建立了北京、上海、武汉、广州 4 个动车检修基地，建成了北京、北京西、上海南、沈阳、青岛、广州东 6 个动车组运用所，并发展了哈尔滨、大连、济南、西安、成都、郑州、汉口、长沙、新深圳、福州、南昌、杭州、南京等运用所。

（六）综合维修天窗

建立完善的"天窗"维修管理办法。运输调度部门要树立保"天窗"就是保安全、保能力、保效率的思想，科学调度，精心铺面；设备维修单位要优化生产组织、劳动组织和作业方式，提高作业能力和作业效率，尤其是夜间作业能力，用足用好"天窗"点。要区别不同线路情况和作业内容，合理安排"点"内"点"外作业，缓冲施工与运输的矛盾，满足设备动态达标的要求。

（七）通信信号系统维修技术

高速铁路的通信信号系统采用了大量的新设备、新技术，科技含量高，容易受到外界影响，其维修技术要求更高。信号设备维修实行电务段、维修车间、维修攻取三级管理模式。大修由铁路局委托专业公司或施工企业进行；硬件日常维修由信号工区负责，软件维护和升级由设备供应商负责。通信设备维修工作分为大修、日常维修两部分。电务段负责通信设备的运用管理，铁通公司等通信企业负责通信设备维修工作。

三、高速铁路运营安全管理技术

（一）规章制度和标准管理

交通安全法规管理是安全管理的重要组成部分。依法规范组织和个人在生产活动中的行为，坚持"安全第一、预防为主、综合治理"的基本方针，强化安全管理、安全监察和安全技术培训是安全生产的保证。高速铁路规章制度保障体系应以确保运营安全为重点，以基本规章为依据，分系统、分层次建立和完善各项规章制度办法，形成科学严密、统一规范、动态优化、具体可行的规章制度保障体系。科学严密，就是结合新技术、新设备大量运用的实际，从理论到实践，从技术标准到作业标准，深入进行科研论证，确保各项规章制度经得起运营实践的检验。统一规范，就是以基本规章为基准，建立覆盖各专业、各层面的专业规章、技术文件、作业标准和作业程序，形成统一、规范、完备的规章制度体系。动态优化，就是根据铁路运输生产组织的变化要求和运输安全工作的实际需要，及时废止、修订、补充完善各项规章制度和办法，确保各项规章制度具有较强的时效性和指导性。具体可行，就是依据基本规章制度，每个层次、各个系统制定出明确、具体、细化的规章制度，确保落实到一线、落实到岗位。

1. 完善各项规章制度

铁路有关部门应结合高速铁路运营安全面临的新情况、新变化，对技术管理规定、技术管理办法等规章制度进行充实和完善。各专业部门要对专业规章规程进行废修补。各铁路局、站段要结合本单位实际，对《铁路行车组织规则》《车站行车工作细则》《铁路段管细则》进行细化和完善，确保各项规章制度和管理办法严密规范。

2. 建立规章制度动态优化机制

明确国铁集团、铁路局、站段三级规章制度的管理范围、管理责任和归口部门，实现规章制度的分层分级管理；进一步完善规章制度的起草、评审、公签、批准和发布程序，确保规章制度的严肃性和权威性；建立规章制度的动态完善制度，保证各项规章在动态中优化、在发展中完善。

（二）高速铁路安全教育管理

高速铁路的运营除了需要高可靠性的设备和运行控制手段之外，人的因素也是不容忽视的。因为所有的设备和控制仪器都需要靠人来掌握，所有的法规章程都靠人来执行。建立健全高速铁路安全教育保障体系，是减少人的不安全因素、提高运营安全水平的有效途径之一。

1. 建设培训基地

建设铁路职工培训基地，集中全路培训资源，重点组织好高级专业管理人员和先进装备运用操作人员的培训；建设铁路局或高速铁路运营公司的系统培训基地，重点对行车主要工种、特种作业人员进行培训；建设完善站段实训基地，强化对一线职工实际操作技能和应急处置能力的培训。同时，充分利用社会培训资源，加强部校战略合作，建设铁路高技能人才培训基地，形成功能完善、布局合理的职工培训网络。

2. 开发培训教材

高速铁路管理部门联合有关高等院校，编写分别适用于高等院校教学、职工培训和职工应知应会需要的 3 大教材体系。通过开发课件、装备先进的模拟培训设备等手段，增强培训效果。

3. 建设高素质师资队伍

培养高素质铁路职工培训师资队伍，尤其要重视和加强基层站段职教队伍建设，优化和改善职教队伍的文化结构、专业结构、知识结构和年龄结构，为提高职工实作技能培训质量打下坚实基础。

（三）高速铁路安全监督检查

高速铁路安全监督检查保障体系应严格遵循我国现行的安全管理体制"企业负责、行业管理、国家监察、群众监察"来建立。强化国家铁路局安全监察司行业监管机构的职能，强化铁路局和铁路安监司特派员办事处两级安全监督检查力量的整体功能，加强站段的安全监督检查力量，强化安全生产的外部监督，使安全监督更贴近运输现场。各级安全监察部门应加强对问题整改情况的检查，及时处理各类安全隐患和问题。

四、应急救援与调查技术

安全保障技术的作用是保护列车安全，避免事故发生。尽管高速铁路为保证行车安全采取了各种措施，但仍可能出现不可预见的事故。因此，除了采取各种防患于未然的措施之外，还应具备各种应急救援、事故处理、灾后恢复等设备和能力，建立一套完整的事故应急处理系统，对减少人员伤亡、减轻事故损失具有非常重要的意义。

（一）高速铁路交通事故应急救援技术

高速铁路交通事故应急救援技术的作用是科学规范灾害事故发生时的救援抢修、突发事件出现时的应急处置方法和程序。在高速铁路运营系统遭遇自然灾害或突发事件时，通过应急救援技术及系统向上级报告、向下级发出救援命令，指挥组织救援并协调地方救援力量。防止人员伤亡和财产损失的扩大，减少对运输秩序的影响，尽快恢复正常的运营秩序。

（二）高速铁路交通事故调查和处理技术

高速铁路交通事故的应急处置技术，要依据《安全生产法》《铁路法》《铁路交通事故调查处理规则》《铁路交通事故应急救援和调查处理条例》等相关法律法规处理。其目的是通过对事故应处置的调查研究，科学分析事故的致因因素，对事故责任进行追究，总结事故发生的规律和教训，提出有针对性的措施，防止类似事故再次发生。

（三）高速铁路交通事故预防技术

建立高速铁路交通事故预防的网络体系，实现对列车、乘务人员、线路和车站的实时监控，对事故易发地段进行重点预防、专业预防，并将采集的灾害信息传递给高速列车调度和控制中心。

五、货运安全保障技术

我国部分高速铁路存在客货混跑的运营模式。为了保障高速铁路运营安全，迫切需要先进的技术装备来保障货运的安全。

（一）货车质量保障技术

加强货车厂修、新造车辆的质量把关，完善质量检查验收和召回赔偿制度，提高货车生产制造质量。加强货车日常检修，严格货车检修标准，加强检修工艺线建设，完善质量责任追究制度，全面提高货车段检修质量。加强货车运用维护，重点抓好装卸车作业标准化。加强列检作业，随时处理货车质量问题。加大车辆检查整修力度，集中整治不良货车，大力压缩破损货车。建立货车质量联保控制机制，确保车辆状态良好。

（二）货车装载加固技术

优化装载加固方案，建立方案库，实现信息化管理。改进装载加固手段，提高装载加固效率和质量。加强特种货物承运管理，重点抓好散堆装、易脱落、会窜滚、可旋转和阔大货物，以及危险化学品的全过程装载运输管理，加强在途和保留货物列车监控，确保运输万无一失。

（三）货运安全监控网络

利用车辆运行安全监控系统 5T 系统，不断提高货车运行状况实时监控质量。采用超偏载检测装置、轨道衡、危险货物检测仪等安全检测设备来保障货物的安全状态，实现信息联网、集中控制，充分发挥安全监控网络的作用。

第三节 高速铁路运营安全技术控制体系

高速铁路运营安全保障系统是一个包括多个独立运行并互相补充的集合体。根据各个系统在高速铁路运营安全保障中所处的位置和主要完成的不同功能，一般把高速铁路运营安全保障系统分为列车实时运行控制、周边环境和灾害的监测与预警、各种设施的检测与诊断，以及发生突发事件情况时的救援和减灾等。

一、设施装备的监测与在线诊断系统

设备装备的监测检测与诊断系统集中对全线的线路、桥梁、信号及相关的控制设备的状态进行综合检测，包括周期性检测和实时检测。监视系统运

行是否正常，各监测点及车站信息处理中心是否正常工作，确认各种主要设备的技术状态是否完好。建立通信网管监视系统、各专业机房环境监测系统，及时掌握工务、电务设备及其工作环境的状态，合理安排维修，保证系统正常运转，防患于未然。设施装备的监测与在线诊断系统主要包括：轨温监测诊断系统、牵引供电安全在线监测诊断系统、机车走行部故障在线诊断系统，如图10-3所示。

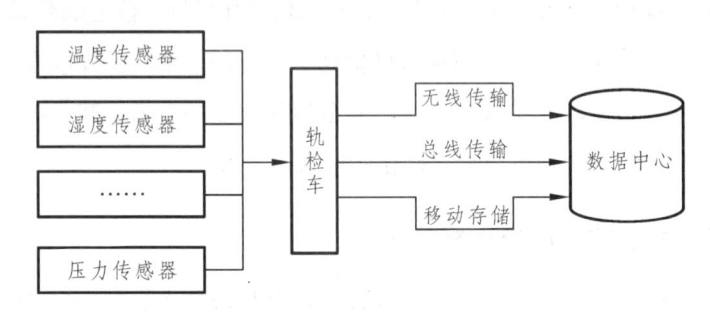

图10-3　设施装备的监测与在线诊断系统

二、环境监测与灾害预测预警系统

环境检测与灾害预测预警系统，主要对可能发生的灾害或突发性灾害等，实施全面、准确、实时的安全监控。对各类灾害监测的原始信息，通过灾害预测预警模块的数据处理、分析与判断后，根据灾害的性质和级别，对运动中的列车或实施预警或限速运行或中止行车，以确保高速列车运行安全。该系统主要包括：雨量及洪水监测预警系统、强风监测预警系统、地震监测预警系统。

三、事故救援和减灾系统

安全保障系统的作用是保护列车的安全，避免事故发生。尽管高速铁路为保证行车安全采取了各种措施，但仍可能有不可预见的事故发生。因此，除了采取各种防患于未然的措施，还应具备各种应急救援、事故处理、灾后恢复等设备和能力,建立一套完备的事故救援和减灾系统,对减少人员伤亡、减轻事故损失具有非常重要的意义。该系统主要包括:应急救援指挥与信息发布系统、预案及事故资料管理系统、应急救援辅助决策系统、救援资源管理系统、应急演练管理系统。

四、列车运行控制系统

这是一套保证列车安全运行的自动控制系统,由综合调度指挥系统集中管理高速铁路上运行的所有列车,通过列车自动控制系统保证列车安全运行。自动控制列车按预定的速度运行,利用程控或遥控系统控制车站的进路等。目前普通列车上都装有LKJ2000型列车运行监控记录装置,是在LKJ-93型监控装置成功运用的基础上,借鉴国内外先进列车超速防护及列车控制技术而研究开发的新一代列车超速防护设备,也是所谓的"黑匣子"。该设备采用了先进的32位微处理器技术、安全性技术以及数字信号处理技术等来保证列车行车安全的控制装置。它是既有列车行车安全设备的升级换代产品。

LKJ2000型列车运行监控记录装置主要由查询答应器、速度传感器、压力传感器、主机、机车信号指令系统和确认按钮、速度显示和电控制阀组成。另外,还配有一个小巧的适配器,必要时往"黑匣子"的接口一插,只需要半秒钟,就可以把里面的全部信息调出来,输入到地面数据处理系统。其内部数据存储器采用大容量非易失性数据存储器(可不带电池长期保存数据)。转储器与车载主机的数据传输以及与地面微机的数据转录均采用RS232标准通信方式,通信具备数据校验功能。转储器既可转储LKJ2000型监控装置数据,也可转储LKJ-93型监控装置数据,并能自动识别不同的设备类型及记录数据格式。

设备的传感器可以把机车行驶的状态,各部位动作情况以及变化数据,送进黑匣子存起来。存进去的信息包括:每个区间列车行驶的速度、行程距离、机车信号、乘务员对信号的确认情况、柴油机或电动机的转速、燃料油或电力的消耗等。同时记录出乘车日期、运行时间、机车型号、车次、乘务人员代号和列车种类等22项信息。一次可以记录连续运行1万千米的信息。而且能记录30分钟以内的最新列车运行状态数据（事故发生后将自动停止记录），并且其记录密度大大高于监控主机数据记录密度，列车走行距离超过5米时，将产生一次相关参数记录。因此，在发生严重事故后可提供详细、准确的列车运行状态数据。

高速列车采用的是基于GSM-R（铁路无线通信）的CTCS-3列控系统，如图10-4所示。该系统由车载子系统和地面子系统组成，可以实现移动闭塞，列车位置及列车移动授权由GPS和GSM-R传输解决，列车完整性检查和定位校核分别由车载设备和点式设备实现，使室外设备减至最少。我国的列车运行控制系统（CTCS）根据功能要求、运行速度和设备配置，分为0~4级。目前我国正在大力发展建设CTCS-3级列控系统。除了速度上的差别外，与CTCS-2级列控系统相比，CTCS-3级列控系统增加了无线闭塞中心（RBC）来下达行车许可（MA），通过GSM-R网络通信实现了车—地间的双向通信。CTCS-2是CTCS-3级列控系统的后备系统。在一些特殊状况下，列车需要在运行中从CTCS-3级控车降级为CTCS-2级控车。目前主要分为CTCS-2、CTCS-3两种不同级别的车，CTCS-2又简称C2。C2级别的动车有LKJ接口（LKJ主要是运营在C0级别的线路上），而C3级别的动车没有LKJ接口。

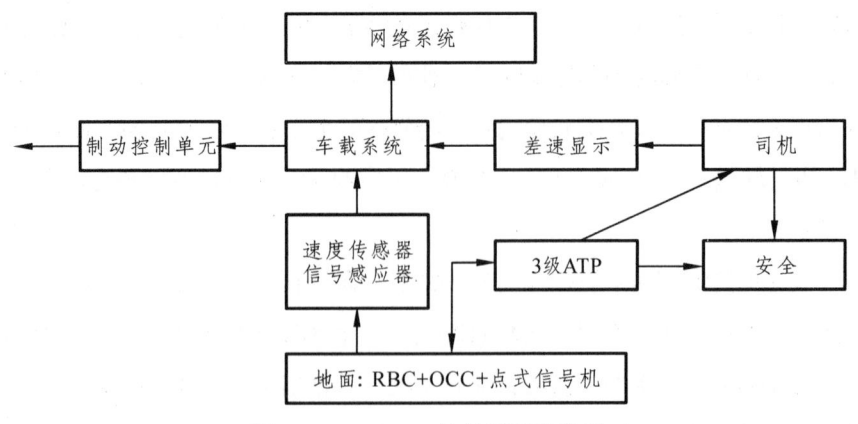

图10-4 CTCS-3结构原理示意图

地面设备主要检查列车在区间的位置，形成速度信号，向列车传送允许速度、线路参数等信息。车载设备主要由天线、信号接收单元、控制制动单元、司机控制平台显示器、速度传感器等组成。

PART FIVE

第五编

高速铁路事故救援及应急管理体系

第十一章　铁路事故调查处理及高速铁路事故救援

第一节　铁路事故调查处理

一、铁路交通事故

按照《铁路交通事故调查处理规则》，铁路机车车辆在运行过程中发生冲突、脱轨、火灾、爆炸等影响铁路正常行车的事故，包括影响铁路正常行车的相关作业过程中发生的事故，或者铁路机车车辆在运行过程中与行人、机动车、非机动车、牲畜及其他障碍物相撞的事故，均为铁路交通事故（以下简称"事故"）。

（一）事故调查处理的原则

事故调查处理应坚持以事实为依据，以法律、法规、规章为准绳，认真调查分析，查明原因，认定损失，定性定责，追究责任，总结教训，提出整改措施。

（二）事故等级划分

依据《铁路安全管理条例》规定，事故分为特别重大事故、重大事故、较大事故和一般事故 4 个等级。所以铁路交通事故的等级也分为特别重大事故、重大事故、较大事故和一般事故 4 个等级。

（1）有下列情形之一的，为特别重大事故：

① 造成 30 人以上死亡，或者 100 人以上重伤，或者 1 亿元以上直接经济损失的。

② 繁忙干线客运列车脱轨 18 辆以上并中断铁路行车 48 小时以上。

③ 繁忙干线货运列车脱轨 60 辆以上并中断铁路行车 48 小时以上。

（2）有下列情形之一的，为重大事故：

①造成 10 人以上 30 人以下死亡，或者 50 人以上 100 人以下重伤，或者 5 000 万元以上 1 亿元以下直接经济损失的。

②客运列车脱轨 18 辆以上。

③货运列车脱轨 60 辆以上。

④客运列车脱轨 2 辆以上 18 辆以下，并中断繁忙干线铁路行车 24 小时以上或者中断其他线路铁路行车 48 小时以上。

⑤货运列车脱轨 6 辆以上 60 辆以下，并中断繁忙干线铁路行车 24 小时以上或者中断其他线路铁路行车 48 小时以上。

（3）有下列情形之一的，为较大事故：

①造成 3 人以上 10 人以下死亡，或者 10 人以上 50 人以下重伤，或者 1 000 万元以上 5 000 万元以下直接经济损失的。

②客运列车脱轨 2 辆以上 18 辆以下。

③货运列车脱轨 6 辆以上 60 辆以下。

④中断繁忙干线铁路行车 6 小时以上。

⑤中断其他线路铁路行车 10 小时以上。

一般事故分为：一般 A 类事故、一般 B 类事故、一般 C 类事故、一般 D 类事故。

二、事故调查处理

（一）事故报告的主要内容

（1）事故发生的时间、地点、区间（线名、千米、米）、事故相关单位和人员。

（2）发生事故的列车种类、车次、部位、计长、机车型号、牵引辆数、吨数。

（3）承运旅客人数或者货物品名、装载情况。

（4）人员伤亡情况，机车车辆、线路设施、道路车辆的损坏情况，对铁路行车的影响情况。

（5）事故原因的初步判断。

（6）事故发生后采取的措施及事故控制情况。

（7）具体救援请求。

事故报告后出现新情况的，应当及时补报。

（二）事故调查处理措施

（1）特别重大事故由国务院或者国务院授权的部门组织事故调查组进行调查。重大事故由国务院铁路主管部门组织事故调查组进行调查。较大事故和一般事故由事故发生地铁路管理机构组织事故调查组进行调查；国务院铁路主管部门认为必要时，可以组织事故调查组对较大事故和一般事故进行调查。根据事故的具体情况，事故调查组由有关人民政府、公安机关、安全生产监督管理部门、监察机关等单位派人组成，并应当邀请人民检察院派人参加。事故调查组认为必要时，可以聘请有关专家参与事故调查。

（2）事故发生后，列车司机或者运转车长应当立即停车，采取紧急处置措施；对无法处置的，应当立即报告邻近铁路车站、列车调度员进行处置。为保障铁路旅客安全或者因特殊运输需要不宜停车的，可以不停车。但是，列车司机或者运转车长应当立即将事故情况报告邻近铁路车站、列车调度员，接到报告的邻近铁路车站、列车调度员应当立即进行处置。

（3）事故造成中断铁路行车的，铁路运输企业应当立即组织抢修，尽快恢复铁路正常行车。必要时，铁路运输调度指挥部门应当调整运输路径，减少事故影响。

（4）事故发生后，国务院铁路主管部门、铁路管理机构、事故发生地县级以上地方人民政府或者铁路运输企业应当根据事故等级启动相应的应急预案。必要时，成立现场应急救援机构。

（5）现场应急救援机构根据事故应急救援工作的实际需要，可以借用有关单位和个人的设施、设备和其他物资。借用单位使用完毕应当及时归还，并支付适当费用；造成损失的，应当赔偿。有关单位和个人应当积极支持、配合救援工作。

（6）有关单位和个人应当妥善保护事故现场以及相关证据，并在事故调查组成立后将相关证据移交事故调查组。因事故救援、尽快恢复铁路正常行车需要改变事故现场的，应当做出标记、绘制现场示意图、制作现场视听资料，并做出书面记录。任何单位和个人不得破坏事故现场，不得伪造、隐匿或者毁灭相关证据。

（三）铁路交通事故调查报告的内容

（1）事故概况。

（2）事故造成的人员伤亡和直接经济损失。

（3）事故发生的原因和事故性质。

（4）事故责任的认定以及对事故责任者的处理建议。

（5）事故防范和整改措施建议。

（6）与事故有关的证明材料。

（四）铁路交通事故调查报告的期限

（1）特别重大事故的调查期限为60日。

（2）重大事故的调查期限为30日。

（3）较大事故的调查期限为20日。

（4）一般事故的调查期限为10日。

事故调查期限自事故发生之日起计算。

第二节　高速铁路事故应急救援

一、事故救援原则

（1）制订应急处理计划，即所谓"减灾预案"，内容包括应急状态下的物资装备、社会动员、通信联络、行动方案、组织指挥及培训演习等。

（2）建立应急处理机构，首先是有权威的灾害应急指挥中心，保证决策的及时、科学和合理；其次是组织专业救灾队伍，如抢险、消防、医疗救护等队伍并强化社会协作。

（3）保证应急通信系统的迅速、准确和畅通。

（4）保持决策指挥系统的警觉和稳定心理，克服形势危急造成的心理压力，迅速、准确、果断决策，紧张有序地实施各种应急措施，保证救援工作顺利进行。

（5）保证优先开通线路，恢复行车。

二、事故救援组织

我国铁路事故救援组织，由国铁集团机务局负责管理，在机务局长的直接领导下，对全路救援工作进行组织指导和监督检查；各铁路局机务处均设专人负责事故救援工作。在部（局）规划地点（主要干线上的技术站所在地）设置适当等级的救援列车，在无救援列车的技术站或较大的中间站，组织救援队。

三、事故救援设备

在国铁集团指定地点，设事故救援列车、电线路修复车、接触网检修车，并经常处于整备待发状态。其工具备品应保持齐全整洁、作用良好。

机车、动车、重型轨道车上应备有复轨器。

救援队在车站的适当处所的备品室（库）内存放必备的起复救援工具、备品、器材，如人字形复轨器、海参形复轨器、25~30 t 的千斤顶、30 t 的横千斤顶、直径 30~40 mm 的钢丝绳、0.75 kg 的手锤、4.5 kg 的大锤、短钢轨等。

（一）救援列车编组

平时应编成完整的车列，出动时挂上机车即能开行。轨道起重机应挂于救援列车的一端，不得挂于中间。所有车辆应全部连接完好并接通风管，制动机作用保持良好。救援列车工作完毕，所在站应按原编组顺序编组，并主动与调度所联系，迅速向原驻地回送。

救援列车一般按下列顺序编组：①轨道起重机及游车一辆。②工具车一辆。③发电车一辆。④救护车一辆。⑤办公宿营车两辆（三等救援列车为一辆）。⑥炊事车一辆。⑦备品车一辆。⑧平板车一辆。⑨水槽车一辆。⑩装有拖拉机的棚车一辆。

（二）电线路修复车

电线路修复车是指为了修复因自然灾害或其他原因造成的信号、通信线路损坏，装有工具、器材的专用车辆，可随时编入救援列车开往事故现场。

（三）接触网检修车

接触网检修车是指为了修复电气化铁路发生接触网断线、电杆及铁塔倒伏、瓷瓶破损等而特设的专用车。

（四）车辆脱轨的起复工具

复轨器是一种能使脱轨的机车、车辆的轮对复位到钢轨上的专用工具。

按外形分为人字形复轨器、海参形复轨器、组装式复轨器以及 S-1 型铝合金双向复轨器。按用途分为普通线路上用、岔区专用、桥上专用及端面复轨 4 种复轨器。按材质分为铸钢、合金铝、钢板焊接式 3 类复轨器。

下面介绍几种复轨器的安装使用方法：

1. 手动简易复轨器

手动简易复轨器是起复脱轨车辆的简易工具，它适用于中间小站、隧道、站台处，起复载重 60 t 及其以下发生脱轨的空重车辆。该起复器具有使用轻便、灵活、起复迅速、操作简便安全、便于携带、不需要动力机械等特点。

使用手动简易复轨器起复车辆的作业顺序：

（1）用顶起千斤顶，顶起脱轨车辆（轮对轴身下面顶起）。

（2）用横向移动千斤顶，将轮对推至对准钢轨上方。

（3）落下顶起千斤顶，将轮对落在轨面上复位。

（4）撤出手动简易复轨器。

2. 人字形复轨器

人字形复轨器两个为一组，左为"人"字形，右为"入"字形（见图 11-1）。

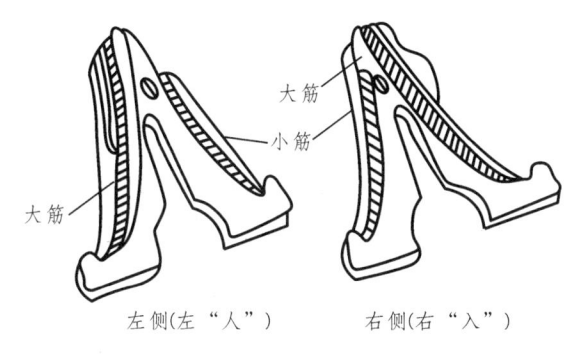

图 11-1　人字形复轨器

人字形复轨器使用注意事项：

（1）人字形复轨器不要安装在钢轨接头处或腐朽的枕木上（若是枕木）。

（2）脱轨车轮距轨不得超过 240 mm。否则，须用"拉"和"逼"的方法使车轮靠近基本轨。

（3）脱轨车轮至复轨器间须用石渣、铁板等物垫实。

（4）起复时，复轨器大筋处涂少量润滑油，以减少摩擦，增加车轮的滑落能力。

（5）人字形复轨器应妥善保管，以防丢失。

3. 液压复轨器（见图 11-2）

液压复轨器的使用方法：

（1）在脱轨轮对（牵引方向）的前端钢轨内、外侧相同位置安放复轨器，使其两端放于枕木上。钩螺栓由轨下穿过复轨器螺栓孔并钩于轨底部,用垫圈和螺母紧固。安装时应避开腐朽枕木,拆除鱼尾板、轨撑。

(2)普通道床用中间 3 个螺栓,整体道床用两端 2 个螺栓。

(3)脱轨轮对至复轨器间用石渣等物垫好,以机车齿轮箱能离开轨面为适宜,引导楞及顶部涂油。

(4)在 60 kg/m 及以上轨型使用时,应在轨底座上加专用垫板,将复轨器小端安放于垫上,再紧固。

(5)脱轨轮对距基本超过 240 mm 时,应先使其靠近基本轨,再行起复。

(6)起复过程中脱轨轮不可滑行。

图 11-2 液压复轨器

4. 海参形复轨器

海参形复轨器一组两个,一个为外侧复轨器,安放于脱落在线路外侧的车轮的前方;另一个为内侧复轨器,安放于脱落在两钢轨之间的车轮的前方。海参形复轨器体小轻便,适合于脱轨车轮距离钢轨较近的起复工作,如图 11-3 所示。

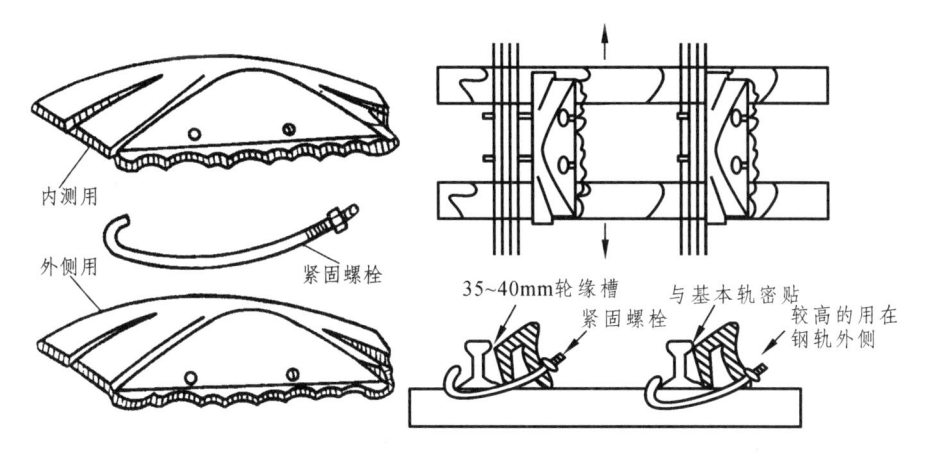

图 11-3　海参形复轨器及其安装方法

四、高铁应急救援程序

（一）使用机车、救援列车救援

（1）列车调度员接到救援申请，按规定发布调度命令封锁区间，并报告值班主任（值班副主任）。

（2）列车调度员根据情况确定使用内燃（电力）机车或救援列车担当救援，并将救援方案通知车站值班员和请求救援列车司机。担当救援的列车需要跨区段担当救援任务时，列车调度员须通知机车调度员（动车司机调度员）指派带道人员。

（3）列车调度员及时发布有关调度命令。担当救援的司机接到救援命令后，必须认真确认。命令不清、停车位置不明确时，不准动车。

（4）向封锁区间发出救援列车时，不办理行车闭塞手续，以列车调度员的命令，作为进入封锁区间的许可。

（5）救援列车的出发或返回，均应通知列车调度员及对方站（与本站为同一人办理时除外）。如事故现场设有临时线路所时，列车调度员（车站控制时为车站值班员）应于发车前，征得线路所车站值班员的同意。

（6）发生事故时，在事故调查组人员到达前，站长（副站长）应随乘发往事故地点的第一列救援列车（分部运行时挂取遗留车辆的机车除外）到事故现场，负责指挥列车有关工作。

（7）救援列车进入封锁区间后，在接近被救援列车或车列 2 km 时，要严格控制速度，同时使用列车无线调度通信设备与请求救援的列车司机进行联系，或以瞭望距离内能够随时停车的速度运行（最高不得超过 20 km/h），在防护人员处或压上响墩后停车，联系确认，并按要求作业。

（8）使用机车救援动车组时，应进行制动试验，制动主管压力采用 600 kPa。具备升弓供电条件时，允许动车组升弓供电。当使用电力机车担当救援机车，如动车组升弓，由动车组司机通知救援机车司机，救援机车司机在通过分相区前通知动车组司机断电并降弓。

连挂前，司机须与列车调度员联系，在得到列车调度员已发布邻线限速 160 km/h 及以下的调度命令（妨碍邻线及组织旅客疏散时为已扣停邻线列车）的口头指示后，方可开始作业。

救援机车司机在救援作业过程中，要严格遵守有关限速规定，与动车组司机保持联系。救援运行中尽可能避免实施紧急制动。

（9）动车组由机车牵引继续运行时，列车调度员根据随车机械师提出的限速要求，向救援机车司机发布限速运行的调度命令。

（10）使用机车救援动车组时，动车组列控车载设备转入或退出隔离模式不发布调度命令。

（11）当故障列车处理后可继续运行时，列车调度员应根据司机请求，取消前发救援调度命令。

（二）动车组救援动车组

（1）列车调度员接到救援申请，按规定发布调度命令封锁区间，并报告值班主任（值班副主任）。

（2）列车调度员将救援方案通知车站值班员和请求救援的动车组司机。

担当救援的动车组列车需要跨区段担当救援任务时,列车调度员须通知机车调度员(动车司机调度员)指派带道人员。

(3)列车调度员及时发布有关调度命令。担当救援的动车组司机接到救援命令后,必须认真确认。命令不清、停车位置不明确时,不准动车。

(4)向封锁区间发出救援动车组时,不办理行车闭塞手续,以列车调度员的命令,作为进入封锁区间的许可。

(5)救援列车的出发或返回,均应通知列车调度员及对方站(与本站为同一人办理时除外)。如事故现场设有临时线路所时,列车调度员(车站控制时为车站值班员)应于发车前,征得线路所车站值班员的同意。

(6)发生事故时,在事故调查组人员到达前,站长(副站长)应随乘发往事故地点的第一列救援列车到事故现场,负责指挥列车有关工作。

(7)在故障动车组前部救援时,担当救援的动车组按隔离模式进入区间,在接近被救援列车 2 km 时,以在瞭望距离内能够随时停车的速度运行,最高不超过 20 km/h,在距被救援列车不小于 300 m 处一度停车,与被救援列车联系确认后进行作业;在故障动车组尾部救援时,开放出站信号,担当救援的动车组按完全监控模式进入区间,在行车许可终点停车,与被救援列车联系确认后,按目视行车模式进入前方闭塞分区,以在瞭望距离内能够随时停车的速度运行,最高不超过 20 km/h,在距被救援列车不小于 300 m 处一度停车(行车许可终点距被救援列车不足 300 m 时除外),与被救援列车联系确认后进行作业。

连挂前,司机须与列车调度员联系,在接到列车调度员已发布邻线限速 160 km/h 及以下的调度命令(妨碍邻线及组织旅客疏散时为已扣停邻线列车)的口头指示后,方可开始作业。

(8)被救援动车组转入或退出隔离模式不发布调度命令。

(9)当故障动车组处理后可继续运行时,列车调度员应根据司机请求,取消前发救援调度命令。

（三）启用热备动车组

（1）动车组故障无法及时修复时，应及时启用热备动车组。热备动车组定员少于故障动车组实际人数时，有条件时，使用定员能满足需要的其他动车组组织旅客换乘。

（2）跨局出动热备动车组时，由国铁集团调度向铁路局发布调度命令。

（3）有关单位在接到调度命令后，应迅速完成热备动车组出动前的各项准备工作，具备条件后及时发车。

（4）对担当换乘任务的动车组列车应优先放行，确保及时到位及返回归位。

（5）在站内组织旅客换乘时，应尽量安排在同一站台的两个站台面进行。

（6）在区间组织旅客换乘时，列车调度员组织担当换乘任务的动车组列车进入邻线指定位置停车。担当换乘任务的列车到达邻线指定位置停妥后，司机向列车调度员报告。列车调度员通过申请换乘的列车司机通知列车长组织旅客换乘。担当换乘任务的列车长确认旅客换乘完毕后通知司机，司机得到列车长通知，确认车门关闭，具备开车条件后起动列车，并向列车调度员报告。

第十二章 高速铁路应急管理及应急预案

第一节 高速铁路应急管理机制

一、高铁应急管理的定义

应急管理作为一项系统工程，其包含多个学科、多个领域。总的来说，应急管理是指政府及其他公共机构在突发事件的事前预防、事发应对、事中处置和善后恢复过程中，通过建立必要的应对机制，采取一系列必要措施，应用科学、技术、规划与管理等手段，保障公众生命、健康和财产安全，促进社会和谐健康发展的有关活动。应急管理的内容主要包括：危险源分析、预测及预警应急响应、应急处置，应急资源的应用计划及组织调配、事后处理，应急事故分析、处理及总结应急事件管理处理体系的构建等。应急管理面向的主要对象是突发事件。突发事件所处的格局、领域多种多样，造成突发事件的发展规律也千变万化，因而应急管理面临着很大的挑战。

高速铁路应急管理是指在应对突发事件发生的过程中，为使事件的危害降至最低，且使其决策最终优化，通过信息采集、信息传输、信息处理、管理与控制决策等现代技术与方法，铁路各级单位建立一定的管理体制和机制，采取一系列应对措施对事件进行合理有效的控制和处理的过程。

二、高铁安全风险管理与应急管理的关系

高铁安全风险管理和应急管理是两个截然不同的概念，有着诸多不同。

（1）从管理对象看，风险管理是对还没有变为突发事件的风险进行管理；而应急管理的对象是已经发生的突发事件。

（2）从管理目的看，应急管理的目的是最大限度地对突发事件进行预测和减少其引发的损失；而安全风险管理的目的是在风险还在酝酿之时，以较小的成本规避风险可能引发的事故造成的损失。

（3）从管理阶段看，应急管理是对突发事件的事前预防、准备、事中处置和事后恢复4个阶段的管理，其重心更偏向事中处置；而安全风险管理阶段分为风险前、风险中和风险后3个阶段。

（4）从管理层次看，应急管理是一种具体行动，而安全风险管理是一种预防措施。

安全风险管理和应急管理虽然在上述方面存在不同，但两者还有一些内在联系。风险与突发事件之间存在着紧密的联系，消灭了风险就能从源头上减少突发事件的发生。而要做到降低铁路安全风险，就要在铁路的日常工作中做好对突发事件的应急准备，提高对于风险和事故的预警能力，定期组织员工进行应急演练，确保在事故发生时能够做到有备无患。

综上所述，在高铁应急管理中，对铁路安全风险的监控对于高铁突发事件的预防和应急处理有着基础性的作用，必须要狠抓落实。

三、高铁应急管理的原则

造成高速铁路突发事件的因素多种多样。各种原因造成的突发事件的解决方案也各不相同，但是它们都有一个共同点，那就是都需要基于同样的基本原则。基本原则是人们对突发事件规律认识的集合。

（一）以人为本的原则

不管发生哪一类的突发事件，旅客的利益必然都会受到不同程度的影响，更有甚者会影响旅客的生命财产安全。所以，铁路部门要把保障旅客的合法权益作为工作的重点。保护旅客的利益，确保旅客的生命财产安全，是铁路部门一直以来坚持的信念。

要想做到真正意义上保障旅客的生命财产安全，就要把铁路应急管理工作当作一个重点来抓，并使之成为一种常态。要做到以人为本，同时也要兼顾旅客的权益和铁路职工的安全。在面对铁路突发事件时，要尽最大努力来保障参与突发事件处理工作的一线员工的生命安全。只有这样，才是真正的以人为本。

（二）预防第一的原则

要做到铁路的安全运营，还要树立预防第一的思想。提高对危机的预警意识，增强基础工作的落实，发现可能引发事故的危险要素要及时上报进行分析，将一切威胁扼杀在摇篮之中。只有这样才能够做到防患于未然，才能真正保障旅客的权益。然而在铁路运营过程中，发生紧急情况是难以避免的，但只有做到安全预警工作常抓不懈，才能在危险来临之时将损失降到最低程度。

一般来说，铁路应急管理分为 4 个阶段：应急预防、应急准备、应急响应、应急恢复。这 4 个阶段在完整的应急管理体系中是不可或缺的。但是在实际工作中，很多人都把注意力放在后 3 个阶段，而忽视了预防的重要性。但其实应急预防才是我们最应该关注的一个方面。做好这个方面的工作，就能有效地从源头去遏止事故的发生，从而规避旅客和运输部门的损失。

为了实现安全工作的防患于未然，建立健全安全监测，发展壮大救援队伍，保证充足的救灾物资储备，对员工进行定期培训，全方位地增强铁路的风险抵抗能力。

（三）快速响应的原则

快速响应是指当铁路突发事件来临之后，有关工作人员能够以最快的速度判断当前发生的突发情况，并及时采取正确的行动来应对突发事件。高速铁路事故一旦发生，所造成的损失是不可估量的，如果不及时采取行动，将会造成不可挽回的损失。如果现场工作人员能够做到快速响应，那么将极大地挽回可能遭受的损失。

(四) 统一指挥的原则

高铁突发事件的发生往往十分突然，而且很难进行预测，还可能导致一系列的连锁反应，造成巨大的危害，应急处置工作也常常会牵动多地区和部门。为了有效应对突发事件，一定要有一个强有力的指挥系统作为保障，层层分级对突发事件进行监控。

(五) 损失最小化原则

高速铁路一旦发生突发事件，所造成的损害往往是不可避免的，但我们可以通过一定的手段使事故带来的损害最小化。要想做到这一点，有两个重点：一是要明确抢救的轻重缓急，把旅客的生命安全放在最重要的位置；二是防止事态的进一步扩大，以防引发更为严重的人员财产损失；三是要根据现场的实际情况，充分调动一切可以利用的资源来应对事故。

(六) 协调应对原则

高铁突发事件一旦造成了人员的死伤，就会涉及众多部门。因此，遭遇事故时各个部门之间如何协调配合也非常重要。

(七) 尽快恢复路线畅通原则

突发事件发生后，有可能影响高速铁路的正常运营。高铁的运营每中断一秒钟，都将对铁路部门造成重大的经济损失。因此，在突发事件发生后，相关部门应当尽快解决事故，争取尽早使铁路线恢复畅通无阻。

(八) 公开处置原则

高铁发生事故是关系到人民切身利益的大事，会引发社会、媒体的强烈关注。在处理突发事件时，我们要坚持公开处置，将事故救援的进展情况及时透明地展现在公众面前。

四、高铁应急管理的内容

高铁应急管理是为了应对高铁突发事件而进行的一系列有计划、有组织的管理活动，其涉及内容十分丰富。从不同的角度分析，高铁应急管理内容的分类也不同。从突发事件的性质分析，高铁应急管理是对自然灾害事件、运营技术事件、公共卫生事件和社会安全事件的应对处置管理。从管理主体分析，高铁应急管理分为国铁集团、铁路局和站段 3 个不同管理部门的突发事件管理。从管理体系分析，高铁应急管理主要是对体制、机制、法制和应急预案的管理，其中应急预案管理主要是应急救援资源和方法的管理。从突发事件管理过程分析，高铁应急管理分为预防、准备、响应和恢复 4 个阶段的管理。

预防是指在高铁紧急事件发生之前对可能导致事故的风险因素进行分析，降低风险转化成事故的可能性，以降低风险可能造成的损失。

准备是指在进行应急处置之前所做的各种应急准备工作，指各种为应对突发事故所做的应急演练，应急预案和相关安全条例的制定等一系列事前准备工作。

响应是指当事故已经发生，各有关部门采取的实际对于事故的救援活动，这是应急管理中最为重要的一个环节。响应阶段的成功，对最终救援的结果，起着至关重要的影响。

恢复是指当应急响应阶段完成之后，所实施的一系列保障和善后工作，使铁路运营从事故造成的中断中尽快恢复过来，恢复正常的生产运营秩序。

五、高铁应急管理机制

（一）高铁应急管理机制的概念

应急管理机制在应急管理体系中属于宏观层面，是指应急指挥机构、社会动员体系、领导责任制度、专业救援队伍和专家咨询队伍等应急管理机构的组成形式。

（二）高铁应急管理机制的结构

高铁应急管理机制的主要结构如图 12-1 所示。

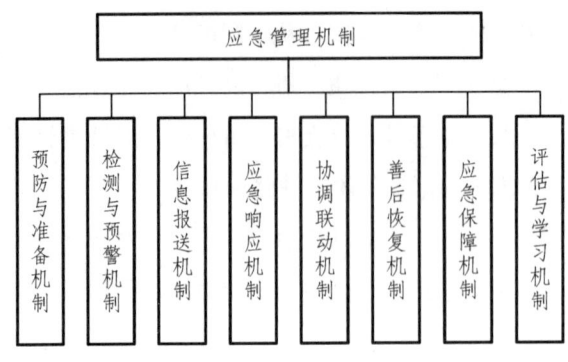

```
                        应急管理机制
   ┌────┬────┬────┬────┬────┬────┬────┬────┐
 预防  检测  信息  应急  协调  善后  应急  评估
 与    与    报送  响应  联动  恢复  保障  与学习
 准备  预警  机制  机制  机制  机制  机制  机制
 机制  机制
```

图 12-1 高铁应急管理机制

六、高铁应急管理法制

高铁应急管理法制是指国家、地区和相关部门针对高铁突发事件所制定的一系列法律法规的统称。

第二节 高速铁路应急预案体系

一、高铁应急预案

应急预案在高速铁路应急管理体系中属于微观层面，集中体现了应急方法与应急资源，换一种说法，在各个铁路局编制的应急预案中，应急预案被看作是应急管理体系成果的集中体现，各类突发情况所牵扯的协调组织、应急资源的使用、人员和组织机构的职责、救援方法等类同。

高铁应急预案属于在微观层面对高铁应急管理体系的研究，也是其工作中十分重要的组成部分。它是一项综合性救援方案文件，详细具体地阐明了各类高铁事故情况下管理组织机构的应急救援办法，具有很强的综合性。它有如下几个方面的作用。

（1）应急预案对应急救援工作起指导作用。应急预案指明了面对各类突发事件各阶段应进行的应急救援工作，详细分为在不同人员、不同阶段，在已有的状况条件下所使用的方法。

（2）应急预案规定了应急响应的流程，这对相关部门及时采取救援行动是有益的。应急救援工作首先要考虑的问题应当是增强时效性，减少应急信息传递的时间。

（3）应急预案有利于提高高铁风险防范意识。应急预案辨识并防御可能产生的重大风险，并给出了应对方案，这对应急能力的提升有很大帮助。

二、高铁应急预案体系

高铁是一个大而杂的系统。国铁集团、铁路局、站段组成的三级应急预案体系已初步建立（见图12-2）。铁路局应急预案具有比较强的专业性，它是从各局的具体情况出发，结合突发事件的处理经验而完成的。而为控制和防范本系统各种可能遇到的突发事件而规定的专业性应急预案则被称为各运输站段应急预案。

高速铁路应急预案分为综合应急预案、专项应急预案、现场处置方案。

（一）综合应急预案

综合应急预案是高速铁路应急预案的整体预案，它从整体上说明了应急机构及其职责、监督检查、预防预警、保障措施、应急响应、培训演练、后期处置等，其阐明了预案框架体系及突发事件的分类分级，确定了应对重大突发事件的工作机制、组织体系等内容，是预防和指导各种突发事件的标准性文件。

（二）专项应急预案

专项应急预案是在综合预案的基础上，充分考虑了特定突发事件的特征，针对某种类型的特定突发事件，对应急处置程序、应急的形势、应急工种职责进行更详细的说明，拥有更强的针对性。

（三）现场处置预案

现场处置预案是铁路局下属各站及相关应急部门面对多种类型的突发事件制定的处理方法，它细化了专项预案，其特点是针对某种应急处置部门、应急场景、应急地址等具体情况，对应急救援过程中的各个方面做出详细、周全的安排。

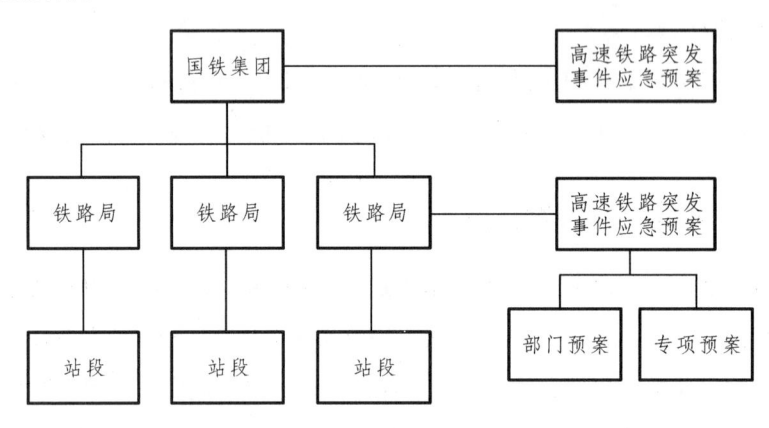

图 12-2 高铁应急预案体系

三、国内高铁应急处置案例

（一）固定设备故障应急处置案例

2010年11月6日9:10，××城际铁路C1602次接车进路触发后进站信号机显示红灯（引导信号能开放），助理调度立即通知电务驻调度所联络员，并在"行车设备检查登记簿"内登记，同时，向值班副主任汇报。

9:14，列车调度布置助理调度开放引导信号接车。

9:16，列车调度员呼叫C1602次司机：G站开放引导信号接车。

9:22，C1602次列车凭引导信号进站。

案例分析：在引导信号可以开放的情况下，开放引导信号接车前，应确认道岔开通位置正确及进路空闲，办理引导发车时还应确认第一个闭塞空闲后，列车调度方可布置助理调度办理引导接发列车进路。

本案例中，列车调度发现进站信号机不能正常开放后，能够及时通知设备部门检查处理；同时布置助理调度开放引导信号办理接车，助理调度在"行车设备检查登记簿"内及时填记。

（二）移动设备故障应急处置案例

2011 年 7 月 19 日，××高速铁路（CTCS-3 级，300~350 km/h 区段）G38 次（CRH308BL 型动车组）甲站 17:03 正点到达后，因 5、6、7 车的车门故障没有打开，17:05 正点开车后，车上有 28 名旅客未能下车。列车长向客服调度进行了汇报。客服调度指示列车长组织旅客在前方停车站乙站处理，并通知乙站客运、公安及值班站长重点组织，做好改签工作，组织旅客在乙站换乘下行列车返回甲站，而未通知列调、值班副主任、铁道部调度。

乙站图定 18:09、18:10 开。列车正点到达乙站后，发车进路自动触发，18:12 司机报告有旅客不下车，车门不能关闭，后续列车 G18 次 18:21 到达乙站，此时列车调度员再次询问司机能否开出。司机答复仍不能确定，列车调度员通知司机取消发车，人工解锁发车进路，计划先准备 G18 次发车进路，G38 次发车进路尚未解锁时，司机通知具备开车条件，调度员重新开放信号，G38 次于 18:22 开，晚点 12 分，同时影响后续 G18、G146 次。定 G38 次担当客运段、动车段一般 D 类责任事故。

案例分析：列车调度员接到动车组车门故障报告后，应立即通知值班副主任、客服台及动车台，并向邻台调度通报，取消该次列车的发车进路自触功能，防止因有旅客没有下车，列车不能开车再取消信号耽误时间，影响后续其他列车。

客服调度接到列车因车门故障有旅客未下车的报告后，安排旅客在前方站换乘方案合理。但通报不到位，未能将处理方案及时通知列车调度员，造成列车到达前方停车站触发了发车进路后，因旅客不下车临时变更运行计划取消发车进路，扩大了事故影响。

（三）调度设备故障应急处置案例

2012 年 2 月 6 日 8:30 起，××高速铁路（CTCS-3 级，300～350 km/h 区段）连续多列动车司机反映 CIR 重复接收 A 站至 E 站间各站进路预告信息。列车调度员立即通知电务部门对 CTC 中心设备进行检查。8:55 电务人员登记，因 CTC 系统通信前置服务器 A 机死机，影响 CTC 中心向列车 CIR 发送进路预告和无线传输调度命令。

电务登记，处理事故需 A 站至 E 站间各站转为非常站控后对 CTC 通信前置服务器进行倒机，倒机处理需请点 8 分钟。列车调度员请示领导后，向各站人工下达列车运行计划，确认各站盯控干部到岗后，于 9:10 指示各站转为非常站控。同时，电务部门对设备进行倒机处理，9:16 处理完毕，未影响列车。经查故障原因为 CTC 通信前置服务器 C 盘空间占用过高造成死机。

案例分析：列车接收到的进路预告信息异常，不会导致 ATP 制动或控停列车，因此并不直接对列车运行造成影响，但会对司机的操作造成较大干扰。

CIR 接收接车进路预告信息出现故障时，司机应立即向列车调度员进行汇报。遇接车进路预告信息中的车次与担当的车次不符或原规定为停车办理客运业务变更为通过时，司机应立即减速不得进站并报告列车调度员。列车调度员接到司机报告后，立即核对车次与排列的进路是否一致，经确认正确后向司机发布准许进站的口头指示。司机根据列车调度员发布的准许进站的口头指示，凭列控车载设备显示的允许运行信号越过进站信号机。

经验总结：

（1）高速铁路采用全封闭、全立交的形式，因此列车调度员必须在本线封锁、邻线限速后，方可同意检查人员上道作业。使用轨道车运送检查人员进入区间进行检查时，还应对轨道车运行的相邻区段进行限速设置。列车调度员在发布上道抢修作业、出动轨道车处理故障、动车组在不停车站或区间临时停车上下抢修人员前，必须经值班副主任的批准。

（2）当调度设备发生故障时，调度员必须首先明确故障对列车运行的影响，通知设备部门尽快判断事故原因，准确登记"行车设备检查登记簿"；其次应该了解相关规章、预案中的故障处理方法，按其规定进行处置。

（3）列车调度和助理调度两个岗位，首先在设置列控限速时必须执行"两人确认"制度，确保限速里程准确无误；值班副主任必须加强防灾系统报警处置的安全卡控，确保处置时依法合规、流程正确。

作为应急救援规范性文件，应急预案是应急救援工作的行为指南。上述几个案例间接暴露出国内高铁事故应急预案和应急机制还不完善。因此，对高铁应急预案内容进行全面性评估工作刻不容缓。

四、高铁故障应急处置重点

（1）发生自然灾害或钢轨折断、道岔故障、检查车（轨道检查车、综合检测列车）检测出现Ⅳ级偏差等设备故障时，按高速铁路突发事件应急预案规定的程序办理。

（2）胀轨跑道的防治和处理：

① 当线路连续出现碎弯并有胀轨迹象时，应限制列车运行速度或封锁线路，并尽快组织处理。

② 作业中如出现轨向、高低不良时，必须停止作业，并及时采取防胀措施。

③ 发现胀轨跑道时应立即封锁线路进行处理。无缝线路发生胀轨跑道时，应对胀轨跑道情况按规定内容做好登记。

（3）发现钢轨重伤时，应立即进行处理：

① 对钢轨核伤和焊缝重伤可加固处理，并在适宜温度及时进行永久处理；在实施永久处理前应加强检查，发现伤损发展时，应按照钢轨折断及时进行紧急处理、临时处理或永久处理。

② 对垂直裂纹和可能引起轨头揭盖的重伤，应按照钢轨折断进行紧急处理、临时处理或永久处理。

③ 对其他重伤可采取修理或焊复方法处理。处理前可根据现场实际情况采取限速措施。

（4）发现钢轨折断时应立即封锁线路，并根据现场情况采取紧急处理、临时处理或永久处理。钢轨焊接应按照《钢轨焊接》（TB/T1632）执行，并满足有关要求。

（5）发现道岔尖轨、基本轨、可动心轨、翼轨折断时应立即封锁线路，尽快进行更换。当抢险机具及备用轨件不能及时到达现场时，可采取以下措施进行处理：

① 断缝位于尖轨与基本轨、可动心轨与翼轨密贴范围外，且易于加固的处所时，按钢轨折断处理办法进行紧急处理或临时处理，限速条件同钢轨折断处理。

② 断缝位于尖轨与基本轨、可动心轨与翼轨密贴段范围内，无法按钢轨紧急处理方法加固处理时，根据现场实际情况，确定道岔开通位置，工务紧固，车务加锁（或控制台单锁），可按限速不超过 45 km/h 放行列车，同时每趟列车通过后检查轨道状态，邻线限速不超过 160 km/h。

③ 道岔尖轨、基本轨、可动心轨、翼轨折断处理技术要求同钢轨折断处理。

（6）道岔内钢轨重伤比照道岔内钢轨折断进行处理。道岔的辙叉、尖轨及钢轨伤损需要更换不能焊接时应临时处理并限速（速度不超过 160 km/h），并尽快恢复原结构。

（7）胶接绝缘接头拉开时，应立即复紧两端各 50 m 线路的扣件，限速不超过 160 km/h，并及时进行更换，进行永久处理。绝缘失效时，应立即于当日天窗时间更换，进行永久处理。

（8）当轨道板、道床板发生上拱时，应采用封缝材料临时封闭离缝，防止杂物进入。处理前，当轨道板、道床板上拱引起的高低小于 4 mm 时，可不限速；钢轨高低大于或等于 4 mm 时，放行列车条件由现场负责人确定，但放行列车速度不得超过 200 km/h。

铁路局应尽快组织分析上拱原因，制定处理措施，及时进行修复处理。必要时可组织专家分析原因，审查处理方案。

（9）道岔故障处理：

① 工务、电务部门应联合对道岔故障进行检查和处理。

② 根据检查的道岔故障情况，分别采取相应处理措施。

（10）检查车检查发现Ⅳ级偏差时，检查人员立即通知本务司机转报列车调度员，列车调度员指挥后续列车限速运行（300～350 km/h 区段限速不大于200 km/h，200～250 km/h 区段限速不大于 160 km/h）。Ⅳ级偏差：填写严重病害通知单，相关人员签认，工务段添乘人员需立即用 GSM—R 手机通知行车调度封锁本线，邻线慢行 160 km/h 及以下，工务段立即组织进行现场检查整修，并视整修情况报工务处批准本线放行列车，邻线恢复常速。

（11）自然灾害处理：

① 列车调度员（车站值班员）接到灾害报告且影响行车安全时，应立即封锁线路，并通知相关部门和单位，现场检查确认之前不得开通线路。

② 工务段接到自然灾害通知时，应立即就近派人赶赴灾害现场组织抢修。

③ 按照先通后固、及时补强的原则组织抢修，防止次生灾害的发生。

（12）当桥涵突发沉降、墩台倾斜或其他病害危及行车安全，以及车船撞击时，应立即封锁线路；采取临时整修、加固措施后，限速开通，限速不得超过 160 km/h，并进行临时看守防护。

桥涵基础突发沉降、墩台倾斜，应先采用调整扣件整正线路；不能满足要求时，采用调整支座，整修线路；支座调整前，应查明桥墩沉降、倾斜原因，彻底整治。桥梁受车船撞击后，应全面检查，当桥梁受损严重时，应彻底整治。

（13）当路基及过渡段突发沉降，应立即封锁线路；采取临时措施后，限速开通，限速不得超过 160 km/h，并进行临时看守防护；查明沉降原因，彻底整治。

对路基、过渡段突发沉降，应采用调整扣件整正线路，并对路基或过渡段进行注浆加固，防止沉降继续发展。

（14）隧道衬砌混凝土出现开裂、有脱落危险、隧道突发掉块、坍塌或危及行车安全的其他病害时，应立即封锁线路进行应急处理，限速开通，限速不得超过 160 km/h，并进行临时看守防护。

隧道衬砌出现开裂、突发掉块和局部坍塌，应查明原因并分析安全风险，彻底整治。

（15）隧道内无砟道床发生拱起时，应立即封锁线路，分析原因。如因地下水所致，应先通过打孔降压，整修线路，限速开通；如非水压所致，应通过调整扣件整正线路，视具体情况限速开通；线路开通后，应查明原因，彻底整治。

（16）路堤或路堑边坡发生溜坍，如小范围局部溜坍，并不影响行车安全时，应限速行车，并进行临时看守防护，临时抢修加固；如大范围溜坍，危及行车安全时，应立即封锁线路，应急检查处理后，视具体情况限速开通线路，并进行临时看守防护；待到天窗时间，探测、检查查明病害原因，彻底整治。

（17）当发生落石时，必须立即采取可靠措施，及时通知行车部门拦停列车，将上道落石清理到安全距离之外，整修线路，限速开通，限速不得超过 45 km/h，并进行临时看守防护，搜山检查，彻底整治。

第三节　高速铁路应急预案评价研究

应急预案是指导、处理和防范各类突发事件的规范性文件，并以预设的形式将应急救援的体制设置、机制运行融入其中。高铁应急管理的水平很大程度上取决于应急预案的水平。因此，对应急管理的评价就是对应急预案的评价。

高铁应急预案的内容包含总则、保障措施、后期处置、应急响应、预防预警、培训与演习、组织机构与职责、附则等八部分内容。高铁应急预案对于应急救援有重要作用，一个好的应急预案，能提高应急救援的效率和效果。

一、指标选取原则

评价应急预案的基础是构建一个准确的指标体系。综合评价体系是一个全面的互相联系的指标体系，可以体现应急预案的特点。体系的具体选用应该基于对应急预案的全方位了解，并且应符合以下几个特点：

（一）可行性

能够体现应急预案特点的要素不在少数，但是选取的要素要符合容易进行统计、可量化的特点，从而确保指标选取的可行性。

（二）目的性

指标的选取要有一定的目的性，如果目的不明确，就无法做出合理的评价。本书的重点是高速铁路应急预案的编制，所以要保证选取的指标都基于这个基础。

（三）全面性

应急预案应当明确在遭遇突发事件时各级各部门所担负的职责和应急救援工作人员所应采取的行动。因此，要制定一个完整、合理的应急预案，应当全面分析遭遇事故时可能发生的情况及对策，多选取指标，争取全面、合理地体现出应急预案的核心要素。

二、指标体系构建

本书通过对京沪、京广等地高铁应急预案的分析，构建了评价指标体系，如表12-1所示。

表 12-1　高铁应急预案评价体系指标

一级指标	二级指标	三级指标
预防	危险源控制	分析本单位存在的危险源
		分析危险源可能导致的突发事件及后果
	预防预警	认定信息上报部门
		认定信息报告内容
		预防行动科学合理
准备	机构与职责	阐明应急组织机构组成
		认定组织机构成员及职责
		认定涉及单位及职责
	资源保障	认定通信保障
		认定救援装备种类、数量、位置
		认定运输保障
		认定治安保障
		认定医疗保障
	培训和演习	认定应急队伍的培训计划和方式
		认定应急演练的方式、内容、评估、总结
		确定应急资源管理人员
响应	分级响应	应急响应等级清晰
		阐明信息上报流程
	紧急处置	阐明事件应对处置方法及行动
		认定事件负责人及职责
	救援行动	阐明救援所需物资
		阐明旅客安全疏散方法及路线
		认定救援行动程序
		认定协议救援单位及联系方式
恢复	善后处置	现场污染处理方式
		阐明人员伤亡、财产损失等理赔工作
	调查总结	事后原因调查、救援经验总结
		防范及改进措施

三、模糊层次分析法

应急预案质量的好坏没有明确的界限，采取定性分析得不到确切的结果。因此赋予评价指标一定的权值是应急预案综合评价的基础，其权值的大小代表指标在预案中的作用或重要程度。目前，指标体系赋权的方法主要有统计均值法、二项系数法、环比评分法、比例分配法和层次分析法。本书采用模糊层次分析法对高铁应急预案进行综合评价。模糊层次分析法是在层次分析法确定指标权重的基础上，运用模糊评判矩阵进行评价的一种综合评价方法。

（一）层次分析法确定指标权重

层次分析法是美国运筹学专家沙旦在 20 世纪 70 年代开创的一种实用的多方案或多目标的决策分析方法。该方法可以对非定量事件做定量分析，并对人的主观判断做定量描述。采用层次分析法对行车调度信息量的影响因素进行分析的具体步骤如下：

1. 建立层次结构模型

在明确问题之后，根据各因素之间的逻辑关系从上而下建立层次结构模型。最高层称为目标层，即所需解决的问题。在本书中，目标层是对高铁应急预案编制内容的综合评价，用 A 表示。

中间层又被称为准则层、策略层或约束层，它可以由一层或是多层组成，表示实现预定目标过程中的中间环节。在本书中，中间层为应对突发事件的整个过程：预防、准备、响应和恢复。

最底层被称为方案层或对象层，表示解决目标问题的方案、政策、措施或目标问题产生的原因。在本书中，根据高铁应急预案的内容框架，最底层包括危险源控制、预防预警、机构与职责、资源保障、培训与演习、分级响应、紧急处置、救援行动、善后处置和调查总结。其结构如图 12-3 所示。

```
                   高铁应急预案综合评价
         ┌──────────┬──────────┼──────────┬──────────┐
        预防        准备       响应       恢复
      ┌──┴──┐    ┌──┼──┐    ┌──┼──┐    ┌──┴──┐
     危险  预防  机构 资源 培训 分级 紧急 救援 善后 调查
     源控  预警  与职 保障 与演 响应 处置 行动 处置 总结
      制          责        练
```

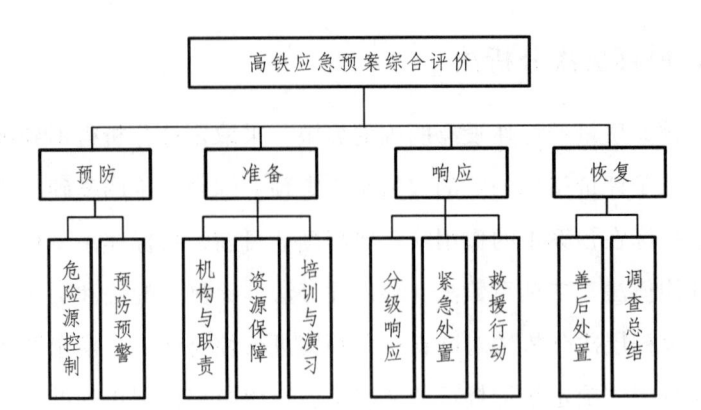

图 12-3　高铁应急预案综合评价框架

2. 构建判断矩阵

任何系统分析都有一定的基础信息，层次分析法的信息就是对每一层次各元素相对上一层次相对重要性的判断。将这些判断数据用矩阵形式表示出来即为判断矩阵。各因素之间相对重要性的确定方法如表 12-2 所示。

表 12-2　因素之间重要性判断表

两元素对上层元素重要性比较	矩阵中相应节点 b_{ij}
b_i 和 b_j 同等重要	1
b_i 比 b_j 稍微重要	3
b_i 比 b_j 明显重要	5
b_i 比 b_j 强烈重要	7
b_i 和 b_j 绝对重要	9
两元素重要性介于各等级之间	2，4，6，8

对每一层指标采用两两比较的方法获得判断矩阵 $\boldsymbol{B}$：

$$\boldsymbol{B} = \begin{bmatrix} b_{11} & b_{12} & \cdots & b_{1n} \\ b_{21} & b_{22} & \cdots & b_{2n} \\ \vdots & \vdots & & \vdots \\ b_{n1} & b_{n2} & \cdots & b_{nn} \end{bmatrix}$$

利用求和法计算各指标权重，其具体计算如下：

$$W_i = \frac{\sum_{j=1}^{n} b_{ij}}{\sum_{i=1}^{n}\sum_{j=1}^{n} b_{ij}} \quad (i=1,2,\cdots,n)$$

则 W 为所求最大特征向量，因此得到各指标因素的权重，即特征向量。

3. 一致性检验

一致性检验即对判断矩阵 B，计算经过归一化处理的特征向量 W 以及计算满足 $BW = \lambda_{max}W$ 的最大特征值 λ_{max}。

为了防止在两个因素互相比较时出现赋值非等比性和赋值逻辑错误的情况，需要判断检查矩阵的一致性，通常将一致性指标定义为：

$$CI = \frac{\lambda_{max} - n}{n-1}$$

一般情况下，$CI > 0$，即 $\lambda_{max} > n$，CI 越小时，一致性越强。在实际应用中，是将平均随机一致性指标 RI 和 CI 进行比较。RI 的值如表 12-3 所示。

表 12-3　RI 取值表

矩阵阶数	1	2	3	4	5	6	7	8	9
RI	0.00	0.00	0.58	0.90	1.12	1.24	1.32	1.41	1.45

一阶、二阶判断矩阵具有一致性。当判断矩阵阶数大于 2 时，运用下式计算判断矩阵的随机一致性比例。如果 $CR < 0.10$，就认为判断矩阵具有合适的一致性，否则就得再次调整判断矩阵，进行二次计算。

$$CR = \frac{CI}{RI}$$

（二）模糊层次评价方法的步骤

1. 建立指标体系集

高铁应急预案评价指标体系如表 12-1 所示。将总体目标记为 B。B 的集合包括 B_1、B_2、B_3、B_4 4 个元素，即 $B=\{B_1,B_2,B_3,B_4\}$。而每个二级指标又可

继续划分为 B_1、B_2、B_3、B_4 不同的集合。

2. 建立模糊评价集

对于高铁应急预案的评价，很难用数字来描述，只有通过评语来确定应急预案质量的优劣。高铁应急预案的评价可以划分为好、较好、一般、差 4 个级别，即评价集 V={好、较好、一般、差}={V_1、V_2、V_3、V_4}。

3. 指标体系权重的确定

运用层次分析法确定指标的权重值。

4. 确定隶属关系

通过专家咨询和调查问卷的方式对每个三级指标进行定性分析，同时给出各指标的评价等级。根据调查结果建立评价指标与评价集的模糊关系矩阵 R，从而得到 B 到 V 的模糊关系。

$$r_{kj} = \frac{\text{将第}k\text{个三级指标评价为第}j\text{个等级的人数}}{\text{调查总人数}}$$

$$R_k = \begin{bmatrix} r_{11} & r_{12} & \cdots & r_{1n} \\ r_{21} & r_{22} & \cdots & r_{2n} \\ \vdots & \vdots & & \vdots \\ r_{n1} & r_{n2} & \cdots & r_{nn} \end{bmatrix}$$

其中，r_k 表示第 k 个三级指标被评为 v_j 的隶属度，$\sum_{l=1}^{n} r_{kj} = 1, l = 1, 2, \cdots, n$。

5. 模糊综合评价

（1）根据二级指标的权重 W_{ij} 以及三级指标隶属评判矩阵 R_k 进行第三层模糊综合评价。

$$B_{ij} = W_{ij} \times R_k$$

（2）根据第一步评价的结果，对二级指标进行模糊综合评价。

$$B_i = W_i \times B_{ij}$$

（3）根据第二步评价的结果，对一级指标进行模糊综合评价。

$$B = W \times B_i$$

式中，B 表示高铁应急预案综合评价结果隶属矩阵。由模糊综合评价结果 $S=B \times VT$ 可以得出最终分数，从而得到评价对象的等级。

四、模糊评价案例分析

本案例以国内某条高铁应急预案为基础对其进行综合评价分析，设计了应急预案综合评价指标重要性调查表，并邀请15位专家对指标体系中的一级指标和二级指标进行两两比较确定权重。

（一）指标权重计算

应急预案评价体系有3个层次，其中一级指标4个，二级指标10个，三级指标28个，由相关专业人士对指标体系进行对比得到比较判断矩阵，再依据三级指标的重要程度进行赋权，对三级指标进行定性评价，依据评价的结果得到三级指标初始矩阵。依据检测判断矩阵一致性法，并利用和积法求出各指标的权重。其中一级指标权重如表12-4所示。

表12-4 判断矩阵及权重计算结果

B	预防	准备	响应	恢复	权重
预防	1	2	1/3	3	0.252
准备	1/2	1	1/4	2	0.149
响应	3	4	1	5	0.518
恢复	1/3	1/2	1/5	1	0.081

计算最大特征根。

$$\lambda_{\max} = \sum_{i=1}^{n} \frac{(BW)}{nW_i} = \frac{1}{n} \sum_{i=1}^{n} \frac{(BW)}{W_i} = 4.034$$

$$CR = \frac{\lambda_{\max} - n}{n-1} \times \frac{1}{RI} = 0.013 < 0.1$$

符合一致性检验。

其中，RI 的数值，二级指标的权重如表 12-5 ~ 12-7 所示。

表 12-5　B_1 判断矩阵及权重

B_1	危险源控制	预防预警	权重
危险源控制	1	2	0.667
预防预警	1/2	1	0.333

表 12-6　B_2 判断矩阵及权重

B_2	机构与职责	资源保障	培训与演习	权重
机构与职责	1	1/2	1/3	0.162
资源保障	2	1	1/2	0.309
培训与演习	3	2	1	0.529

最大特征根 $\lambda_{max} = 3.012$，$CR = 0.01 < 0.1$ 符合一致性检验。

表 12-7　B_3 判断矩阵及权重

B_3	分级响应	事态控制	救援行动	权重
分级响应	1	1/3	1/5	0.109
事态控制	3	1	1/2	0.321
救援行动	5	2	1	0.57

最大特征根 $\lambda_{max} = 3.003$，$CR = 0.003 < 0.1$ 符合一致性检验。

调查结果表明，事后处置和调查总结一样重要，因此权值都赋为 0.5。

根据一级指标权值，可以确定二级指标的综合权值，如表 12-8 所示。

表 12-8　二级指标综合权值

指标	预防 0.252	准备 0.149	响应 0.518	恢复 0.081	综合权重
危险源控制	0.667				0.168
预防预警	0.333				0.084
机构与职责		0.162			0.024

续表

指标	预防 0.252	准备 0.149	响应 0.518	恢复 0.081	综合权重
资源保障		0.309			0.046
培训和演习		0.529			0.079
分级响应			0.109		0.056
紧急处置			0.321		0.166
救援行动			0.57		0.295
善后处置				0.5	0.041
调查总结				0.5	0.041

（二）高铁应急预案模糊评价

通过计算一级指标和二级指标的权值，参考调查问卷的评分，得到所有指标的等级分布，如表 12-9 所示。其中，等级评价的数据为某等级的人数。高铁应急预案综合评价过程如表 12-10 所示。

表 12-9　高铁应急预案的指标权重和等级分布

一级指标	权值	二级指标	权值	三级指标	权值	好	较好	一般	差
预防	0.252	危险源控制	0.168	分析本单位存在的危险源	0.067	1	3	9	2
				分析危险源可能导致的突发事件及后果	0.101	0	7	6	2
		预防预警	0.084	认定上报部门及上报内容	0.017	5	6	4	0
				认定各时段指挥和协调部门	0.025	4	6	3	2
				认定各阶段部门工作及职责	0.042	3	6	5	1
准备	0.149	机构与职责	0.024	阐明应急组织机构组成	0.005	8	5	2	0
				认定组织机构成员及职责	0.012	5	9	1	0
				认定涉及单位及职责	0.007	3	9	4	1

275

续表

一级指标	权值	二级指标	权值	三级指标	权值	好	较好	一般	差
准备	0.149	资源保障	0.046	认定通信保障	0.009	8	6	1	0
				认定救援装备种类、数量、位置	0.009	2	6	5	2
				认定运输保障	0.009	5	6	3	1
				认定治安保障	0.010	6	6	2	1
				认定医疗保障	0.009	3	9	3	0
		培训和演习	0.079	认定应急队伍的培训计划和方式	0.024	4	7	2	2
				认定应急演练的方式	0.039	8	5	2	0
				确定应急资源管理人员	0.016	5	8	1	1
响应	0.518	分级响应	0.056	应急响应等级清晰	0.017	9	5	1	0
				阐明信息送报流程	0.039	4	9	1	1
		紧急处置	0.166	阐明事件处置方法	0.116	7	6	1	1
				认定事件负责人员及职责	0.050	5	7	3	0
		救援行动	0.295	阐明救援所需物资	0.029	4	7	4	0
				阐明旅客疏散方法	0.148	2	10	2	1
				认定救援行动程序	0.089	6	7	2	0
				认定协议救援单位及联系方式	0.029	4	8	2	1
恢复	0.081	善后处置	0.041	现场污染处理方式	0.016	4	6	3	2
				阐明人员财产损失理赔工作	0.025	4	7	3	1
		调查总结	0.041	事故原因调查	0.025	8	5	2	0
				防范及改进措施	0.016	4	8	3	0

表 12-10　高铁应急预案综合评价过程

三级指标隶属矩阵	二级指标评价结果	一级指标评价结果	最终结果
(0.07, 0.20, 0, 60, 0.130)	(0.028, 0.362, 0.480, 0.130)	(0.101, 0.375, 0.413, 0.111)	(0.271, 0.467, 0.203, 0.057) 归一化处理 (0.272, 0.468, 0.203, 0.057)
(0.00, 0.47, 0.40, 0.13)			
(0.33, 0.40, 0.27, 0.00)	(0.247, 0.400, 0.279, 0.074)		
(0.27, 0.40, 0.20, 0.13)			
(0.20, 0.40, 0.20, 0.13)			
(0.53, 0.34, 0.13, 0.07)	(0.331, 0.548, 0.100, 0.021)	(0.370, 0.445, 0.136, 0.048)	
(0.33, 0.60, 0.07, 0.00)			
(0.20, 0.60, 0.13, 0.07)			
(0.53, 0.40, 0.07, 0.00)	(0.318, 0.440, 0.186, 0.054)		
(0.13, 0.40, 0.33, 0.13)			
(0.33, 0.40, 0.20, 0.07)			
(0.40, 0.40, 0.13, 0.07)			
(0.20, 0.60, 0.20, 0.00)			
(0.27, 0.47, 0.13, 0.13)	(0.412, 0.417, 0.118, 0.053)		
(0.53, 0.34, 0.13, 0.00)			
(0.33, 0.53, 0.07, 0.07)			
(0.60, 0.33, 0.07, 0.00)	(0.362, 0.519, 0.070, 0.049)	(0.313, 0.518, 0.126, 0.043)	
(0.26, 0.60, 0.07, 0.07)			
(0.46, 0.40, 0.07, 0.07)	(0.427, 0.420, 0.107, 0.047)		
(0.33, 0.47, 0.20, 0.00)			
(0.27, 0.46, 0.27, 0.00)	(0.240, 0.573, 0.147, 0.040)		
(0.13, 0.67, 0.13, 0.00)			
(0.40, 0.47, 0.13, 0.00)			
(0.27, 0.53, 0.13, 0.07)			
(0.27, 0.40, 0.20, 0.13)	(0.270, 0.436, 0.200, 0.094)	(0.348, 0.426, 0.165, 0.00)	
(0.27, 0.46, 0.20, 0.07)			
(0.53, 0.34, 0.13, 0.00)	(0.426, 0.416, 0.158, 0.00)		
(0.27, 0.53, 0.20, 0.00)			

可以设评语等级 $r=(V_1,V_2,V_3,V_4)$={好，较好，一般，差}，取值为{9,8,7,6}，由此可以计算某高铁应急预案最终的分值 S=7.96。此预案分值介于较好和一般之间，已接近较好的值，可以认为该预案的总体编制质量较好。

依据评价所得结果，结合实际调查情况，得出该高铁应急预案存在下列几方面的问题：

（1）应急预案在安全风险评估方面较为薄弱。铁路生产运营的各个环节都紧密相连，其中任何一个地方出了问题就会给整个生产运营系统带来风险，所以要做好事故的预防和安全风险评估，才能做到正确高效的响应。

（2）缺乏充足的应急资源保障。我国铁路目前在处理突发事件方面只着眼于事故发生后的处理，而忽略了事故的预防预警，同时缺乏应急处置物资和设备。

（3）应急预案的可操作性不强。铁路局应急预案明确了在处理突发事件时的组织体系和各级各部门的相关责任，但对于各自之间的协同关系还不够明确和详细。

（4）在应急处置过程中现场的救援信息传达不够通畅，应急响应速度慢。

五、高铁应急预案的完善与加强

（一）加强组织领导

各铁路局应该提高对应急救援工作的领导和管理力度。做好日常管理，应急管理部门应该为各级应急救援机构提供指导。

（二）加快应急预案的编制和修订

（1）在制定高速铁路相关应急预案时，明确各级各部门的职责和分工。

（2）明确各级各部门应急预案制定的要求及格式，做到各系统之间责任明晰。

（3）各铁路局对现有的高速铁路应急处理程序存在疏漏的地方进行完善，

确定组织成员的职责，责任具体到个人；确立联系方式及应急指挥体系；确立详细的应急处理方法和程序。

（三）加强应急培训和演练

（1）建立健全专用的培训基地和设施。每隔一段时间组织培训、演习，领导干部更应该加强应急管理理论的学习及相关法律法规的培训。

（2）使应急预案综合演练的模式固定下来，成为一种常态。在现有的定期演练的基础上，着重对影响重大、发生频率大的突发事件进行演练。通过这种方式，各级各部门之间的协调配合、信息互通会更加顺畅，执行力也会得到加强。

（3）确立标准的培训模式。在高速铁路相关安全岗位的培训过程中，各个岗位都应该具备相应的处理突发事件的能力。这就需要各铁路局编制应急响应的规范和标准，并对有关岗位的员工进行定期培训，确保在发生事故时能够有效应对。

（4）扩展应急预案的适用范围，加强专兼职救援体系的建设。健全救援列车所需要的设备、设施，以便用于救援列车的日常演练。

（四）提高应急救援管理水平

建立健全应急预案所需的相关信息平台，以充分发挥现有铁路设施资源、信息系统和通信设备的作用，实现调度指挥、应急值守、应急响应的网络化，使系统运行的效率得以提高。

（五）提升应急预案的执行力

（1）对应急预案中存在漏洞的地方进行查漏补缺。优化突发事件发生时的应急处理程序和信息通报过程，并且做到严厉处罚涉嫌故意延迟上报现场信息的行为。

（2）完善动车组应急管理工作。铁路局应根据下级单位具体的执行情况进一步完善动车组的应急管理，更深入地细化动车组应急预案、各专业的分工和接口，以及编制动车组的应急故障处理手册。定期召集动车组维修人员进行技术演练，加强实际应对动车组突发事件的能力。

（六）不断完善应急资料管理工作

组织各铁路局对站线设备、站场平面图及应急救援和应急管理相关规章进行细致的学习，加强应急救援点、装备和人员的建设，建立应急管理数据库，进一步深化基础管理工作。

PART SIX

第六编

高铁风险管理及安全评价优化研究

第十三章　高铁风险管理体系优化机制

随着铁路新技术、新设备的广泛应用，以及既有线大面积提速、高速铁路的不断投入运营，铁路安全压力越来越大，面临的风险种类和风险水平也正在发生深刻变化。全面推行高铁安全风险管理，大力提升铁路安全工作水平是新形势下解决安全问题的最佳途径，也是高铁实现科学发展、安全发展的迫切需要。高铁系统开展安全风险管理的指导思想和主要内容就是要通过实施安全风险管理，增强安全风险的防范意识，构建高铁安全风险的防控体系，达到强化安全基础、最大限度减少或消除安全风险、确保高铁安全的目的。

安全风险管理作为一门新兴的管理学科，在其形成和发展过程中，由于对风险管理的出发点、目标、运用范围等侧重点不同，国内外专家学者和企业家们也给出了不同的定义，并且随着时代的发展不断演变。

铁路交通安全风险管理，是一个大的系统性工程。以"安全第一、预防为主、综合治理"的思路，构建安全风险控制体系，就是要加强对安全风险的全面分析、科学研判，科学制定管控措施，最终实现消除安全风险的目标。从管理理念上讲，都要强调安全第一、预防为主、综合治理，强调树立责任意识、问题意识和风险意识；从管理内容上讲，都要强化超前防范、风险控制，抓好过程控制和安全风险应急处置，着力于构建运营安全管理的专业技术管理和保障机制。

第一节　世界部分国家铁路轨道运营风险管理现状

通过多年来对世界铁路交通事故实际案例的积累、分析与归纳，国际上关于铁路交通安全研究形成了比较成熟的理论体系与方法。其中，美国自 20 世纪 50 年代起，将安全评价标准从高危行业引入轨道交通，建立了铁路轨道交通的安全预评价、安全验收评价、安全现状评价及专项评价 4 类评价标准；英国则把铁路安全评价系统引入轨道交通，把所有的风险分为 3 个等级进行区别对待；中国的铁路轨道交通也有自己的安全评价制度，从各类安全事故发生的时间、路段、原因等方面系统、细致地进行了总结和归纳，从而形成了一套完整的安全预防、检查、处理机制，做到防患于未然，一旦发生事故，都能以最快、最稳妥的方式保护乘客的安全，最大限度地减少人员伤亡。

一、英国安全风险管理

英国颁布实施了 The Railways and Other Guided Transport Systems (Safety) Regulations 2006（ROGS）。该条例是英国铁路交通领域中最重要的法规，在法律层面规定了安全评估认证的管理机构、组织形式、认证有效期及评估要素等内容，涵盖安全管理体系、强制性安全认证和审计、岗位管理职责及相关授权认证等，确定了安全评估作为安全认证技术手段的重要地位。

（一）机构设置

英国交通部（DOT）是铁路交通的主管机构。交通部下设铁路条例办公室（ORR），按照条例相关要求，负责审核运营公司安全认证条件办理运营权证；铁路条例办公室（ORR）下设的女王陛下铁路监督机构（HRMI）基础设施管理公司和运营公司进行安全认证审核，并向 ORR 提交审核报告。英国城市轨道交通机构设置如图 13-1 所示。

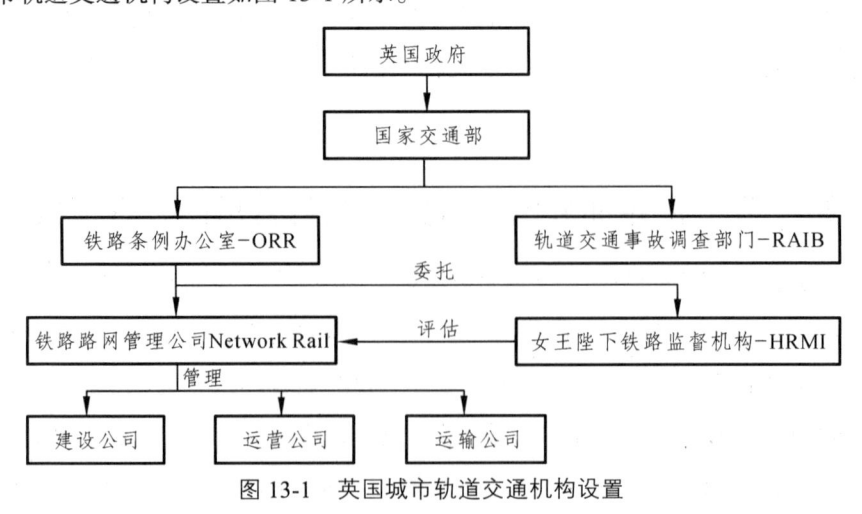

图 13-1 英国城市轨道交通机构设置

（二）风险管理

英国铁路交通运营风险管理要素主要包含管理制度、安全目标及实施计划、安全控制程序、设施设备运行要求、更新改造评估、人员要求、安全信息管理、应急管理、事故调查、风险评估、安全审计等内容。英国铁路交通运营风险管理要素如表 13-1 所示。

表 13-1　英国铁路交通运营风险管理要素

序号	项目	内容
1	管理制度	安全政策及管理制度
2	安全目标及实施计划	包含安全控制程序
3	设施设备要求	涵盖技术要求、程序或规程
4	更新改造评估	当发生重大运营环境改变时，需要进行项目风险评估，并执行风险控制措施
5	人员要求	从业人员资质准入要求，培训计划、要求及记录
6	安全信息管理	包括安全信息采集、交流、报送，以及信息格式等
7	应急管理	主要包含应急预案（应急响应计划）、应急演练、应急处置要求
8	事故调查	分析及责任追究要求
9	风险评估	针对风险事件及事故的风险评估
10	安全审计	安全管理体系内部审计

（三）安全评估

运营公司向条例办公室申请安全认证并提交安全认证申请材料；条例办公室在收到相关申请后，委托铁路监督机构进行审核；铁路监督机构对运营公司提交的安全认证申请材料进行审核，进行安全评估工作，并编制完成报告报送条例办公室；条例办公室在接到报告后，组织专家进行审核，并做出是否颁发安全认证证书的决定。证书有效期一般为 5 年。英国铁路轨道公司安全评估流程如图 13-2 所示。

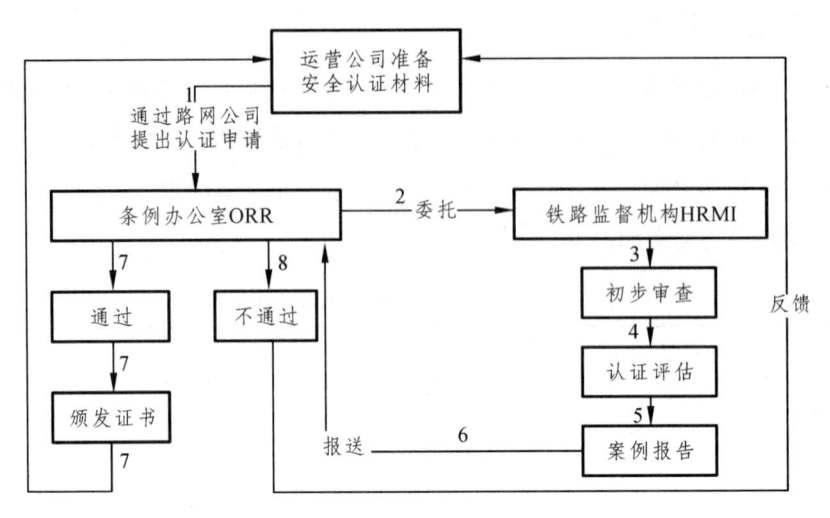

图 13-2　英国铁路公司安全评估流程

二、美国铁路安全风险管理

（一）制度建设

法律法规：固定导轨交通系统的安全监督法规（1995年、2005年进行了更新和修订），主要规定了铁路交通应在全生命周期内开展安全管理工作。

国家层面：系统安全项目管理计划（System Safety Program Plan，SSPP）主要规定了地方主管部门和运营企业应该开展铁路轨道交通安全管理工作的主要内容和相关规定。

地方层面：地方主管部门根据安全计划的要求，深入、细化形成《城市轨道交通安全监管方案》。

（二）机构设置

美国铁路轨道交通机构设置如图13-3所示。

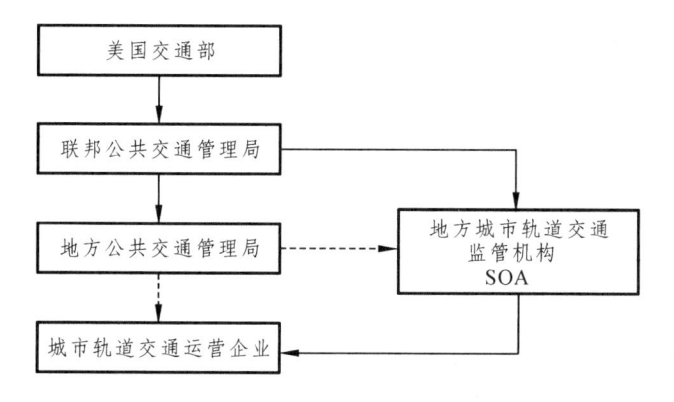

图 13-3　美国铁路轨道交通机构设置

（三）风险管理

美国铁路轨道交通运营风险管理方案（安全管理方案）主要包含安全管理政策、安全管理目标主体、安全管理机构、SSPP 执行情况、人员安全职责、危险源管理、安全管理系统更新、安全认证、安全数据采集及分析、事故公布与调查、应急管理、内部安全审计、安全合规性审核、设施设备安全隐患排查、维修管理、人员培训及认证、组织管理、管理人员安全审核、危险物品安全管理、药物和酒精检测、采购等。

（四）管理流程

联邦公共交通管理局编制安全计划，提出监管方向、要求及内容；州级公共交通管理局按照安全计划的要求，编制《铁路轨道交通安全监管方案》，并提交审核通过后，颁布并督促运营企业进行实施；运营企业根据《铁路轨道交通安全监管方案》的要求，编制实施计划，并报州级审核批准、联邦公共交通管理局备案后实施。美国铁路轨道风险管理流程如图 13-4 所示。

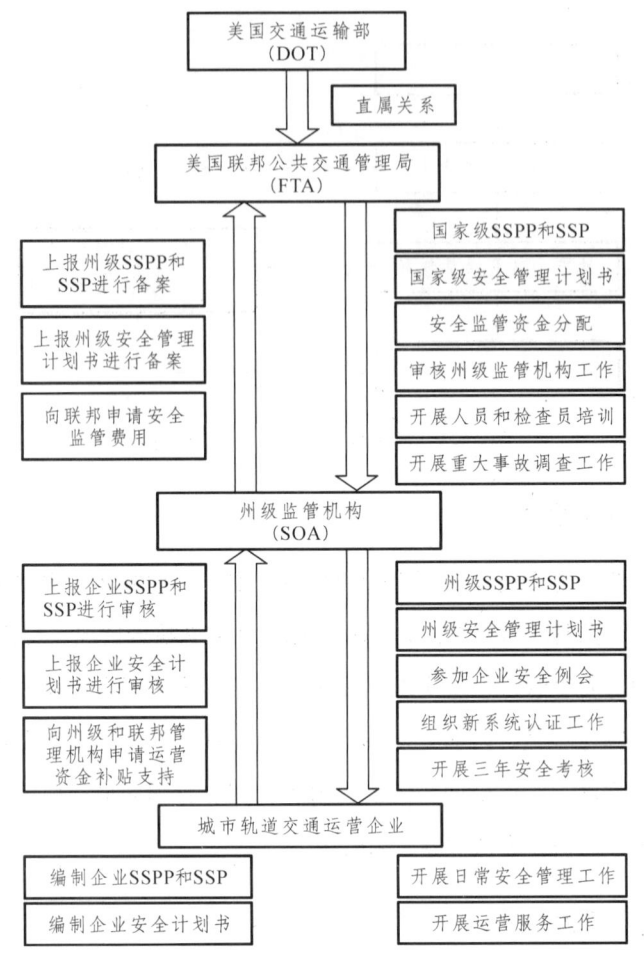

图 13-4　美国铁路轨道风险管理流程

三、日本铁路安全风险管理

　　日本作为一个经常发生自然灾害的国家，在应急管理方面有着丰富的经验。日本铁路应急控制中心管控着铁路车辆的运营事务，还兼顾处置突发事件的功能。而且日本在应急管理方面，更注重应急预防。得益于此，其安全管理水平在全世界都属于领先水平。日本的新干线具有很高的安全管理水平，在运行开始之前，其相关部门会对高铁实际运行中可能遇到的问题进行考量，并给出相应的应对方案，以排除高铁运营的安全隐患。日本铁路应急预案的制定由铁路部门和公安、医疗、消防等部门联合编制。

（一）制度建设

日本《铁道事业法》是日本铁路交通领域中最重要的法规制度，明确规定了铁路交通应建立安全监督检查制度，并由交通运输主管部门负责执行和实施。行业管理部门对于铁路交通的主要管理手段是开展运营安全评估，检测检验设施设备运营安全状态是否达到安全运营要求。

（二）机构设置

日本国土交通省为铁路轨道交通运营主管部门，负责日常安全监督管理工作。地方交通运输局下设运营安全委员会处理重大安全事项；地方交通运输管理局还设立了专门的铁道安全监管员，专门负责铁道日常安全检查及程序。日本铁路轨道交通机构设置如图13-5所示。

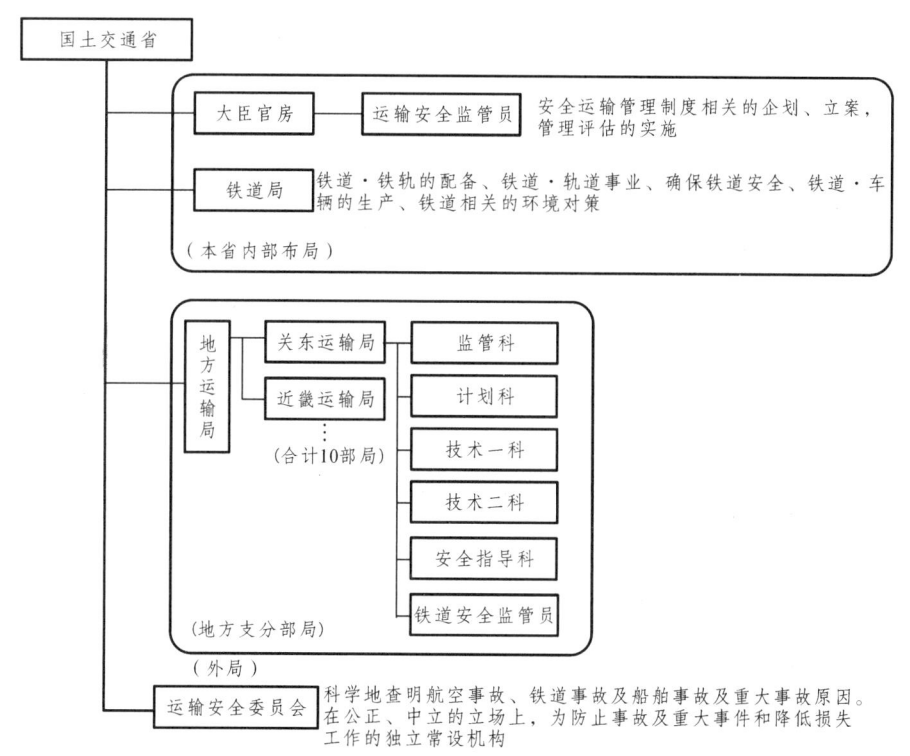

图 13-5　日本铁路轨道交通机构设置

（三）评估流程

在每年 2 月份之前，地方运输局向国土交通省递交安全检查计划目标企业；在评估前 1~3 个月，组建评估小组，形成评估日程，确定评估方针和内容等，并下发评估检查通知书；实施评估检查工作，并根据评估情况形成评估报告，反馈相关部门。日本铁路轨道公司安全评估流程如图 13-6 所示。

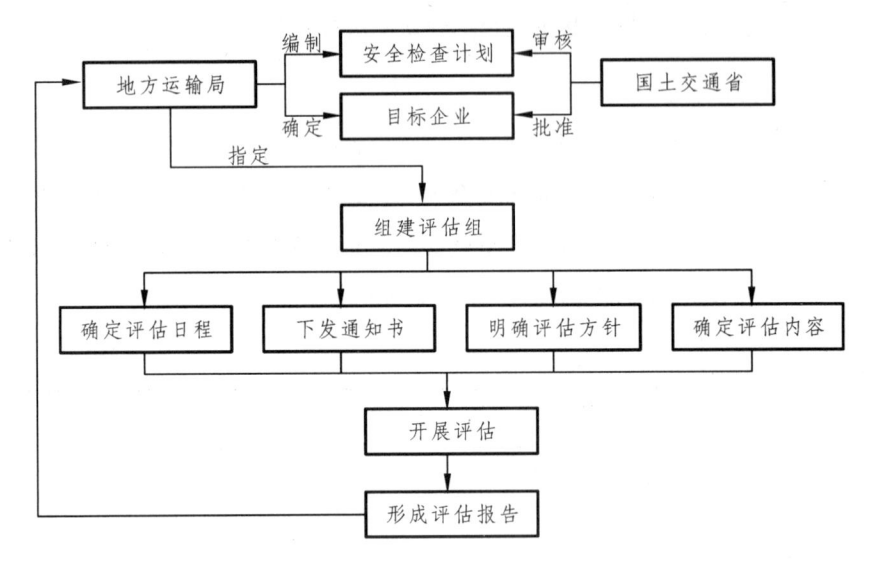

图 13-6　日本轨道公司安全评估流程

通过对相关国家做法的研究，本书做出如下总结：

一是制度的强制性。通过法规层面严格规定铁路交通运营安全评估工作的强制性。

二是机制的长效性。相关法规中明确规定了进行安全评估、认证、审计等的时间期限。

三是管理的先进性。多数国家铁路轨道交通主要采用主动式的安全风险管理模式。

四是评估的重要性。将安全评估作为安全检查或者是安全审计或者是安全认证的重要技术手段。

四、中国铁路安全管理发展模式

（一）中国铁路安全管理发展模式简况

在铁路部门和学术领域内，我国关于铁路安全管理发展模式的研究基本都是些单项和观点性的，尚未形成理论或实际模式。

铁路部门的主要观点是"安全管理的主体就是落实安全生产责任制"，这种观点长期以来一直是中国铁路安全管理的主导观点。它主张"通过大力度地奖惩来引导各级管理干部落实安全生产逐级负责制，靠强化各级干部的作用保安全"。

我国学术领域的观点主要是借鉴国外铁路的安全管理模式的特点，在考虑中国国情和路情的前提下，提出了相应的"德国模式""日本模式"。

按照发展历程，我国铁路安全管理模式大致可以分为4种：

（1）传统安全管理模式：能够有效地防止同类事故发生，但只是就事论事，不能发现隐患。

（2）对象型安全管理模式：往往只将事故的原因归结为一方面的问题，是不全面的。

（3）过程安全管理模式：在一定程度上综合考虑了人、机、环境系统对安全的影响，力图给企业提供指导的"综合管理模式"。但是，这种思路只是片面强调从外部环境给企业及其员工施加"标准"和要求，而没有从内部提供激励措施，没有建立自我约束、自我完善的安全管理长效机制。

（4）系统安全管理模式：通过预防型安全管理的技术步骤，安全管理的作用和效果不断加强，变传统的纵向单因素安全管理，为现代的横向综合安全管理；变被动、辅助、滞后的安全管理程式，为现代主动、本质、超前的安全管理程式；变外迫型安全指标管理，为内激型的安全目标管理。

（二）推行我国高铁安全风险管理的必要性

随着高铁迅速发展、路网规模不断扩大、新技术装备大量投入使用，安全基础薄弱所带来的安全风险将更加突出。我国高铁安全风险存在的主要问题大致如下：

1. 站场作业方面

铁路现场作业人员违反规章制度、无计划擅自施工、超范围施工、天窗点外违规上线作业、施工人员和机具侵入限界、现场作业控制措施落实不到位等问题仍有发生。

2. 铁路沿线环境方面

机动车抢越道口、行人非法上道仍是铁路交通事故造成人员伤亡的主要原因。安全保护区内违法施工、乱采乱挖、异物侵限等非法违法问题屡禁不止。

3. 主要行车设备方面

线路日常维修养护管理不到位、机车车辆、通信信号、线路接触网等故障影响铁路运输安全秩序的情况时有发生，主要行车设备的生产制造、养护维修等需进一步加强。

4. 自然灾害影响方面

水害、台风、雾霾、降雪、低温冰冻等极端恶劣天气和自然灾害对铁路运输安全的影响较大，由此导致的线路中断、危岩落石、边坡溜坍、泥石流掩埋线路、机车动车污闪、上跨电力线断线、外来物挂落接触网等险情较多。

5. 安全基础管理

我国运输安全管理工作的制度机制还不完善，特别是对高铁安全管理规律把握不够，安全关键环节的卡控还没有做到制度化、科学化；高铁应急管理理念比较落后，在科研领域尚需更深层次的研究；各种防灾、控灾、监控、预警设备设施还不够完善，相关的应急管理体系需要健全完善；各级各部门对于事故预防的应急演练不够充分，各级各部门在遇到突发事件时的配合还不够默契。

正反两方面的经验教训告诉我们，只有尊重铁路安全生产规律，确立安全风险管理的新思路，从根本上提高铁路安全管理的科学化水平，才能最大限度地减少或消除安全风险，从而实现运输安全的长治久安。针对铁路安全依然面临的严峻现实，在深刻总结铁路安全工作规律，准确把握当前铁路安全特征和变化的基础上，全面推行安全风险管理，是强化铁路运输安全工作的必由之路。

实施安全风险管理，增强安全风险的防范意识，构建高铁安全风险的防控体系，达到强化安全基础、最大限度减少或消除安全风险、确保铁路安全的目的。全面推行安全风险管理，对于做好新形势下的铁路安全工作，深入推进高铁科学发展、安全发展意义重大。

切实解决高铁安全管理存在的突出问题，已是极为紧迫的工作，为破除高铁安全基础薄弱的"顽疾"，必须增强安全风险防范意识，引入安全风险管理方法。对风险因素进行有效控制，进一步促进安全意识的强化、安全理念的提升和安全工作思路的优化，进一步促进各项措施的落实，最大限度地减少或消除安全风险。

第二节 高铁安全风险管理理论基础

一、风险管理相关概念

（一）风险

风险：某一特定危险情况发生的可能性和后果的组合。

风险管理：如何在一个肯定有风险的环境里，通过相关方法和手段把风险减至最低的管理过程。

安全、风险、危险三者的关系，如图13-7所示。

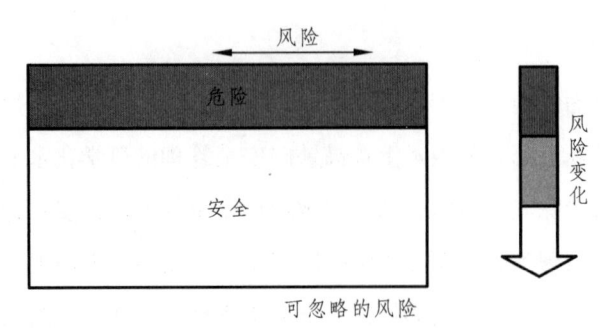

图 13-7　安全、风险、危险三者关系

（二）危害、危险、危险源

危害：可能造成人员伤亡，疾病财产损失，工作环境破坏的根源或状态。

危险：遭受损失、伤害或不利的可能性。

危险源：导致事故发生的根源，是具有可能意外释放的能量或危险有害物质的生产装置、设施或场所。

（三）故障、隐患、应急、事故

故障：设备在工作过程中，因某种原因"丧失规定功能"或危害安全的现象。

隐患：在某个条件、事物以及事件中所存在的不稳定并且影响安全利益的因素。

应急：因某个或多个、内部或外部因素，导致系统、设备等处于非正常运行的状态。

事故：造成死亡、疾病、伤害、损坏或者其他损失的意外情况。

（四）风险识别、风险评估、风险控制

风险识别：对系统中尚未发生的、潜在的以及客观存在的各种风险进行全面的、连续的识别和归类。

风险评估：运用安全系统工程学等理论方法，对存在的安全隐患可能构成的风险进行定性或定量分析，确认企业发生风险的严重程度和可能性。

风险控制：对不能接受的伤害和损失采取安全预防措施，以达到消除、降低危害的目的。

风险管理：包括风险识别、风险分析、风险评估、风险控制等全过程的安全管理。风险识别、风险评估、风险控制都是风险管理中的重要手段和环节，并且风险识别、风险评价和风险控制在推行安全风险管理过程中是不可分割的有机整体，它们既相互联系，又相互作用。风险识别和风险评价是基础，风险控制是核心。

二、铁路交通运营风险的特点

在铁路交通运营过程中，其风险具有以下特点：

（一）事故后果的严重性

铁路高速运行的列车由于通风、照明及救援困难，一旦失控，必将造成大量人员伤亡和财产损失。

（二）社会影响的恶劣性

安全是铁路的生命线，一旦发生风险事故，将直接造成铁路交通瘫痪中断、人员拥堵，社会影响恶劣，甚至可能引发乘客骚乱、对政府的信任危机，后果极其严重。

（三）行车安全对管理的依赖性

铁路交通运行作业是一个庞大的人机动态系统的安全运行，离不开管理的协调，在很大程度上依赖于管理的有效性。

（四）运营系统的动态性

铁路交通的整个运营系统是靠各种设备的运转功能来保证的，各设备动态运营状态对整个铁路系统的运营可能会造成直接的影响。因此，各项运营设备的动态性使系统运营的动态性特征尤为显著。

（五）铁路交通运行作业的反复性

铁路交通运行作业是多工种联合作业，昼夜不断、周而复始，各种不安全事件和事故大多数是重复发生的。

（六）受环境影响的特殊性

铁路交通运行既受外部自然环境条件的影响，也受社会环境条件的影响。由于铁路运营具有许多不确定性，只有针对铁路交通运营中风险的特点，通过风险管理的研究，采取合理对策，才能从根本上消灭事故发生的隐患，将铁路交通的事故发生率降到最低。

铁路运营安全风险分析过程共分以下 5 步：

第一步，识别系统所有可能的危险/风险。

第二步，定义危险事件/风险发生频率的分类及说明。

第三步，采用后果分析来预测危险事件/风险可能的影响，定义危险/风险的严重度等级和每种严重度对人员或环境产生的后果。

第四步，定义风险的定性类别以及针对每个类别所采取的措施。

第五步，采用"频率—后果"矩阵，将危险事件/风险的发生频率和它的严重度结合起来对风险进行评价，确定风险类别。"频率—后果"矩阵如图 13-8 所示。

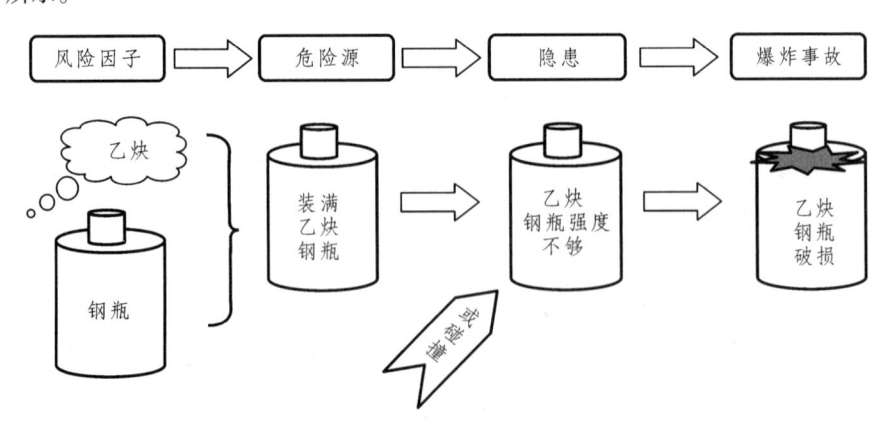

图 13-8 "频率—后果"矩阵

三、风险管理安全理论基础

铁路交通运营风险管理发展过程与安全理论的演变过程密不可分。

历经过程：事故—隐患—风险—系统；

总体趋势：被动—主动；

发展方向：定性—定量。

（一）事故理论安全原理

（1）管理对象：事故；

（2）特点：经验型；

（3）缺点：事后整改，成本高，总处于被动接受状态，不能实现事故的超前控制。

事故理论安全原理如图 13-9 所示。

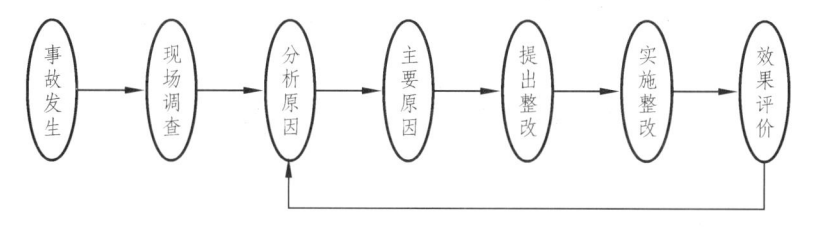

图 13-9 事故理论安全原理示意图

（二）隐患理论安全原理

（1）管理对象：隐患；

（2）特点：超前治理，标本兼治；

（3）缺点：存在型，缺乏定量，系统科学有限，往往抓不住重点，控制效果难有保障。

隐患理论安全原理如图 13-10 所示。

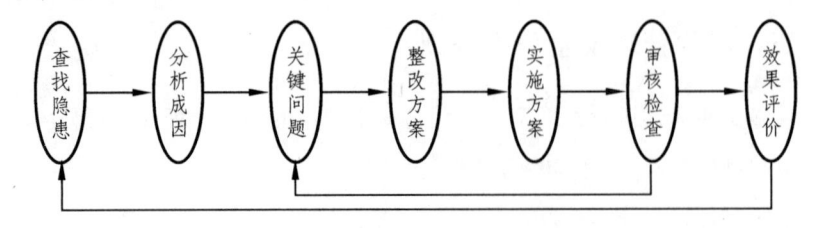

査找隐患 → 分析成因 → 关键问题 → 整改方案 → 实施方案 → 审核检查 → 效果评价

图 13-10　隐患理论安全原理示意图

（三）风险理论安全原理

（1）管理对象：风险；

（2）特点：超前预防，辨识系统，分级管理，预警预控；

（3）缺点：定量分析难度大，实施要求标准高。

风险理论安全原理如图 13-11 所示。

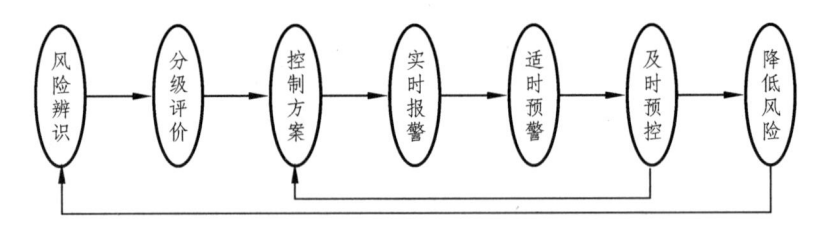

风险辨识 → 分级评价 → 控制方案 → 实时报警 → 适时预警 → 及时预控 → 降低风险

图 13-11　风险理论安全原理示意图

（四）系统理论安全原理

（1）管理对象：安全目标（装备、环境、文化……）；

（2）特点：基础性、预防性、系统性、科学性的综合策略；

（3）缺点：成本高，技术性强。

系统理论安全原理如图 13-12 所示。

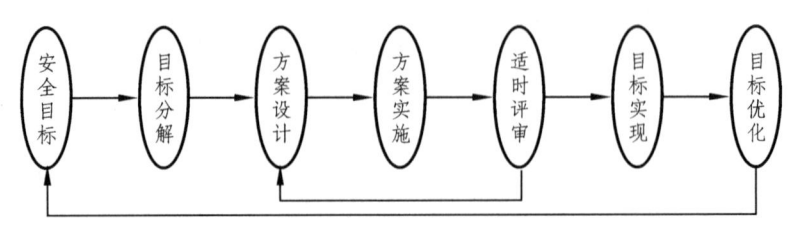

安全目标 → 目标分解 → 方案设计 → 方案实施 → 适时评审 → 目标实现 → 目标优化

图 13-12　系统理论安全原理示意图

第三节　安全风险管理基本程序

一般来讲，实施安全风险管理的基本程序分为风险识别、风险评价、风险控制和评估风险管理效果 4 个环节，如图 13-13 所示。

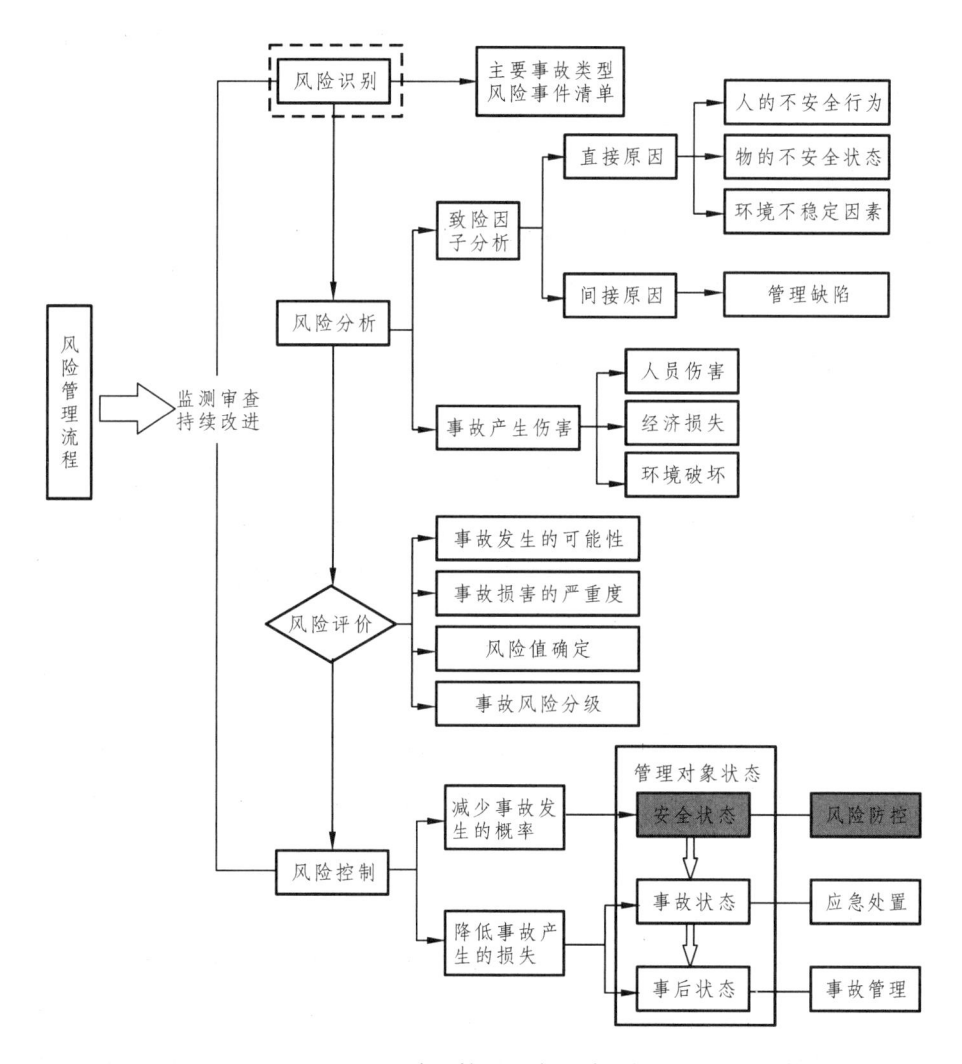

图 13-13　流程管理风险识别示意图

一、风险识别

风险识别主要是对铁路交通运营事故和风险事件进行统计分析，明确对象，侧重从发生次数和影响程度两个方面进行选取，重点分析。

（一）风险识别的程序

（1）筛选：按照一定的程序将具有潜在风险的设备、操作、事件、现象和人员进行分类选择的风险识别过程。

（2）监测：在风险出现后，对事件、过程、现象、后果进行观测、记录和分析的过程。

（3）诊断：对风险及损失的前兆、风险后果与各种原因进行评价与判断，找出主要原因并进行仔细检查的过程。

（二）风险识别的基本原则

1. 全面周详原则

为了对风险进行识别，应该全面系统地考察了解各种风险事件存在和可能发生的概率、损失的严重程度、风险因素及因风险的出现而导致的其他问题。必须全面了解各种风险的存在和发生，及其可能引起的损失后果的详细情况，以便及时而清楚地为决策者提供比较完善的决策信息。

2. 综合考察原则

单位、班组、个人面临的风险是一个复杂的系统。由于复杂风险系统的存在，某一种独立的分析方法难以对全部风险奏效，所以必须综合使用多种分析方法。

3. 量力而行原则

风险识别的目的是为风险管理提供前提和决策依据，以保证企业、单位、班组和个人以最小的支出获得最大的安全保障，减少风险损失。因此，在经费限制的条件下，企业必须根据实际情况和自身的财务承受能力，来选择效果最佳、经费最省的识别方法。

4. 科学计算原则

对风险进行识别的过程，就是对单位、班组和个人的生产经营状况及其所处环境进行量化核算的具体过程。风险识别和衡量要以严格的数学理论作为分析工具，在普遍估计的基础上，进行统计和计算，以得出比较科学合理的分析结果。

5. 系统化、制度化、经常化原则

为了保证最初分析的准确程度，应进行全面系统的调查分析，将风险进行综合归类，揭示其性质、类型及后果。如果没有科学系统的方法进行识别和衡量，就不可能对风险有一个总体的综合认识，就难以确定哪种风险是可能发生的，也难以合理地选择控制和处置的方法。这就是风险的系统化原则。此外，由于风险随时存在于单位的生产经营活动中，所以风险的识别和衡量也必须是一个连续不断的、制度化的过程，这就是风险识别的制度化、经常化原则。

（三）风险识别的一般方法

风险识别主要是通过相关手段和方法实现对风险的辨识。风险识别手段及方法如图 13-14 所示。

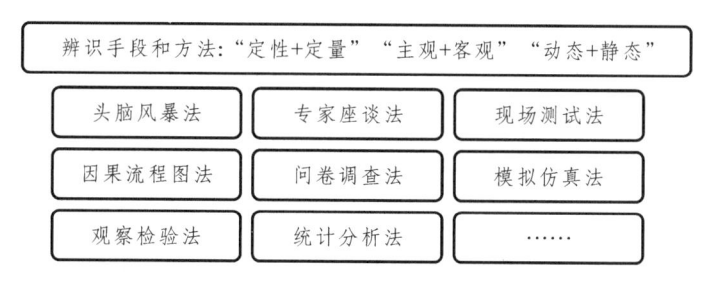

```
辨识手段和方法："定性+定量" "主观+客观" "动态+静态"

头脑风暴法      专家座谈法      现场测试法
因果流程图法    问卷调查法      模拟仿真法
观察检验法      统计分析法      ……
```

图 13-14　风险识别手段及方法

1. 现场调查法

现场调查法是一种常用的风险识别方法，是风险检查员亲临现场，通过直接观察风险管理单位的设备、设施、操作和流程等，了解风险管理单位的

生产经营活动和行为方式，调查其中存在的风险隐患，并督促有关管理部门采取相应的整改措施的一种识别方法。其主要工作程序包括：检查前的准备工作、现场调查和撰写调查报告等3个步骤。

2. 流程图法

流程图法是将风险主体按照生产经营的过程和日常活动内的逻辑关系绘成流程图，并针对流程图的关键环节和薄弱环节进行风险调查、风险识别的办法。一般来讲，风险主体的经营规模越大，生产工艺越复杂，流程图分析就越具有优势。按照流程路线的复杂程度，流程图的类型可划分为简单流程图和复杂流程图；按照流程的内容，可划分为内部流程图和外部流程图；按照流程图的表现形式，又可划分为实物形态流程图和价值形态流程图。

3. 因果图法

因果图法是从导致风险事故的因素出发，通过对这些因素进行全面系统的观察和分析，找出其中的因果关系，推导出可能发生的结果的一种风险识别方法。因果图是将导致风险事故的原因归纳为类别和子原因，画成形似鱼刺的图，又称"鱼骨图"，具体如图13-15所示。

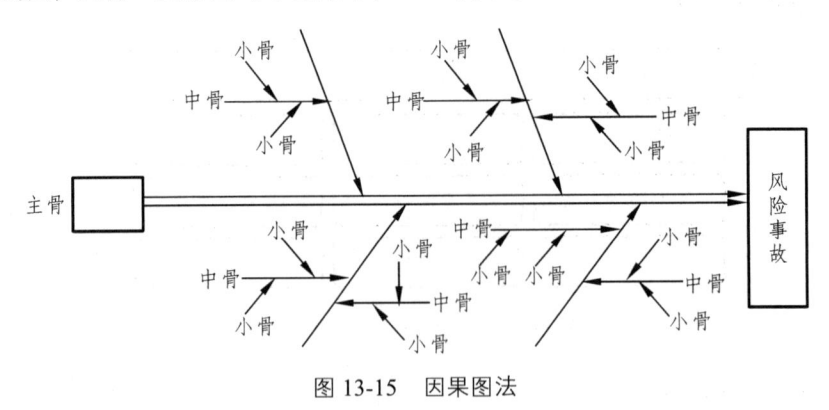

图 13-15　因果图法

（四）铁路运输危险有害因素的辨识

（1）机车车辆冲突事故的主要隐患：主要是车务、机务两方面。车务方面主要是作业人员向占用线接入列车，向占用区间发出列车，停留车辆未采取防溜措施导致车辆溜逸，违章调车作业等；机务方面主要是机车乘务员运行中擅自关闭"三项设备"盲目行车，作业中不认真确认信号，盲目行车，区间非正常停车后再开时不按规定行车，停留机车不采取防溜措施。

（2）机车车辆脱轨事故的主要隐患：机车车辆配件脱落，机车车辆走行部构件、轮对等限度超标，线路及道岔限度超标，线路断轨胀轨，车辆装载货物超限或坠落，线路上有异物侵限等。

（3）机车车辆伤害事故的主要隐患：作业人员安全思想不牢，违章抢道，走道心、钻车底；自我保护意识不强，违章跳车、爬车，以车代步，盲目图快，避让不及，下道不及时；作业防护不到位，作业中不加保护措施，线路上作业不设防护或防护不到位等。

（4）电气化铁路接触网触电伤害事故的主要隐患：电化区段作业安全意识不牢，作业中违章上车顶或超出安全距离接近带电部位；接触网网下作业带电违章作业；接触网检修作业中安全防护不到位，不按规定加装地线，或作业防护、绝缘工具失效；电力机车错误进入停电检修作业区。

（5）营业线施工事故的主要隐患：施工组织缺乏安全意识和防范措施，施工安全责任制不落实，施工人员缺乏资质；施工前准备工作滞后，施工中安全防护不到位，施工后不具备线路开通条件，盲目放行列车；施工监理不严格，施工质量把关不严，施工监护不落实等。

二、风险分析

风险分析主要包含两个方面：一是侧重从直接和间接 2 个角度，人、机、环、管 4 个方面分析事故或事件的产生原因；二是从人员、经济、环境 3 个方面进行事故或事件造成后果的分析和估量。

某列车动车组火灾风险致因分析如表 13-2 所示。

表 13-2 动车组火灾风险致因分析表

风险事件	风险因素		风险致因分析	风险损害		
				人员	财产	环境
动车组火灾风险事件	直接原因	人员因素 工作人员	误操作导致短路			
			未严格执行地下动火规定			
			未严格执行安装验收标准			
		其他人员	乘客故意纵火			
			乘客携带违规物品进站，造成火灾			
	设施、设备因素	变压器	电力变压器内部绝缘衬垫和支架未采用阻燃材料			
			用电设备超负荷、故障短路、外力因素，造成瓷瓶损坏			
		电缆	电缆沟混入了油泥、木板等易燃物品			
			超负荷运行、接触不良加速电缆绝缘损坏，引发火灾			
		牵引网	电流散发的热量以及产生的电火花和电弧			
		配电系统	配电装置容量较大，存在短路、接地的危险因素			
		车辆设备	车内线路短路，引发火灾			
			列车脱轨、相撞等恶性事故，导致火灾			
		其他设备系统	通风、空调、排烟系统使用大量电气设备和电线电缆			
			通信、信号系统的电缆部分在线路短路、故障等情况下，引发电气火灾			
		车站等站场	车站内设商业服务项目或与商场营业厅、商业街相连通，存在较多的可燃物质			
			车站内的建筑物装修材料未选用阻燃材料			
	环境因素		高温、干燥的天气			
	间接原因	管理因素	防火制度不完善			
			人员培训不到位，导致误操作或违规操作引起火灾			

三、风险评价

风险评价，又称安全评价，是指在风险识别和估计的基础上，综合考虑风险发生的概率、损失幅度以及其他因素，得出系统发生风险的可能性及其程度，并与公认的安全标准进行比较，确定企业的风险等级，由此决定是否需要采取控制措施，以及控制到什么程度。

在风险评估过程中，可以采用多种操作方法。常用的风险评价方法有：事故树分析法、事件树分析法、矩阵图法、故障类型及影响分析、事故多米诺效应风险法等。

（一）事故树分析法

事故树分析法起源于故障树分析法，是从要分析的特定事故或故障（顶上事件）开始，层层分析其发生原因，直接找出事故的基本原因（底事件）为止。其主要程序包括：熟悉所分析的系统、调查系统所发生的事故、确定事故顶上事件、确定目标、调查事件原因、画出事故图、定性分析、计算顶上时间发生概率、进行比较、定量分析等10个步骤。

（二）事件树分析法

事件树分析法又称事故过程分析，是一种按事故发生的时间顺序由初始事件开始推论可能的后果，从而进行危险源辨识的方法。其主要程序包括：确定初始事件、判定安全功能、编制事件树、描述导致事故顺序情况、简化事件树、编制分析结果等6个步骤。

（三）矩阵图法

矩阵图法就是从多维问题的事件中，找出成对的因素，排列成矩阵图，然后根据矩阵图来分析问题，确定关键点的方法。它是一种通过因素综合思考，探索问题的办法。

（四）故障类型及影响分析法

故障类型及影响分析法是一种广泛使用、非常重要的系统安全分析方法。这种方法的特点是从元件、器件的故障开始，逐次分析其影响及应采取的对策。其基本内容是找出构成系统的每个元件可能发生的故障类型及对人员、操作及整个系统的影响。

（五）事故多米诺效应风险法

事故多米诺效应风险法就是以多米诺效应的定量风险分析为目的，分析多米诺效应的传播途径，计算事故发生的概率和后果影响，并绘制出直观的个人风险和社会风险图。

四、风险控制

风险控制主要通过控制手段和途径实现降低风险事件的发生概率和损害程度的目的。

风险控制是涵盖建立控制机制、编制控制方案、实施控制方案、评估控制效果、完善控制方案等内容的闭环过程，其流程管理如图 13-16 所示。

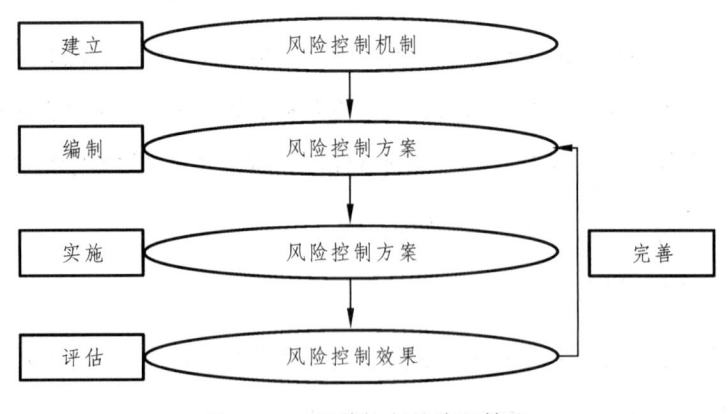

图 13-16 风险控制的流程管理

风险控制的技术有风险规避、损失控制、风险转移和风险保留。下面重点介绍风险规避和损失控制。

(一) 风险规避

风险规避是指考虑到影响预定目标达成的诸多风险因素，结合决策者自身的风险偏好和风险承受能力，从而做出的中止、放弃某种决策方案，或者调整、改变某种决策方案等措施，以放弃原先承担的风险或者完全拒绝承担风险的风险处理方式。风险规避的方式主要有以下两种：

(1) 完全拒绝承担风险。其特点在于风险管理者预见到了风险事故发生的可能性，在风险事故未发生之前进行处理。例如：铁路车辆上线前进行严格检查，并对车辆设备在使用周期内进行更换。

(2) 放弃原先承担的风险。其特点在于风险因素已经存在，被风险管理者发现，及时进行了处理。例如：某铁路线路区段由于线路基础不良造成路基下沉，被发现后，决定停止该区段列车运营。这样就放弃了原来承担的风险，控制了由于线路不良可能产生的事故风险。

风险规避主要适用于：发生频率高且损失承担比较大的特大风险；损失频率虽不大，但是损失后果严重，并且无法得到补偿的风险；采用其他风险管理技术的成本比较高，且超过风险规避成本。

(二) 损失控制

损失控制是指风险管理单位有意识地采取措施，防止风险事故的发生，控制和减少风险事故造成的经济、社会损失。采取损失控制，通常需要做好以下两方面的工作：

(1) 风险预防。它是一种行动或安全设备装置，在损失发生前，将引发事故的因素或环境进行隔离和控制。风险预防的方式是多种多样的，而不是单一的。如果风险预防的措施侧重风险单位的物质因素，则称为工程物理法，如机车车辆的安全检查、技术检查等；如果风险预防的措施侧重人员的行为教育，则称为人们行为法，如实施职业安全教育等；如果风险预防侧重建立规章制度、操作手册、值班条例等，则属于规章制度法。

（2）损失抑制。它是指在风险事故发生时或发生后，及时采取合理措施，缩小损失发生的范围或降低损失严重的程度。其方式多种多样，主要有两种：一是分散风险单位，是指将风险单位划分成若干个数量少、体积小而且价值低的独立单位，分散在不同的空间，以减少风险事故的损失承担；二是备份风险单位，是指再准备一份风险单位所需的零部件或者设备，当原有的零部件或设备不能正常使用时，备份风险单位可以代替原有设备发挥作用。

第四节　高铁安全风险管理体系优化机制

一、铁路推行安全风险管理的重要意义

（一）全面推行安全风险管理是实现铁路科学发展、安全发展的战略举措

当前，我国正处于加快经济发展方式转变和经济结构调整，深化改革开放，着力保障改善民生，保持经济平稳较快发展，保持社会和谐稳定发展的重要历史阶段。铁路作为国民经济大动脉、国家重要基础设施和大众化交通工具，要发挥其在经济社会发展中至关重要的作用，根本的前提和基础是确保安全。铁路安全问题，不仅关系到铁路自身的发展，而且事关人民群众生命财产安全，事关党和政府的形象、声誉；不仅关系到铁路对经济社会发展的保障能力，而且事关经济平稳较快发展和社会稳定大局；不仅关系到铁路建设和运营的良性循环，而且事关人民群众生活水平的提升，事关社会公共服务体系的完善和社会文明进步的进程。因此，铁路全面推行安全风险管理，正是从党和国家工作大局出发，站在更好地服务人民群众、让人民群众满意的高度，实现铁路科学发展、安全发展的战略性举措。

（二）全面推行安全风险管理是提升安全工作科学化水平的必然要求

安全始终是铁路工作的生命线。近年来，全路强化安全管理，大力整治

安全问题和隐患，创新安全管理理念和机制，解决了一大批安全突出问题，有力地强化了铁路安全工作。但同时，全路运输安全管理工作的制度机制还不完善，特别是对高铁安全管理规律还把握不够，安全关键环节的卡控还没有做到制度化、科学化。针对铁路安全面临的严峻现实，全面推行安全风险管理，是强化铁路运输安全工作的必由之路。安全风险管理是系统性工程，以"安全第一、预防为主、综合治理"的思路，构建安全风险控制体系，就是要加强对安全风险的全面分析、科学研判，科学制定管控措施，最终实现消除安全风险的目标。由此而言，安全风险管理是把握了铁路行业特点、具备更高层次的安全管理，是提升全路安全管理科学化水平的必然要求。

（三）全面推行安全风险管理是解决铁路安全突出问题的迫切需要

长期以来，铁路始终高度重视安全基础工作，但安全基础薄弱的状况始终没有得到根本解决。突出表现在：抓落实的能力不够强，安全管理和现场作业控制较为薄弱，规章制度不够严谨规范，管理职责不明确，临时性措施办法多，以电报代替规章，下级规定宽于基本规章的问题还比较突出，职工队伍结构还不够合理，职工队伍素质能力还有欠缺，职工教育培训工作还不能完全适应运输安全的需要，等等。随着高铁迅速发展、路网规模不断扩大、新技术装备大量投入使用，安全基础薄弱所带来的安全风险将更加突出。切实解决安全管理存在的突出问题，已是极为紧迫的工作。为破除铁路安全基础薄弱的顽疾，必须增强安全风险防范意识，引入安全风险管理方法，通过对风险因素的有效控制，进一步促进安全意识的强化、安全理念的提升和安全工作思路的优化，进一步促进各项措施的落实，最大限度地减少或消除安全风险。

（四）全面推行安全风险管理是提升全员、全过程安全控制能力的有效途径

安全风险管理从风险管理的角度分析了事故的形成机理，揭示了事故的

内在规律和本质根源。推行安全风险管理，有助于理清安全思路，找到安全管理的关键环节和安全工作的突破口，提高风险防范和事故预防与处置的能力；有助于全路干部职工将安全风险意识根植于思想深处，贯穿到运输生产的全过程，增强搞好安全生产的自觉性；有助于全路干部职工牢固树立安全共识，真正做到任何时候都把安全作为大事来抓、任何情况下都把安全放在第一位来考虑、任何影响安全的问题都要立即解决，从而牢牢掌握安全工作的主动权；有助于将安全风险防范工作落实到各层级、各岗位，把安全风险减少到最低限度；有助于对各类安全风险实行分类管理，加强对安全风险的过程管理，狠抓管控措施的落实，加强检查考核，进行闭环管理，实现安全工作的良性循环，确保铁路运输安全持续稳定。

二、铁路安全风险管理优化机制

（一）风险预控管理手段

1. 加强高铁安全风险过程控制

实行安全风险管理，首要是加强对安全风险的研判。要突出风险辨识、风险分析、风险评价，加强对高风险环节和岗位的掌控，及时发现并准确研判安全风险，实施对安全风险的科学管控和有效处理，强化过程控制，防止事故的发生。

（1）全面掌控生产过程中的安全风险。要在原有的安全监督管理信息系统基础上健全高铁综合分析平台，完善涵盖风险管理基本流程和内部控制系统各环节的风险管理信息系统。要确保信息数据和风险量化值的一致性、准确性、及时性、可用性和完整性，确保高铁各层级能够及时全面掌握生产过程中本单位、本部门的风险控制点。针对不同风险，按照设备质量标准和职工作业标准，分系统、分层次制定控制风险和消除风险的措施，并按照"逐级负责、专业负责、分工负责、岗位负责"的要求，把风险责任和风险措施落到各层级、各专业、各工种、各岗位，实现对现场作业的有效控制。

（2）加强高铁"全员、全方位、全过程、全时段"的安全风险管理。铁路是大联动机，其运输生产过程是由车、机、工、电、辆等多工种、多环节协作完成的，具有设备众多、种类繁多、布局纵横、职工岗位独立分散等特点，为了实现各工种、各环节的协同动作，必须做到严格有效的过程控制。全面推行安全风险管理，涉及安全管理的上上下下、方方面面，只有将安全风险管理责任落实到每一个人、每一个岗位、每一台设备、每一个作业环节，才能实现安全生产管理的全过程控制。

（3）把安全生产标准化建设作为实现高铁安全风险全过程控制的重要手段。各铁路运输企业要广泛开展安全生产达标建设，实行安全标准化管理，按标准指挥生产，按标准生产作业，减少或避免不安全的行为。

（4）加强重点安全风险的过程控制。按照国铁集团确定的 9 个安全风险控制重点，结合实际，研究制定各铁路局公司、段站部门高铁安全风险的判断标准或判断机制；确定风险控制重点，制定风险管理策略和跨职能部门的重大风险管理解决方案，并抓好安全风险的日常监控。尤其要强化高铁安全风险和客车安全风险的过程控制，确保安全万无一失。

2. 加强高铁安全风险管理基础建设

安全风险管理的首要环节是从源头上化解和降低风险。实现安全风险的预先控制、超前防范，安全基础建设尤其关键。

（1）明晰和落实安全管理责任。完善铁路安全监管体制，建立权责明晰、运转高效、落实到位的铁路安全管理新体制。强化政府安全监管，加大国铁集团对铁路运输企业安全生产的监管力度，形成权责明确、监管有力、协调顺畅的安全监管格局。确立铁路运输企业市场主体地位，落实铁路局公司安全主体责任，严格落实各级安全生产责任制。各专业管理部门要切实加强专业管理。

（2）全面提升设备质量。加强物资采购管理，建立公开透明的物资采购机制。规范铁路专用设备准入管理，健全铁路产品技术标准，引入第三方认证，确保设备质量可靠。严格落实新线验收标准和开通运营条件，实行新建铁路开通运营"六不准"，坚决把工程质量隐患解决在运营之前。完善设备检修技术标准和作业流程，加强日常检查监测和养护维修，确保设备运行稳定可靠。

（3）加强人员管理。加强重点岗位人员的准入管理，认真落实高铁主要行车工种和关键专业技术岗位人员的任职资格条件，严格人员选拔与任用，优化主要行车工种队伍结构和劳动组织。加大相关人员培训力度，切实提高培训质量，全面提升职工队伍素质。

（4）加强安全生产法治建设。加大安全执法力度，净化铁路安全环境。加强规章制度建设，规范规章制度管理，尽快完善以高铁为重点的技术标准和作业规程，形成科学严密、规范有效的安全管理制度体系。

3. 有效处置和消化高铁安全风险

实行安全风险管理的目的是消除高铁风险。由此，必须根据风险因素不同层次与类别确定风险偏好和风险承受度，并据此确定风险的预警线，采取相应的对策。

（1）有效处置和消化高铁安全风险。对各类安全风险实行分类管理，科学制定管控措施，实行闭环管理，实现良性循环。以高铁和客车安全为重点，突出高风险环节和关键岗位的管理，坚持把客车安全作为铁路安全的重中之重，把加强安全管理作为安全各项工作的重中之重，把抓落实作为加强安全管理的重中之重，确保各项安全措施不折不扣地落到实处，保证高铁和客车的绝对安全。

（2）搞好高铁安全风险应急处置。完善和规范安全问题快速报告制度，完善问题快速响应制度，建立问题快速阻断制度。完善应急救援处置预案，明确处置流程、处置措施和职责分工，做到简明实用、便于操作。同时要完善交通运输部、铁路局、站段三级应急救援网络，健全应急救援设施，加强应急救援培训和演练，做到应急有备、响应及时、处置高效，规范有序地做好事故调查处理等工作。及时准确权威地发布相关信息,正确引导舆论。

(3)建立健全高铁安全风险管理考核机制。有序推行安全风险管理,开展好考核评估工作,对安全风险管控实行有效的监督,提高安全风险管理的效能。

4. 大力加强安全文化建设

推行高铁安全风险管理,前提是增强安全风险意识。文化的力量对意识的作用是巨大的。要通过加强安全文化建设,让"安全是铁路工作的生命线,是铁路的'饭碗工程',安全不好是最大的失职,没有安全就没有一切"等安全理念,成为广大干部职工的共同安全价值观,成为广大干部职工的自觉行动。

(1)利用各种教育手段,广泛开展安全风险意识、安全责任意识和安全发展理念教育,引导干部职工把确保人民生命财产安全作为天职,牢固树立起"安全生产大如天"的安全价值观。把安全风险意识根植于思想深处,贯穿到运输生产的全过程,增强干部职工加强安全风险控制的内在动力。

(2)适应高速、提速铁路安全工作的不同要求,细化岗位作业标准、工作流程,完善安全规章和安全风险管理制度,形成规范和固化职工安全作业行为的管理机制和安全防范体系。

(3)立足铁路安全生产实践,注重培养职工的良好作业习惯。坚持把岗位安全立功竞赛、案例警示宣传、安全法规教育渗透到安全生产各岗位、全过程。

(4)大力选树、宣传生产一线安全先进典型,正面激励,示范引导,鼓励职工自觉遵章守纪、坚持标准化作业。

(5)加强安全文化环境建设,在职工作业场所推行安全格言、安全寄语和安全承诺揭挂,设置和规范安全标志、标识,潜移默化,感染熏陶,不断激发干部职工保安全的工作热情和干劲。

(二)高铁风险预控技术手段

针对高铁不同类型的风险,通过采取科学的预控措施和手段有效降低安全风险。目前,运营过程中的风险预控技术手段主要为监测预警技术。通过对被监测对象的实时监控,当有可能发生或即将发生危险事故时,及时进行预警,并联动风险控制措施,实现风险控制关口前移、减少事故损失的目的。

1. 防止机车车辆冲突脱轨事故的安全措施

严格执行行车作业的标准化,认真落实非正常行车安全措施,加强机车车辆检修和机车出库、车辆列检的检查质量,提高线路道岔养护质量,加强货物装载加固措施和商检检查作业标准等。对车辆转向架侧架、摇枕实行寿命管理,凡使用年限超过 25 年的配件全部报废;车辆入厂、段修转向架除锈后进行翻转分解探伤,重点检查;加强制动梁端轴分解探伤检查等安全措施。

加强停留机车车辆的防溜措施。编组站、区段站在到发线、调车线以外线路上停留车辆,应连挂在一起,并须拧紧两端车辆的手制动机,或以铁鞋牢靠固定。中间站停留车辆,无论停留线路是否有坡道,均应连挂在一起,拧紧两端车辆的手制动机,并以铁鞋牢靠固定。车站对停留车辆防溜措施执行情况每天要实行定期检查。机车在中间站停留时,乘务员不得擅自离开机车,并保持机车制动。

2. 防止电气化铁路接触网触电伤害事故的安全措施

电气化铁路上网作业前必须先停电后再作业,并落实接地和作业区段安全防护措施,作业人员防护设施和绝缘工具必须检测可靠良好;车站对作业区段的进路、道岔要落实锁闭,防止电力机车错误进入停电检修作业区。在列车发生火灾爆炸等事故及车辆顶部和货物发生异常情况时,必须先断电后处理,并及时将肇事车辆调入无电线路,待处理妥当,人员撤离后方可恢复供电。

3. 防止机车车辆伤害事故的安全措施

提高安全意识和自我保护意识,确保作业人员班前充分休息;班中严格遵章作业，线上施工作业确保 2 人以上，加强安全防护，来车按规定提前下道等。健全道口安全管理制度，认真落实道口员岗位责任制，加强瞭望和防护，提前立岗；完善道口报警和防护安全设施；开展治安联防，加强与地方的安全联控，共同落实道口安全防范措施。

4. 防止营业线施工事故的安全措施

施工实行分级管理，分别由负责部门领导（干部）负责施工计划安排、组织实施、安全防范、现场指挥和质量验收，实行全过程组织实施和监督把关，落实责任，确保安全。严格按施工计划组织施工，实行施工组织单一指挥；按规定距离设置防护信号，保证施工联系畅通，加强施工中相关工作的联系协调，严格落实施工安全措施。施工后必须严格确认具备放行列车的开通条件，方可按允许运行速度放行列车。原则上施工后放行第一趟列车不安排旅客列车；线路允许速度必须根据运行条件逐步提高，严禁盲目臆测放行列车。施工机具、设备必须统一管理，专人负责检修、保养及使用，保证状态良好。机具、设备下道必须存放稳妥，严禁侵入限界；机具、设备上道使用，必须落实专人防护措施。

三、高铁安全风险管理体系构建

（一）建立完善的高铁安全风险管理机制

（1）建立安全预警机制，通过"预警系统"建立合理、科学的铁路安全预警评估指标体系和安全绩效累计算法模型。

（2）采取负向目标激励方法，通过安全绩效累计实行"撞线预警"评估，充分体现"安全第一、预防为主、综合治理"的管理思想。

（3）建立国铁集团、路局和段站三级安全信息收集与反馈网络。

（4）系统通过"检测网"采集安全信息，对安全隐患能及时准确地进行统计分类、综合分析，实现安全管理有序可控。

（5）建立重大危险源和事故预警机制。

（二）高铁行车安全监控体系构建

高铁行车安全监控体系构建如图 13-17 所示。

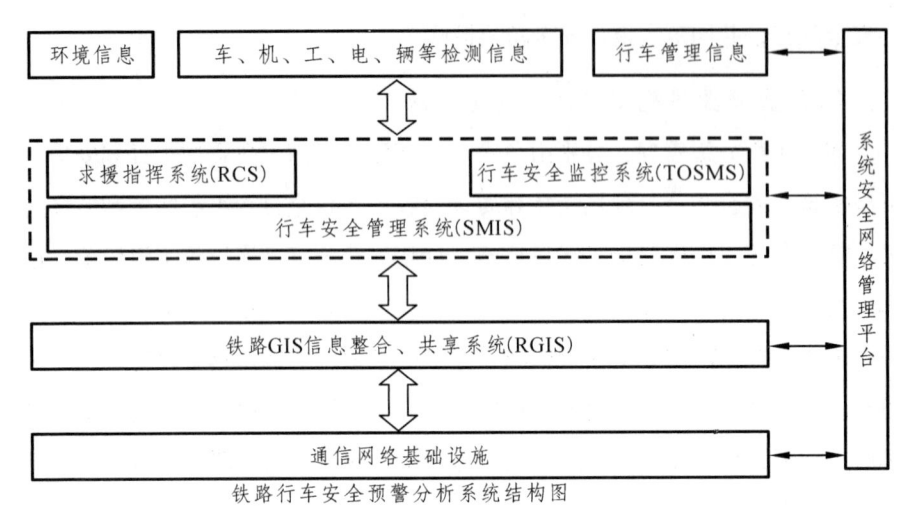

铁路行车安全预警分析系统结构图

高铁行车安全监控系统(TOSMS)：

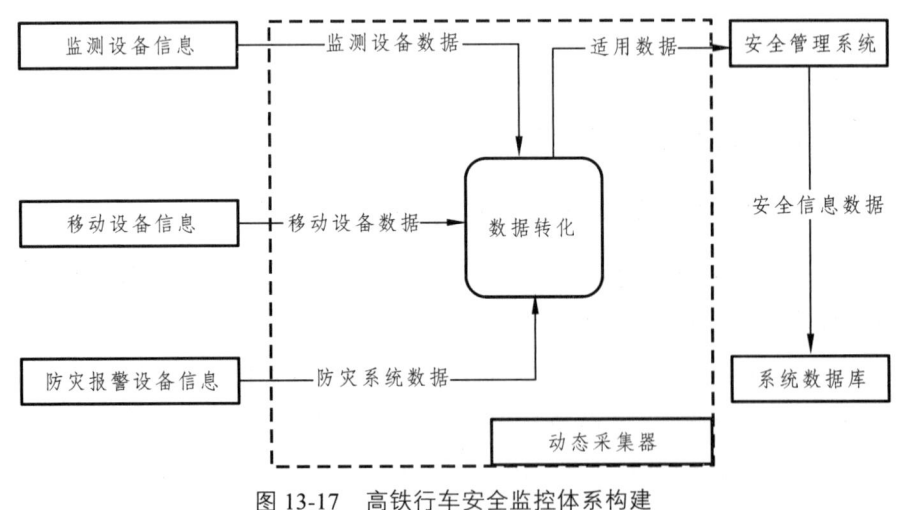

图 13-17　高铁行车安全监控体系构建

（三）高铁安全预防体系的构建

（1）高铁安全预防理论体系构建：研究高铁事故分级预防机理；认识行

为动力定型机理；风险效应机理；危险源预测与辨识机理。

（2）高铁安全预防技术体系构建：分析高铁运输事件、事故预测技术；完善安全规划技术、安全设计技术；针对各种危险隐患采取有效的技术措施进行治理；从技术层面分析事故预防的实现途径。

（3）高铁安全预防管理体系构建：建立和完善统一的高铁安全标准体系、安全机制协调机制体系、宣传教育体系；规范高铁运输系统中人的行为；协调高铁系统中人、车、环相互关系准则。

（4）高铁安全预防政策法规建设：分析高铁安全预防政策法规的制定、执行和遵守；研究相关政策法规关系主客体的权利和义务；从政策法规层面保证高铁事故预防的系统性和完备性。

（四）高铁安全保障体系构建

（1）研究高铁事故阶段性机理、行为不可靠性机理、系统脆弱性机理、不对称性机理，构建运输安全保障体系理论基础。

（2）研究高铁事故信息采集技术、事故移动跟踪技术、系统控制技术以及系统设计技术，从技术层面分析运输安全保障体系的实现途径。

（3）搭建高铁安全信息平台，构建高铁安全事故预测系统、决策支持系统、评价系统、协调系统，从而能够对历史数据进行挖掘，提取隐藏的预测信息，掌握运输安全动态，评价安全保障措施的效果并为决策提供支持。

（4）建立和完善高铁安全保障政策法规体系，提供安全管理的基础保障。

（五）高铁事故救援体系构建

（1）研究高铁事故救援的快速响应机理、联动调度机理、第一生命特征机理（把生命作为第一条件，制订并落实安全救援计划，以保证受害人及时得到治疗和抢救）、事故再现机理，为高铁事故救援体系的构建提供理论基础。

（2）分析高铁事故现场勘查技术、联动调度技术、第一生命特征救援技术、现场疏通技术，为事故救援体系的构建提供技术保障。

（3）建立起能快速反应的高铁事故紧急救援联动系统，建立急救新机制，研究事故救援的布局、资源管理、指挥系统建立、事后管理等，把事故可能造成的损失降到最低程度。

（4）建立和完善高铁事故救援政策法规体系。

四、高铁安全风险分级管控和隐患排查双重预防机制

铁路安全风险分级管控和隐患排查治理双重预防机制统称双重预防机制。

（一）铁路双重预防机制建设要求

铁路双重预防机制建设工作应当遵照法律法规要求，坚持中国共产党的领导，坚持人民至上、生命至上，树牢安全发展理念，坚持安全第一、预防为主、综合治理的方针，坚持"三个必须"原则，进一步强化和落实生产经营单位主体责任和政府监管责任，立足从源头上管控安全风险，消除事故隐患，按照全面覆盖、分级管理、科学施策、动态实施的建设要求，推动形成生产经营单位负责、职工参与、政府监管、行业自律和社会监督的工作格局。

1. 强化企业主体责任

从事铁路建设、运输、设备制造维修的生产经营单位统称铁路单位。

从事铁路建设的单位主要包括铁路建设工程的建设、勘察、设计、施工、监理等生产经营单位。

从事铁路运输的单位主要指国家铁路运输企业生产经营单位、地方铁路运输企业以及铁路专用线和专用铁路运营管理企业的生产经营单位。

从事铁路设备制造维修的单位主要指铁路设备设计、制造、维修的生产经营单位。

铁路单位是双重预防机制建设的责任主体，应当健全风险防范化解机制，保证经费投入，推进智能化、信息化管理平台建设，对安全风险全面管控，对事故隐患治理实行闭环管理，保证安全生产。

铁路单位主要负责人对本单位双重预防机制建设全面负责，组织建立并

落实双重预防机制，督促、检查本单位的安全生产工作，及时消除生产安全事故隐患。

铁路单位委托第三方机构提供双重预防机制建设相关技术服务的，安全生产责任仍由本单位负责。

2. 明确政府监管职责

国务院铁路行业监督管理部门指导并监督管理全国铁路单位双重预防机制建设管理工作。

铁路监督管理机构对本辖区内铁路单位双重预防机制建设实施监督管理。国务院铁路行业监督管理部门、铁路监督管理机构统称铁路监管部门。

(二)安全风险分级管控

铁路安全风险（以下简称"风险"）是铁路生产安全事故（含铁路交通事故）、故障或特定危害事件发生的可能性与后果严重性的组合。

风险点是指存在安全风险的设备设施、部位、场所和区域，以及在设备设施、部位、场所和区域实施的伴随风险的作业活动，或以上两者的组合。

1. 风险分类

风险按业务领域分为铁路运输风险、铁路工程建设风险、铁路设备设施风险、沿线环境风险和其他风险5种类型。

2. 风险分级

风险等级从高到低划分为重大风险、较大风险、一般风险、低风险4个等级，分别用红、橙、黄、蓝4种颜色标示。

建立安全风险分级管控制度，依据国家及行业相关安全生产法律法规、规章、标准及规范性文件等规定，全面开展安全风险辨识，科学评估风险等级，分级采取措施有效管控安全风险，实施安全风险公告及监测警示，加强动态管理，从源头上防范化解重大风险，实现风险等级逐步降低、安全风险有效管控。

3. 风险辨识

铁路单位风险辨识分为全面辨识和专项辨识。

全面辨识每年开展一次，由铁路单位主要负责人组织开展，采取安全绩效奖惩等有效措施，全方位、全过程辨识生产工艺、设备设施、作业环境、人员行为和管理体系等方面存在的风险。新建、改建铁路建设工程投入运营前，应当组织开展全面辨识。

专项辨识根据需要开展，重点分析阶段性、临时性或者特定专业的风险动态辨识。专项辨识由铁路单位主要负责人或指定安全管理部门、有关业务部门组织开展。

遇有下列情况时，铁路单位应当开展专项风险辨识：

（1）法律法规规章、标准、管理制度等发生较大变化；

（2）新设备、新技术、新工艺、新材料等投入使用；

（3）技防措施、物防手段升级或变更；

（4）Ⅲ级以上营业线施工，以及在建铁路工程中特殊结构、复杂地质等危险性较大工程施工或关键作业施工前；

（5）季节变化或恶劣气象条件前；

（6）重要节假日等铁路运输高峰期或者重大活动前；

（7）发生典型事故、严重故障或安全事件等；

（8）人员、设备、工作程序、环境发生较大变化或运输生产组织发生较大调整；

（9）新建、改建危险货物装卸、储存作业场所和设施，在既有作业场所增加办理危险货物品类，以及危险货物新品名、新包装和首次使用铁路罐车、集装箱、专用车辆装载危险货物的；

（10）其他需要开展风险动态研判的情况。

4. 风险评估

铁路单位结合生产特点和安全生产历史数据资料，选择定性或定量风险评估方法，按照从严从高的原则，对辨识出的风险逐项评估确定风险等级。

安全风险评估过程应当突出遏制重特大事故，重点关注暴露人群，聚焦重大危险源、劳动密集型场所、高危作业工序和受影响的人群规模。

5. 制定管控措施

依据风险的等级、类型等，按照规章制度、技术标准等要求，从组织、制度、技术、应急等方面逐项制定科学合理的管控措施，对呈现规律变化特征或长期存在的风险，应当将管控措施固化到安全管理体系中。合理确定管控层级和专业，完善风险管控责任体系，上一级负责管控的风险，下一级必须同时负责管控，将风险管控责任纳入全员安全生产责任制并严格落实，保障必要的投入，确保风险可防、可控。

6. 动态检测预警

铁路单位应当建立健全风险预警机制，明确预警条件，推动安全风险监测预警设备应用，对风险点实时监测和预警，及时掌握风险的状态和变化规律，防范事故发生。

7. 重大风险管控

（1）重大风险应当由铁路单位主要负责人组织制定管控措施，健全人防、物防、技防手段，实施风险降低工作制度。

（2）建立完善风险公告制度，绘制企业"红橙黄蓝"四色安全风险空间分布图，通过安全手册、公告栏、作业风险提示卡、岗位风险告知卡、网络宣传等方式将风险基本信息、应急信息及报告方式等内容告知进入风险工作区域的人员，指导督促其做好安全防范。

（3）对存在重大风险的工作场所、岗位和设备设施，应当设置明显的警示标志，标明重大风险危险特征、可能发生的事件后果、安全防范和应急措施。

（4）将重大风险的登记、预警和等级调整等信息按照管辖原则及时报告所在地铁路监管部门、其他负有安全监督管理职责的部门或地方人民政府相关部门。

（5）将风险基本情况、管控措施和应急处置等纳入单位安全生产教育培训和应急演练，严格关键岗位人员的风险意识和专业技能水平培训考核。

重大安全风险清单如表 13-3 所示。

表 13-3　重大安全风险清单

填报单位：　　　　　　　　　　　　　　　　　　　　　更新时间：

序号	风险名称	风险类别	风险点	风险等级	风险描述及危害程度	管控措施	管控层级	管控责任部门	管控责任岗位及人员	预警条件	预警情况	应急措施	备注

（三）隐患排查治理

1. 隐患分类

铁路生产安全事故隐患（以下简称"隐患"）是指铁路单位违反国家和铁路相关安全生产法律、法规、规章、标准、规程和安全生产管理制度的规定，或因其他因素在生产经营活动中存在可能导致事故的物的危险状态、人的不安全行为、环境的不安全因素和管理上的缺陷。

隐患按业务领域分为铁路运输隐患、铁路工程建设隐患、铁路设备设施隐患、沿线环境隐患和其他隐患 5 种类型。

2. 隐患分级

隐患分为重大隐患和一般隐患。重大隐患是指危害和治理难度大，应当全部或者局部停产停业，并经过一定时间整改治理方能消除的隐患，或者因外部因素影响致使铁路单位自身难以消除的隐患。一般隐患是指除重大隐患外，可能导致事故发生的隐患。

3. 隐患排查

铁路单位应当建立隐患日常排查、定期排查和专项排查工作机制。

日常排查是指铁路单位结合日常工作组织开展的经常性隐患排查，排查范围应当覆盖日常生产作业环节、生产岗位、设备设施、生产活动区域和外部环境。

定期排查是指铁路单位根据生产经营活动，结合设备特点，按相关规定组织开展涵盖全部铁路生产经营领域、环节的隐患排查。

专项排查是指铁路单位在一定范围、领域组织开展的针对特定隐患的排查。

4. 隐患评估

铁路单位按照相关隐患判定标准评估隐患等级。重大隐患应当依据铁路监管部门或相关部门制定的重大隐患判定标准，按照有关规定通过现场论证、综合判定等方式开展评估。

5. 隐患治理

隐患由铁路单位负责人或安全生产管理人员按照职责分工，采取技术、管理措施，及时组织治理消除，未治理消除前应当制定可靠的安全控制和防范措施。

6. 治理验收

隐患整改完成后，应当由铁路单位负责人或其派出机构负责人、安全生产管理人员组织验收，出具整改验收结论，并由验收主要负责人签字确认。

7. 重大隐患管控

铁路单位排查发现的重大隐患，应当及时向铁路监管部门、有关地方政府报告。

铁路单位或其上级单位组织制定并实施隐患治理方案。因其他生产经营单位原因造成的重大隐患，由铁路单位协调相关单位及时消除。

重大隐患治理完成后，铁路单位应当成立隐患治理验收组进行专项验收，并申请重大隐患销号。

重大安全隐患清单如表13-4所示。

表 13-4　重大安全隐患清单

填报单位：　　　　　　　　　　　　　　　　　　　　更新时间：

序号	隐患内容	排查时间	隐患等级	隐患类型	排查对象或范围	隐患状况	原因分析	主要治理措施	治理部门	责任人	治理期限	治理目标	治理进展	销号情况	临时措施

第十四章　高铁安全风险管理效果决策评价

第一节　高铁安全风险评估

一、高铁运营安全评估现状

目前，我国高铁运营安全评估依据主要有两方面：一是标准类评估依据；二是相关评估材料（方案、指南等）。

（一）标准依据

标准类主要包括国家级、地方级及企业级3个层面。

（1）国家层面，主要是《新建铁路项目运营安全评估办法（试行）》；

（2）地方层面，如地方政府编制的安全评估标准等。

（3）企业层面，地方运营企业根据自身特点编制的安全评估标准。

（二）评估材料

评估材料类依据主要是基于对高铁相关标准内容（指标等）的借鉴，以日常运营生产工作内容为基础，结合运营企业自身发展的实际特点，形成的评估方案或评估指南。

此外，通过委托第三方开展运营安全评估工作的，主要是以评估单位既有方案为基础，融合被评估方的需求和实际特点，而形成的评估方案或评估指南。

（三）评估形式

目前，我国高铁铁路交通运营安全评估技术主要有以下3种类型：

1. 主管部门组织第三方开展安全评估

行业主管部门主要通过公开招投标及委托等形式，选取符合条件的，且具有一定评估经验、评估能力的评估单位,进行安全评估工作。

2. 运营企业组织第三方开展安全评估

运营企业按照运营实际需求,委托特定的且符合自身要求的评估单位开展安全评估。此外,有时也采用招标方式选取评估单位。

3. 运营企业内部开展安全评估

运营企业按照企业内部计划或者是根据主管部门等的要求,完全依靠内部力量,定期或不定期开展安全评估,以了解相关评估单位的特点。

(四)评估内容

目前,我国高铁运营安全评估主要包含以下 5 个部分:

1. 评估范围

安全评估范围主要是普铁、高铁制式。

2. 评估对象

安全评估对象包含单线、双线和网络化等几部分。

3. 评估指标

安全评估指标主要是根据不同评估依据而确定的。有些为以既有标准或方案的指标为基础,结合实际情况设定指标。

4. 评估方法评估指标

安全评估方法主要为定性和定量。其中,定量方法主要依靠评估专家或评估人员的经验进行判定。

5. 评判标准

安全评估评判标准是用来规定安全评估结果等级的要求,是客观反映铁路安全(风险)状态的依据,应系统划分不同级别的安全风险情况。

对我国高铁运营安全评估情况进行分析,得出如下结论:

一是评估依据的不同性。不同的评估依据,影响评估标准的同一性。

二是评估形式的多样性。多样的评估形式，影响评估工作的规范性。

三是评估内容的差异性。不同的评估内容，影响评估结果的客观性。

这些都会影响高铁安全评估工作的效率和效果，不能有效支撑行业的规范发展。

二、高铁运营企业及市场评估需求

目前，我国高铁运营企业需求主要包括以下3个方面：

（1）了解存在安全问题和真实风险状态的手段。通过开展高铁运营安全评估工作，运用隐患排查或风险辨识的手段，发现运营企业在日常管理、人员环境及设施设备运行等方面存在的问题，并结合评估方法和评判标准，得出评估结果，明确不同系统和总体的风险等级，查找安全"短板"，判断风险是否在可接受范围内。

（2）实现共享、借鉴其他路局公司经验的重要途径。通过高铁安全评估工作的不断发展，必将形成以第三方为载体的、积累了不同铁路局公司、不同线路、不同制式等的行业风险数据库。因此，可以通过委托第三方开展安全评估的机会，以其为媒介，实现风险库资源共享，达到其他铁路局公司已经遇到的风险进行提前防控的目的，防止事故发生。

（3）表现铁路企业安全运营状态的主要依据之一。高铁系统属于社会高度关注的交通方式，一旦发生问题（可能没有导致事故），都会引起社会的广泛关注。因此，铁路运营企业承受着较大的压力。

高铁运营企业通过开展安全评估工作，可以通过第三方的力量，真实地向主管部门和公众反映其在日常中做出的努力，客观地反映安全状态，并成为一种寻求支持的有效途径。

传统型"望、闻、问、切"手段，以及既有风险管理模式，已不能完全满足安全发展的需要。尤其对于高铁动态因素（如设施设备运行、客流变化等），无法有效实施风险管理。因此，我国高铁运营安全评估市场需求，主要为评估技术软件及装备。

第二节　高铁运营安全风险评价

一、安全评价的内涵

安全评价又称危险度评价，就是对系统内存在的危险性及其严重程度以既定指数、等级或概率值进行分析和评估，并针对这些危险制定相应的安全对策，使系统安全性达到社会公众所需要的水平的一种方法体系。概括来说，安全评价就是从数量上说明被评价对象的安全可靠程度。

根据项目的不同阶段，可将安全评价分为：安全预评价、安全验收评价、安全现状评价、专项安全评价。

安全评价方法一般有两种分类方式：一种是按评价指标的量化程度分为定性法、定量法以及定性与定量相结合的方法；另一种是按评价对象进行整合，主要有安全管理评价法和系统安全综合评价法。安全评价方法包括：安全检查表分析（SCL）、作业条件危险性评价法（LEC）、预先危险分析（PHA）、危险与可操作性分析（HAZOP）、失效模式与影响分析（FMEA）、故障树分析（FTA）、事件树分析（ETA）、指数分析法。

二、安全管理评价

安全管理评价就是评价企业的安全管理体系及管理工作的有效性和可靠性，评价企业预防事故发生的组织措施的完善性，评价企业管理者和操作者素质的高低及对不安全行为的可控程度。安全管理评价内容：现代安全管理方法的应用、安全教育形式、规划计划与安全工作目标、职能部门安全指标分解、各级人员安全生产责任制、安全生产规章制度、各工种操作规程、安全档案、安全管理图表、"三同时"审批项目、事故处理"四不放过"、安全工作"五同时"、安全措施费用、安全机构与人员配备。

三、安全评价程序

安全评价程序可以用图 14-1 来表示。

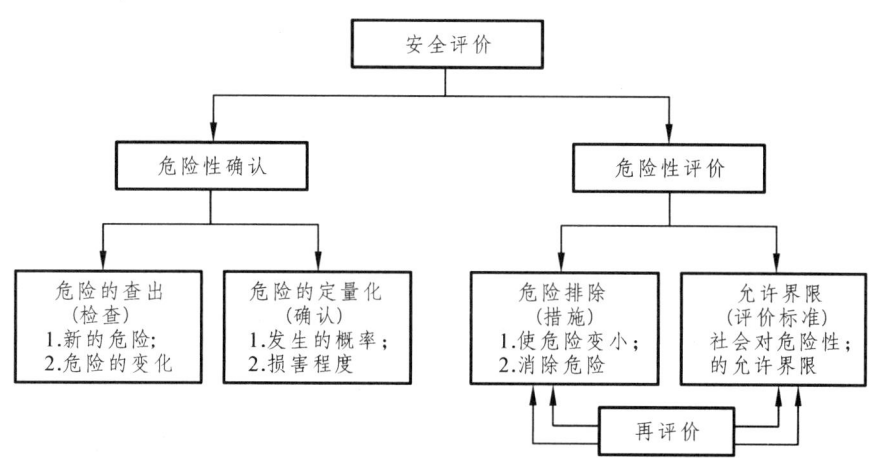

图 14-1 安全评价程序

如果把图 14-1 中的一个安全评价内容加以适当扩充，考虑社会环境的影响和安全管理的最终目的，系统安全评价的程序补充用图 14-2 来表示较为合适。

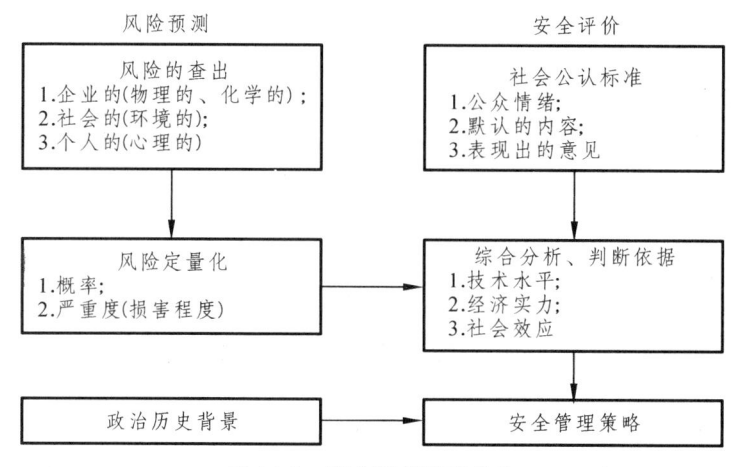

图 14-2 安全评价程序补充

四、高铁安全管理综合评价

高铁运营安全综合评价是铁路交通系统运营安全管理的重要组成部分，是以实现铁路交通运营安全为目的，按照系统科学的方法，对铁路交通系统中的危险因素进行分析和评价，并根据形成事故的大小，采取相应的安全措施，以达到安全管理的目的。

（一）高铁行车基础设备评价

1. 高铁车辆评价

高铁车辆评价可以采取现场安全检查表的方式。选取若干车辆段进行检查，设立相应检查项目，进而根据收集到的数据，对车辆进行安全评价。

2. 高铁线路评价

高铁线路评价也可以采取现场安全检查表的方式，从线路设计缺陷、钢轨伤损等方面进行检查，并对钢轨断裂用事故树分析方法进行分析，从而发现安全隐患。

3. 高铁供电评价

高铁供电评价是指对高铁系统供电设备进行安全检查，对历年的事故资料采用数理统计分析的方法进行评价，并对影响列车运营的三轨断电事故进行事故树分析。

主要考查的问题有：设备服役期限、设备老化情况、设备技术水平、设备与环境的适应性、设备结构设计、备件备品情况等。

4. 高铁通信信号评价

对高铁通信信号设备，主要采取数理统计分析的方法和影响弹性系数方法进行评价，统计设备故障数量、设备故障率、自动化水平及设备稳定性等。

5. 高铁机电评价

可以应用安全检查表对机电设备设施进行现场检查，考察通风和排烟设施、管路锈蚀问题、电缆阻燃能力、区间隧道应急照明等，并采用事故树分析方法进行分析。

6. 高铁土建设施系统评价

主要考查高铁车站的站场、站台、设备及管理设施的设置等。

7. 高铁行车基础设备评价总结

高铁行车基础设备和高铁特重大事故的关系总结如下：

（1）高铁车辆是影响高铁安全运营的最重要的设备，车辆故障可能导致列车脱轨等事故发生，从而导致群伤群死事件的发生。

（2）高铁线路损伤易导致高铁特重大行车事故的发生，需要对线路进行检测、维护，以及时发现伤损情况，并进行处理。

（3）高铁供电设备故障可导致长时间停运不当，甚至造成事故。其本身发生的故障，通过采取各种维护措施，确保高铁供电畅通。

（4）高铁机电设备本身发生的故障，通过采取各种维护措施，确保设备运行良好。

（5）高铁通信信号本身发生的故障，通过采取各种措施，不会导致伤亡事故。

（二）安全管理评价

（1）高铁安全管理机构设置评价。

（2）高铁安全生产法律法规评价。

（3）高铁应急预案评价。

（三）高铁风险评价注意事项

（1）每个风险事件都要编制检查评分表，分专业组织。

（2）原因和措施进行分类标注（与新机制配套），拟定统一的扣分值。

（3）确定单个风险事件的评分规则。

（4）制定风险事件的检查方式（包括现场检查、过程回放、抽考等）和评价规则。

（5）制定出现后果的影响规则。

（6）查看未检查的关联规则。

（7）建立报告备案制度。

第三节　高铁风险管理效果决策评价

高铁风险管理效果决策评价是指对风险处理手段的效益性和实用性进行分析、检查、评估和修正。它以风险管理实施后的实际资料为依据，分析风险管理的实际收益。

一、风险管理效果决策评价的内容

（1）评价风险管理决策的效果。风险管理决策效果评价主要评价风险管理措施是否降低了风险事故发生的概率，是否减少了风险事故造成的损失，这是风险管理决策效果评价的首要任务。如果已采取的风险管理措施对于防止和减少损失发挥了很大的作用，则采取的风险管理措施是可行的，反之则是不可行的。

（2）评价风险管理决策的科学性。风险管理决策是否科学，需要风险管理的实践来检验。如果企业的风险管理决策有助于减少风险事故造成的损失，有助于促进企业的进一步发展，则其风险管理决策是科学的。

（3）评价风险管理者的管理水平。风险管理者的知识结构、经验和业务水平是否适合风险管理的需要，风险管理是否适合风险管理单位生产经营活动，通过风险管理决策效果评价可以得出结论。

（4）评价风险管理决策的执行情况。风险管理措施的执行情况，直接影响风险管理决策的效果。评价风险管理决策的执行情况不仅有助于风险管理决策措施的实施，而且有助于改进风险管理决策执行中的失误，强化风险管理措施的执行情况。

二、风险管理效果决策评价程序

（1）制订风险管理决策效果评价计划。评价机构应当根据风险单位的具体特点，确定风险管理决策效果评价的对象、范围、目标和方法，据此制订风险管理决策计划。评价计划应该能够较好地反映风险管理单位的管理绩效。

（2）搜集整理有关资料。主要是风险管理的有关资料、风险管理实施后的有关资料、国家有关政策与规定方面的资料、有关部门制定的风险管理措施评价的方法、其他有关资料，如风险管理技术资料等。

（3）编制风险管理决策效果评价报告。评价报告是风险管理决策效果评价的最终成果，其编制必须坚持客观、公正和科学的原则。

三、风险管理效果决策评价方法

（1）资料搜集法。资料搜集的方法有很多，主要有专家意见法、实地调查法、抽样调查法、专题调查法等。

（2）过程评价法。过程评价是指对风险管理措施从计划、决策到实施的各个环节的实际情况进行管理。

（3）指标对标法。指标对标法是指通过风险管理措施实施后的实际数据或实际情况重新预测，同风险管理以前的实际数据或实际情况进行比较的方法。

（4）因素分析法。因素分析法是指通过对影响风险管理措施实施后的各种技术指标进行分析，进而实施风险管理决策效果评价的一种方法。

参考文献

[1] 山东省市场监督管理局. 城市安全风险评估导则[S/OL]. [2021-06-03].

[2] 姜秀慧. 安全生产事故应急管理研究[J]. 中国安全生产科学技术，2015，11（5）.

[3] 张津铭. 突发社会安全事件应急法律机制研究[J]. 中国安全科学学报，2022，32（3）.

[4] 魏利军. 城市安全生产风险评估体系构建[J]. 安全，2018（11）.

[5] 熊安春. 运输安全管理[M]. 北京：中国铁道出版社，2015.

[6] 覃连云. 论京沪高铁的安全管理技术与保障措施[J]. 中国城市经济，2019（9）.

[7] 铁路 200～250 km/h 既有线技术管理办法[M]. 北京：中国铁道出版社，2012.

[8] 高小洵. 中国高速铁路运营效益评价体系研究[J]. 铁道运输经济，2015（8）.

[9] 张鹏. 高速铁路联调联试过程安全管理风险控制[J]. 铁道运输经济，2018（10）.

[10] 铁道部电气化局. 电气化铁路安全知识[M]. 北京：中国铁道出版社，2012.

[11] 李学伟，郭竹学. 高速铁路普适安全理论及其实践研究[J]. 中国铁路，2014（3）.

[12] 康高亮. 中国高速铁路安全保障体系研究与实践[J]. 铁道学报，2017（5）.

[13] 戢晓峰，崔梅，陈方. 关于高速铁路人因安全保障体系的研究[J]. 铁道运输与经济，2013（6）.

[14] 温文杰，中国高速铁路安全运营的系统学分析[J]. 太原科技大学，2013（8）.

[15] 陈国华，杨琴，李小峰，等. 基于风险修正的城市安全风险评估方法及应用[J]. 中国安全生产科学技术，2020，16（9）.